十国春秋

之乱世圣主徐知诰

明轩公子 / 著

辽宁人民出版社

ⒸＣ明轩公子　2019

图书在版编目（ＣＩＰ）数据

十国春秋之乱世圣主徐知诰 ／ 明轩公子著. — 沈阳：
辽宁人民出版社，2019.7
ISBN 978-7-205-09567-3

Ⅰ．①十… Ⅱ．①明… Ⅲ．①李昪（888—943）—评
传 Ⅳ．①K827=432

中国版本图书馆CIP数据核字(2019)第063093号

出版发行：辽宁人民出版社
　　　　　地址：沈阳市和平区十一纬路25号　邮编：110003
　　　　　电话：024-23284321（邮　购）　024-23284324（发行部）
　　　　　传真：024-23284191（发行部）　024-23284304（办公室）
　　　　　-http://www.lnpph.com.cn
印　　刷：辽宁新华印务有限公司
幅面尺寸：168mm×240mm
印　　张：17.5
字　　数：266千字
出版时间：2019年7月第1版
印刷时间：2019年7月第1次印刷
责任编辑：赵维宁
封面设计：留白文化
版式设计：鼎籍文化创意　姜　鹤
责任校对：吴艳杰
书　　号：ISBN 978-7-205-09567-3

定　　价：58.00元

序一

　　四十年来家国，

　　三千里地山河。

　　小时候听到电视剧中的插曲，立即被这两句词所吸引。文字中透出的悲怆壮烈让我产生深深的好奇，这词有何所指？后来才知道此词出自南唐李后主手笔，"三千里地山河"描写的是南唐江山宽窄，"四十年来家国"唱的是南唐国祚长短。从李昇建国到李煜亡国，南唐政权历经三十有八年，还不到四十年。而就是这短暂的人之半生，在那个政权频繁更替的五代十国时期，江南的南唐独享繁华，文化兴盛，百姓安居，犹如沙漠中的绿洲，为中国保存了中华文化的种子，为日后宋朝的文化大兴奠定了基础。

　　然而时至今日，讲述南唐历史的书籍少之又少。难得江南友人明轩公子与南唐颇有些渊源，加上已有著作于先，今番查阅古史，用自话方式将南唐历史带入现代人视野，使我们得以通过简单文字一窥其风貌。李后主之祖父李昇生于微末，幸得南吴实际缔造者徐温收养，后贵为帝王，经营江左，让金陵城以新的姿态刻录于史册，屹立于南方，北拒后唐、后晋、后汉三朝，庙号烈祖，是为十国第一圣主！而明轩的一阕《沁园春·抔土》也恰到好处地契合了这位"英雄不问出处"的白衣天子传奇的经历：

何厌抔土？景德巧瓷，义兴紫砂。

叹雕楼画栋，起于青木，万顷良田，始自稗草。

钟山龙蟠，石城虎踞，秣陵江山又一朝。

鸿鹄志，量尔尔燕雀，岂自知晓？

金鳞绝非池物，触抉变风云上碧霄。

念舞阳高祖，本为市井，光武昭烈，亲事桑苗。

日月重开，布衣天子，曾乞嗟食果腹饱。

试观之，彼徐郎虽少，已识文韬！

现在就让我们跟随南唐开国之君的传奇一生，重回历史，领略南唐建国前后的风云变幻吧！

——阅文集团驻站作者　珏君玊

我是在《玉树流光：南陈帝国兴亡录》《三国之神州陆沉》等书中认识作者明轩公子的。他有个特点，没有板起脸孔跟你叙述枯燥无味的历史，而是拿张凳子坐下来慢慢跟你拉家常聊心得，历史人物被他描述得生动有趣，历史事件在他笔下腾挪跌宕。他对历史的娴熟程度，对文字的驾驭能力，对事件的分析判断，都让我很是佩服。同样，《十国春秋之乱世圣主徐知诰》一书，款款道来，娓娓动听，作者把南唐建立者李昪（又名徐知诰）对外坚持弭兵休战以保境安民，对内礼贤下士虚心纳谏、兴利除弊振作朝纲这段历史，讲述得淋漓尽致，让读者身临其境欲罢不能。可见，作者有很深的史学情怀，青年才俊，后生可畏！

记得在写《晋鉴》三部曲之前，我也曾着笔于两宋的官场文人，而明轩公子也曾在他的两篇短文中对宋朝一文一武两位人物做过如下评价：

北宋——沈括

诚然，沈括的成就是毋庸置疑的，但是关于他的人品，这个嘛，良心很坏。宋朝很奇怪，你不能以貌取人，也不能用成就去看人，因为，有些人看着是好人，其实是坏人，比如蔡京。沈括也是个道德低下之人，东坡先生被人弹劾差点丢了性命，其中这位沈老兄的努力是在第三位的，整完了苏东坡，他又赖上了王半坡（王安石），硬要参与变法，王先生考察了他一段时间后得出结论，这人不可靠。结果沈兄又在后来反王变法的司马光等人中充当了马前卒。

—— 《被人误解的十张脸》

宋朝杨业——雁门关外，辽人丧胆　　战法：猛（尽忠而死的贰臣）

自古道"忠臣不事二主"，然而杨业这个贰臣却在转投赵氏王朝后，极尽忠诚，最后在雁门关外，血染沙场，给了历史一个交代。而李广与杨业有一个共性就是，他们在自己王朝并不怎么被统治阶层重用，却在敌人心目中，享有最崇高的赞誉，"金刀杨无敌"就是辽人送给杨业的赞誉。可惜，宋朝尚文鄙武，杨业的结局是个人的悲哀，也算是王朝的悲哀吧。

—— 《华夏十大传奇名将》

当时也就着宋朝的官场文人，与其有进一步的交流和探讨。如今，当我阅览了他笔下的南唐历史，竟发觉南唐与两宋于政治上竟有惊人的相似之处。那么，脱胎于五代军阀藩镇之下的赵匡胤，他一手缔造的国家为何有异于五代却近似于南唐呢？也许看完这本书，大家都会有自己的答案。

—— 魏晋南北朝史学会会员　戚速

随着科技的发展，社会迈入信息化时代，网络的广泛使用使得人们在了解历史的渠道方面较之当初都有了大大的提升，无论是广度还是深度。而谈及历史，国家兴亡，成王败寇似乎总是无法绕过的话题，毕竟，真实的历史就是由那一个个鲜活的历史人物堆砌而成。我们会为才子佳人而感慨，也会为英雄末路而哀叹，会追忆着心系国家和百姓的侠之大者，也会哂笑那贻笑千古的市井小人。

那么，既然"100个人心目中有100个哈姆雷特"，那你眼中的那个历史人物，真的就是你所认为的那个TA吗？

我们先从一位争议性人物引入话题吧。说到纣王，你首先会想到什么？"炮烙""酒池肉林"还是说"剖心比干"？事实上，这样的商纣形象都是来自我们所看电视剧中得来的印象。那么，历史上真实的纣王呢？

历史上真实的纣王并不叫纣，纣是个不好的词语，是周人给其上的贬称，诸如西方列强曾经称我们为"东亚病夫"一般。那有人肯定会说了：我知道，纣王的名字叫帝辛。一般这么说的朋友基本也算是对历史有了一个初步的认知，但是"帝辛"这个称谓却也并不是纣王的本名。

商朝是中华帝制的萌芽期，一些后世的章程就是从商朝开始延伸出来的，其中就有谥号。"文帝""武帝"都是谥号，而商朝的谥号有些另类，考虑到商朝迷信色彩浓重的占卜巫术很吃香，所以商王的谥号都是根据占卜得出来的，根据帝王在世时的业绩，再从十个天干里占卜出一个来组成谥号。于是商汤的谥号就是天乙，被伊尹流放桐宫的太甲以及迁都的盘庚，都可以看出这个谥号的特征。而商朝王都是子姓，纣王名受，所以他真实的名字叫子受。

言归正传，虽然《封神演义》里面把纣王批得一无是处，但是商朝的灭亡也的确和纣王一系列政策有必然联系，说他亡了商朝，并不为过。

为什么这么说呢？一切从史料中去翻阅。经过翻阅史料，我们会发觉，商周之间的矛盾似乎并非爆发于纣王和周文王之间，实则由来已久。商周的矛盾可以追溯到周文王姬昌的祖父周太王和纣王的曾祖父武乙时期。周太王时期，周部落崛起，开始成为商朝在西边的强大邦国，而周太王还预感到后人可以做"上邦之君"（当时商是"大邦商"，周是"小邦周"），以至于周文王后来招揽来姜子牙的时候，便称他为太王时候预言的贤者，"太公望"由此得来。

周太王有三子，长子泰伯，次子仲雍，小儿子季历，按道理该是泰伯接班，但是呢，周太王会算卦（文王算卦肯定得到太王的真传），他算到季历的儿子日后会带领族人走出岐山，走向中原。所以他就有心传给季历，泰伯知道了，就带着二弟出走，表示要让给老三，那这泰伯后来去哪里了呢？就是今天的江东，在江南吴地都把泰伯奉为始祖，可见泰伯在吴人心目中的地位。

而留在西部的族人后来由季历领导，在季历领导下，周部落迅速崛起，接连和武乙、文丁两代商王爆发摩擦，并取胜。最后文丁使了阴招，将季历宴请至朝歌，并秘密杀害。季历的突然死亡引发了其子周文王姬昌的怒火，文王与商朝多次爆发战争，最后在文丁儿子帝乙在位时期，只得以胞妹嫁给文王来平息商周之间的矛盾。

所以，商周之间矛盾由来已久，甚至可以称得上是世仇了。再往后的桥段我们也基本能知晓，纣王上台后，发兵攻打周部落，擒获了周文王，羁押在羑里。而后文王长子伯邑考出使朝歌，却因为调戏纣王爱妃妲己而被诛杀。当然，后来文王却也成功地回到了西岐，至于怎么回去的，正史众说纷纭，有说是伯邑考压根就没死，而且还出色地骗得纣王放掉了自己父亲。也有说纣王迫于周部落的强大，最后做出让步，放还了周文王。不过，最后的结果是武王伐纣，纣王引火自焚而亡，商朝灭亡。

这样把历史事实梳理了一下，大家是不是觉得有些震撼啊，是的，"罗马不是一日建成的"，延续五百多年的商朝也不会是一日之间崩塌的，商周之间的世仇最终演变成商灭周兴的结局，也许用了一百年时间，也许更长。

也许和大家以往对于那段历史的了解大相径庭，然而，这恰恰就是真实存在的历史。只不过，多数人对于纣王的认知来源于影视，而我所讲的纣王出自历史。

当然，既然说纣王是个有争议的人物，那么，有贬低他、抹黑他的，自然也有哄抬他，美化他的。有人会问了：纣王也有人美化？是的，最早给纣王全面翻案的当属著名学者郭沫若，其中他关于纣王"解放奴隶"的调调即使到了今天，也被一群热衷于历史翻案的人士们奉为至宝。

那么，历史上的纣王真的是"解放奴隶"的先驱吗？我们不妨再从历史中寻找答案。

纣王的确允许奴隶到部队中成为士兵，但这不等于是在解放奴隶。他那是把他们拉去做炮灰。要知道，奴隶制时代，无论东方还是西方，打仗都是需要本钱的，看看古希腊梭伦改革；从每一等公民出战所配备的武器就知道，那时候打仗也要看你有没有钱，打仗是件比较奢侈的事情，也就是说你要是穷人，打仗都没资格。所以奴隶社会时代打仗基本规模不大。

再拿中国说事，为何春秋时期打一场仗人数才那么点，战车倒是一大堆，战国时期怎么就动辄几十万人啊。怎么春秋打了那么久，军队反倒越打越多啊。那是因为各国都在逐步废除奴隶制，使得有更多的人去充当炮灰，所以动辄几十万人出动。而在奴隶制社会下，奴隶不允许参战，那就限制了部队的数量，也就是说如果解放奴隶，会有更多的兵源，所以战国能够动辄就打一场几十万人的大战。纣王牧野之战能够动用那么多军队，而周武王军队那么少根本点不是国力差别，而是纣王把奴隶编入军队，周王打仗是平民或者贵族，这能比吗？肯定比不了！

所以，说纣王解放奴隶，绝对是思维混乱了，商朝用奴隶殉葬是最猖獗的，有考古为证，商朝墓室一出土，一堆死人头。周朝的奴隶制是相对实行着一种非常仁慈的做法了，周王朝内部，早在周公时期制定礼乐的时候就提出过要废除人殉，周王朝下面的诸侯国先不说，光是周王朝都城内部这么一块，人殉应该就是废除得比较早的。

秦穆公英雄一世，就毁在了人殉上，结果吓得人家都不敢去秦国了。士子一看就说，这野蛮的地方还搞殉葬啊，鬼才去呢。结果士子百年不入秦，以至于秦穆公之后秦朝一直处于发展停滞状态，直到秦献公。商鞅变法就有一条，废除人殉。

但是纣王收纳奴隶入军队，肯定是触犯了贵族利益的。为什么这么说呢？我们要知道商朝和周朝是截然不同的两种经济模式，周朝是农耕经济为主，商朝是工商业主打，即手工业和商业，所以后来商朝灭亡后，因为子民擅长做生意，所以被称作商人。当然，商朝之所以农业发展疲软，与他先天条件不足也是有很大关联的。你看看商朝迁都多少次就知道商朝选择都城是何等的纠结了。所以他只能侧重于工商业，著名的贤相傅说就是一个手工业者。

那有人要问了，纣王让奴隶当兵怎么就碍了贵族的眼了？不知道大家还记得初中历史课本上那张插图吗，五个奴隶等于一束丝和一匹马，可见，奴隶是相当于商品或者一般等价物进行交易的。纣王把奴隶都拉去征兵了，市面上流通的奴隶少了，就很可能造成通货膨胀或者通货紧缩，这是政府宏观调控打乱了市场经济秩序，可不得得罪贵族吗？

另外商朝那么宏伟的青铜器，诸如司母戊鼎和四羊方尊，这些手工业制作品难道不要人力吗，这人力就是奴隶啊，你总不会让平民去干吧。人力少了，这不是影响手工业发展吗？另外纣王的连年征战，地方是打下来了，那你没有财政收入如何支付战争经费，再加上原本脆弱的农业碰巧到了纣王那时候遇上灾荒，更是濒临破产，支柱产业手工业则缺乏人手，这一切的一切都导致了商朝末期经济崩溃。

所以，即使没有小说中的"酒池肉林""炮烙""摘星楼"，没有那么多匪夷所思的暴行显现，可纣王搞乱奴隶制政权内部体系，依然是导致国家灭亡的重要原因。换句话说，虽然他没有文学作品中描述得那么差，可商朝灭亡，纣王绝对要担起很大一部分责任！

记得有人说过，读书有三个境界："看山是山，看水是水"——"看山不是山，看水不是水"——"看山还是山，看水还是水"。我觉得这样的境界同样适合于我们看待历史人物，我们最初对于历史也许是懵懂无知，很多来源于文学作品，所以"看山是山，看纣王就是昏君"。随着我们对历史的一些深入了解，我们会发觉历史的另一面，也会发觉：好人也有污点，坏人也做好事。如此看似矛盾的事实，便又会陷入到"看山不是山，看纣王也觉得被抹黑"。

但是进入到这个时期，我们似乎就会陷入一个怪异的思维，即"升米恩，斗米仇"，好人有一些缺点就被无限地放大，而坏人仅仅做了一两件好事，就被成功洗白，这里说到的纣王也可能会成为这样。

那么，我们不妨回归最初，找回自己的初心，"历经千帆，归来仍是少年"，经过对历史的更深入了解，我相信我们对于历史的认知一定会是以全面概括部分，从其人本质去看待一个人，一个历史人物。最终进入到第三个境界"看山还是山，看水还是水"。

所以，怎么去了解一个历史人物，自己的观念，还是大家都觉得？我希望这是大家看此书时首先要思考的，当然，我希望看完此书，大家都能有一个属于自己的认知——不要试图从别人的口中去了解一个人，因为他对每个人都不一样。

我更希望这本书不光是给大家科普一个徐知诰或是李昪那么简单，最重要的是能给大家去重新审视一个历史人物产生的启迪。

目录

CONTENTS

第
壹
章

江东有虎

一、离奇的身世

　　唐光启四年（888）十二月二日，在淮河北岸，风雨千年的彭城内一户叫李荣的人家中诞生了一个男婴，作为一个虔诚的佛教徒，李荣自然是把这个孩子视作上天给予自己的恩赐。

　　当然，此时的李荣是万万不敢想象，襁褓中的男婴竟会在日后成为九五之尊，建立起雄极一时的南唐帝国。不过，上天似乎也异常眷顾着这座"龙争虎斗几千秋"的古城，两位刘姓开国皇帝——刘邦、刘裕，都和这座古城有着相当的渊源。

　　这个男婴即是后来的南唐烈祖——李昪，对于李昪我们想必都很陌生，因为他在中国历史上的名气远没有他的孙子——南唐后主李煜出名。但是，在李昪五十六年的人生之中，伴随着他绝大多数时光的却并非这个名字，而是另一个名字——徐知诰。

　　咦，为何会如此？在解释这两个名字之前，我们不妨先来看看李昪，也就是徐知诰的家世。和名字相比，更耐后人寻味的当属这位皇帝扑朔迷离的家族往事。

　　李昪的父亲叫李荣，目前来说这个说法基本得到了所有相关史书的佐证（《吴越备史》除外）。可是再往上翻一翻李荣的祖上，不同的史书典籍便开始产生分歧了。宋朝人龙衮的《江南野史》、马令的《南唐书》、陆游的《南唐书》均说李昪是唐宪宗第八子建王李恪的玄孙。而《旧五代史》则说李昪自称唐玄宗第六子永王李璘的后人,《新五代史》更是称说李昪"世本微贱",祖上不知为谁。

而郑文宝《江表志》却说李昪是唐高祖李渊第十三子、郑王李元懿之后。最为荒唐的是,与南唐毗邻的吴越国所撰写的史书——《吴越备史》中一口咬定李昪根本就不姓李,而是姓潘,湖州安吉县人,甚至连李荣这个父亲都是杜撰的。

那么,根据这些史料,我们稍作整理,去伪存真,来看一看究竟是哪种说法更贴近真实。先从最荒唐的《吴越备史》开始分析:

> 昪本潘氏,湖州安吉县人。父为安吉砦将。尝因淮将李神福侵我吴兴,据潘氏而去,遂为神福家奴。徐温尝造神福家,见而异之,求为养子,至是乃隐本族而冒徐姓焉。后尝致书於我,以毗陵求易吴兴,仍引祊田为说,则本潘氏明矣。徐温尝过神福,爱其谨厚,求为假子。以识云"东海鲤鱼飞上天",知谶始事神福,后归温,故冒姓李氏以应谶。　　——《吴越备史·卷三》

这里面说到李昪本来姓潘,是湖州安吉人。父亲是安吉的一个小将官,吴将李神福领军过湖州的时候,把李昪顺手掳了回去当仆人。徐温到李神福家,喜欢李昪谨厚的性格,于是要了过去当养子。后来李昪为了应"东海鲤鱼飞上天"的谶言,就冒姓李。

吴越这个国家,在五代十国时期一直谄媚北朝,多次侵略南唐领土,所以两国是世仇。根据这个"战时舆论宣传"的法则,我们完全有理由相信,这是一部吴越国对内自行宣传的史籍。事实上也确实如此,《吴越备史》内容较少,基本着力于介绍吴越国历代君王。

当然,转过头来,我们从内容上去分析,也会发现这段文中出现不少常识性的错误。首先,介绍李昪父亲是小将官却不介绍其姓名,此疑一也。说李昪要用毗陵(常州)交换吴兴(湖州),这是孤证,无其他史书佐证,此疑二也。

那么抛去不靠谱的"李昪潘氏说",我们再来看看"李恪后裔说"。提到这个李恪,又会岔开两种说法,因为唐朝历史上不止一个李恪,比较出名的是两个,分别为唐太宗的儿子吴王李恪,唐宪宗的儿子建王李恪。

"吴王李恪说"来源有些奇特，因为据史料记载这是李昪后来在改姓追溯先祖时用过的一个人物。倒是"建王李恪说"占了目前有关李昪的所有史料中的七成，我们之前提到的龙衮的《江南野史》、马令的《南唐书》、陆游的《南唐书》均支持此说法，但三者间又有区别。

龙衮的《江南野史》记载比较丰富，甚至还提到了李昪的祖父，李昪祖父叫李志，官拜徐州判官，父亲李荣是个无业的浪荡子，平日里结交了一些江湖好汉，结果有一天他带着这群混子前去海上找一个叫夏韶的海盗头子搭伙，其目的是光复当年祖上的李唐基业。别说，这光复运动刚开始还是蛮成功的，结果很快和江淮大佬杨行密产生了摩擦，然后，就没有然后了。李荣全军覆没，还遭到个全家被杀的下场，唯独年幼的李昪运气好，侥幸逃出被一个濠州的老和尚所救。由于老和尚和杨行密是安徽老乡，所以李昪倒也没什么事，后来徐温恰好和老和尚交好，又看到李昪这孩子乖巧伶俐，日后大有出息，便带回去收养了。

这段经历写得很有戏剧性，符合了野史的套路。也给我们理清楚了里面的恩怨情仇，因为李昪老爹为光复运动而死，所以他后来也致力于光复李唐基业。因为杨行密屠了他全家，所以他后来反手也把老杨家杀得一干二净。如果以后要拍李昪的电视，这个绝对是完美无瑕的剧本，但是，野史毕竟是野史，可信度不高是肯定的。

马令的《南唐书》就省去了这些戏剧化的元素，但是却记载得扑朔迷离。其中虽然也说李荣是建王李恪的后代，却说李恪的子嗣其实是宗室里过继的，过继者姓名不详，但又说有个叫李超的也是建王后裔，而李超就是李荣的爷爷。

虽然我们无法弄清楚李超究竟是不是过继给建王的那个，但能看出马令这个人著书还是很严谨的，有一说一，不确定的东西从不臆断。

而与此同时，晚于马令成书的陆游版《南唐书》则是以肯定的口吻确认了那个过继的宗室子弟就是李超。而还有一本陈霆写的《唐余纪传》则说李超的儿子李志官拜徐州判司（与判官略有差异），在任上去世，于是家道没落。李志的儿子叫李荣，就是李昪的父亲了。同时，元朝人赵世延的《南唐书序》也记载说李昪是宪宗第四世的后代。

而这些支持李昪是建王李恪后人的史书，其源头基本可以追溯到一本叫《江南录》的史书上，这本书成书是在北宋初年，早于那几本，是宋朝对南唐史的官方信史。但是这本书对李昪身世记载得很简略，仅仅提到李昪是建王李恪的玄孙。

介绍完"李恪后裔说"，我们就要介绍下另一个李唐后裔的版本——"永王李璘说"。薛居正的《旧五代史》和《周世宗实录》都记载李昪为唐玄宗第六子，永王李璘的后代。《旧五代史》成书较早，且又是作为与南唐敌对的中原政权所著，又不像吴越国那样肆意抹黑，看似可信度不错。因为我之前介绍的那些"李恪后裔说"的史料或多或少是站在南唐的立场上说的，或许在某些人眼中有些偏颇。

但也因为《旧五代史》主要讲的是中原政权，对十国的介绍都是相当的少，所以不排除他的那个说法会不会又是来自李昪后来的认祖事件。

介绍完这一说法，那我们就来讲一下最后的一个说法——"出身微贱说"，欧阳修编写的《新五代史》记载说李昪祖上出身寒微，父亲李荣更是死于战乱，年幼便成孤儿的李昪流落在濠、泗之间，恰好此时杨行密在攻打濠州的过程中发现了他。杨行密对这个孩子感觉很惊奇，认为后来必有出息，想收养他。可是杨行密的几个儿子不知为何没来由地仇视这个孩子，所以杨行密也就只能让徐温代为收养，李昪由此有了个长伴他大半辈子的名字——徐知诰。

而后来在介绍十国历史方面风评最好的《十国春秋》也是支持这个说法，作者吴任臣已经是清朝人了，所以他才有机会比对各个版本的记载，经过比对，他发觉欧阳修的解释最靠谱。

而且他还给出了自己的分析，假如李昪真是天潢贵胄，那么就算是家道中落也是没落的贵族，贵族有贵族的尊严，改易姓名给别人当儿子的事情，即使退一万步来说，他肯么干，那徐温也不敢那么干啊。五代虽然是个世家大族全面崩盘、庶族地主走上台前的时代，但收义子这种时髦的事情还是有着最基本的一条底线，那就是保留了对名门贵胄的尊重，所以像李从珂、柴荣、朱友文这些个义子都属于当下"臭屌丝"的定义标准。

况且，徐温要真有这么一个天潢贵胄的儿子，那在当时不定引起多少人的注意，成为街头巷尾的热议话题，而事实上却并没有。而吴任臣本着唯物主义历史观还总结出一个经验，大凡那些对大人物早年经历的传奇记载基本都是虚构，比如刘裕早年射杀大蛇啦，比如刘备早年的那棵神奇大树啦，所以这边，也是算不得数的。

此外，吴任臣还发现一个奇怪的事情，就是李昇认得李超、李志这两个先辈，恰恰就和徐温的曾祖父、祖父是同名，这世上哪有那么巧的事情嘛！

刘恕的《十国纪年》也支持此说法，就是解释的没有吴任臣这般透彻。

李昊的《蜀后主实录》却提出了一个更为新颖的说法，说李昇确实是李唐后代，薛王李知柔的儿子，原名李知浩。知柔担任岭南节度使，在任上去世。李知浩而后流落在江淮之间，被徐温收为养子。

这说法把李荣的名姓也都给改了，仔细一想却根本经不起推敲，因为这儿犯了一个最基本的常识性错误，唐朝那时候是很讲究避讳的，儿子老爸名字有相同的字这本身就是一个很致命的硬伤。

那么，经过这些说法的比对和分析，我们其实可以把这些说法概括为两大类，一类是"李唐苗裔说"，一类是"身世不详说"。而"李唐苗裔说"究竟是谁的后人，则大概因为后来徐知诰自己认祖归宗时出了偏差而引发了后人记载的众说纷纭。

至于我本人，则更倾向于"身世不详说"，除了吴任臣的一些解释外，我额外再补充两点。首先第一点便是徐知诰后来追溯李唐先祖时曾进行过两至三次的更正。若是真为李唐后裔，不可能连祖先都捉摸不清。第二，李唐最后一个皇帝唐哀帝死后，在后唐时期，打着"李唐宗室"幌子的沙陀人李嗣源曾经给这位末代皇帝追加过庙号，而徐知诰后来建南唐帝国后却未曾给这位唐哀帝加个庙号。试想，连一个攀附的沙陀分子都知道在庙号上做文章，而正儿八经的唐朝后裔会丝毫没有表示，可能吗？要知道，在这之前，匈奴人刘渊为了标榜自己炎汉苗裔可是追封了三祖五宗的。

所以，据此判断，我更相信徐知诰并非李唐苗裔，但是，一个人的成就却从来不会和出身有关，尤其是五代十国那样的社会大背景之下。我不认同他的出身，却不会不认可他的业绩，徐知诰坐断东南、保留汉家礼乐之盛、南服瓯越，北抗沙陀的壮举即使千余年之后的今天也会熠熠生辉。

英雄不问出处，出身和能力的对垒中，四世三公的袁术早已用他失败的人生给我们提供了一个反面教材了。

系统分析了徐知诰的身世之谜，接下来我们就该进入正题，看一看这位五代十国大乱世的圣主又是如何成长起来的。

二、江淮之主杨行密

（1）

绝大多数关于徐知诰身世的版本中，对于其父亲李荣这个人物是没有争议的，而李荣因为笃信佛教，还得了一个"李道者"的称呼。我不知道后世的李后主沉迷佛学是否和祖先基因有关，但至少幼年的徐知诰对于"我佛慈悲"这句话是没有半点感冒，因为早在他六岁的时候，就因为父母双亡而流落江湖了。少时的悲惨境遇或许让他对这个混乱的世界有着一种莫名的悲戚和厌恶吧？

两年后，徐知诰八岁，时间是唐乾宁二年（895），这一年他遇到了自己生命中的两个贵人——江淮大佬杨行密和日后南吴国的无冕之王徐温。那一年，纵横江淮已近十年的杨行密攻克濠州，许多人的命运因之改变，当然，此刻深陷在濠州城中的徐知诰命运也由此改变。

因为杨行密的到来，许多人成了刀下之鬼，可徐知诰却得以咸鱼翻身，结束了孤苦无依的状态。据说在乱兵屠杀过后，年幼的徐知诰和其余幸存者作为战俘被押送到杨行密跟前，杨行密却从一群人中被徐知诰的目光所吸引了，那目光冷静而深邃，不同于那些畏惧死亡的俘虏，甚至也超过了他那个年龄该有的特质。也许就是那么一瞬间的对望，杨行密决定收下这个孤儿作为义子，但是，后来领回家中后发觉自己的长子杨渥却和这个小孩非常不对付，有着与生俱来的敌意。杨行密无奈之下，只好让亲信徐温收李昪为养子，改名徐知诰。

自此，徐知诰这个名字便伴随了李昪大半辈子，而杨渥的第六感也确实很灵验，后来杨氏一族果然在徐知诰的手中死伤殆尽。

说了这么多，我们好像还未审视下最初收养徐知诰的杨行密吧，究竟这个大佬有着何等的能耐，可以雄踞江淮，征伐四方呢？

杨行密字化源，原名行愍，庐州合肥（今安徽合肥长丰）人。十国早一批的几个开国之君都是苦出身，杨行密也不例外。欧洲人曾总结出来这样一句经验之谈——"当你被逼得走投无路的时候，你还有最后一条路走，那就是犯罪，永远记住，这并不可耻！"所以，我们的杨行密也是这么干的。

当然，做贼有风险，很快杨行密就被抓了，但是当时庐州刺史郑棨却望着杨行密这副好身板赞叹不已，不仅赦免了他的罪责，还将其收入麾下，吃起了公家饭。老上司老郑赏识自己那是没话说，可没过多久新上司却对杨行密有了不满情绪，还准备把老杨搞到北方去戍边。眼见有人要搞自己，杨行密二话不说，先下手搞了他的脑袋，自己便领了庐州刺史一职。

当然，凶杀上司这要在太平盛世那肯定是要被治罪的，可杨行密得庆幸自己正好遇上了唐末黄巢起义的大乱世，那是一个连大唐皇帝都朝不保夕，只能窜逃蜀中的乱局。所以，地方上也早已变得无法无天了，像杨行密这种做法绝不是仅此一例。

不过杨行密还得感谢自己运气不错，再次遇到了一个懂得欣赏他的上司——高骈。高骈这个人在唐末绝对是风云人物，一定意义上他可以说是晚唐最后的一位国家级名将。只是后来因为饱受争议的隔岸观火和潜心修道断送了他本可以称霸江东的前程。

而正是因为高骈及时递来了橄榄枝才帮杨行密坐稳了庐州刺史一职，可是太平岁月毕竟不长，从光启三年（887），即徐知诰出生的前一年，江东的乱局便开始了。

黄巢起义过后，江东地区（即今天的江浙沪皖地区）基本由三方势力把控。以越州（今绍兴）为中心的浙南地区由浙东观察使董昌把控，以扬州为中心的江淮地区由淮南节度使高骈把控，以杭州为中心的苏南浙北地区由浙西节度使周宝把控。

原本在这三位大佬的操盘下，整个江东地区维持着一种均势，也得以出现一个相对和平的局面。正如 20 世纪中后期，美苏两极格局虽然导致了"全面冷战，局部热战"的局面，可总体来说还是压制住了很多其他潜在问题的爆发，可自从雅尔塔体系崩溃后，整个世界便炸开了锅，地区冲突、宗教冲突、种族冲突等全面涌现。

而这边也一样，随着三位大佬的相继出事，整个江东地区变成了军阀混战的战场。先是浙西节度使周宝因为整改军队引发手下哗变，浙西五州乱作一团，周宝本人也只能龟缩在常州城内。紧接着，黄巢旧将毕师铎见高骈沉迷修仙问道，趁机发动叛乱，占据了扬州城，绑架了高骈。再往后，浙东观察使董昌更是堂而皇之地称帝，引发钱镠征讨。

先说周宝事件，周宝事件爆发后，杭州军州事钱镠打着为上司周宝平叛的旗号开始攻略浙西地区的润、常、苏三州。叛乱分子虽然声势浩大，但和钱镠一比，战斗力明显不在一个档次，钱镠很快便弭平了叛乱，顺带把润、常、苏三州纳入了自己的掌控之中。

如此一来，钱镠通过这次平叛基本囊括了浙西润、常、苏、湖、杭五州之地（湖州刺史依附于钱镠），取代周宝一跃成为江东地区一股新兴的军事集团。但不知道钱镠怎么想的，在平叛过程中他居然把老上司周宝给杀了，一下子将自己在百姓心目中的期待值大大拉低了。也正是因为这一举措，让钱镠在接下来的苏南争霸战中于道义上逊色给了杨行密。

接着来说杨行密，自从高骈出事后，杨行密也和钱镠一样，打着为上司报仇的旗号出兵讨伐叛军。不过显然杨行密没有学钱镠那样，打着平叛旗号却做起杀死自己老上司的事情，因为在平叛期间，高骈已经被叛军杀死了。

经过半年多的围攻，杨行密也终于打下了扬州城，毕师铎趁乱逃走，可还未容杨行密喘口气，一股外来势力就杀到了江东。

这股势力脱胎于蔡州军团，在唐末乱世中，一提起蔡州军团，很多人就能联想到"食人魔王"秦宗权，在很长一段时间里，整个中原乃至江淮地区都被秦宗权"食人兵团"的恐怖气氛所笼罩。而这个军团的特征便是"粮食不够，人肉来凑"，而且把食人肉当作一件常事。

此时这股杀到江东的外来势力正是由秦宗权的弟弟秦宗衡及魔将孙儒率

领，趁着杨行密刚刚平叛完元气未复，他们一举拿下了江北重镇——扬州城。而后，这股势力爆发内讧，孙儒袭杀了秦宗衡，夺取了这支部队的领导权，并将其改名为"土团白条军"。

孙儒拿下了扬州城，钱镠收复了苏、常、润，白忙活一场的杨行密很郁闷！很快从扬州退下来回到老巢庐州城的杨行密就面临着关键的战略抉择，经过一番分析，他拟定了以下几条策略：

1.继续北上和孙儒争夺扬州城，在江淮地区聚歼孙儒这个外来户。（成功率30%）

2.经庐州往江西扩张，则必须与江西大佬钟传死战。（成功率60%）

3.东进与钱镠抢夺苏、常、润三州，在江南扎稳脚跟后反击孙儒。（成功率50%）

4.往南扩展，扩大自己在皖南地区的版图，重点进攻宣州。（成功率80%）

经过这一番的权衡，杨行密终于选择了成功性最大的第四套方案，南下宣州，扩大战略纵深。终于，在曷山（今安徽宣城西南三十里处）杨行密大败宣城守将赵锽军，赵锽逃进城去龟缩不战。

杨行密乘胜追击，下令攻城。赵锽开城逃跑，被杨行密大将田頵追上去捆成了大粽子，押到杨行密面前，杨行密将赵锽杀死了事。不过这次征讨赵锽，却意外得到了一名叫周本的大将，让我们记住这个名字，因为这个人物在南吴的政治舞台上活跃了很久，直至南唐初期。

虽然宣州战役杨行密打得很出彩，但打下宣州没多久，前方却传来孙儒偷袭并占据了自己老巢庐州的消息，一时间杨行密手足无措，不知道该如何是好。

不过，关键时刻大人物终究还是大人物，冷静下来后的杨行密和诸将再次进行形势预判，最终确定了"留在宣州以作修整，静观时局以图后进"的方针。而后杨行密在宣州整顿兵马，划分土地实现军屯，恶劣的形势竟然从侧面让杨行密麾下这支部队很快恢复过来。

唐龙纪元年（889）五月，杨行密所期待的机会终于来了。因钱镠之前杀了老上司周宝而丢了民心，很快润州再次爆发针对钱镠的叛乱，钱镠急忙调兵镇压。

而趁此机会，杨行密火速发起了对常州的进攻，当年十月，杨行密手下猛将田頵、李友及降将沙陀人安仁义利用挖地道的战术突袭了常州城，顺带还俘虏了钱镠手下常州守将杜棱。

此时钱镠刚刚镇压完润州的叛乱，听闻后方常州出事了，心绪起伏难平，连忙又调兵前去收复常州。可钱镠一走，润州再次出事，因为孙儒也杀到江南了！

由于孙儒的军队是一支只知道破坏却从不知道建造的"食人兵团"，所以当扬州、庐州的财富被刮了一遍后，孙儒再次将触手伸向了江南。龙纪元年（889）十二月，乘着杨行密攻打常州之际，孙儒派遣手下的头号猛将刘建锋出兵攻打润州！

随着孙儒的介入，孙、杨、钱的三方混战正式在江南地区打响了。

（2）

这场持续了数年之久的三方争霸其过程是异彩纷呈的，但由于我这边的重点是在徐知诰身上，所以于此就简单介绍下经过，感兴趣的朋友可以进行深入了解。

第一阶段：孙儒称霸江南。

孙儒南下渡江后，兵锋势不可当，先是从钱镠手中拿下了润州，而后又从杨行密手中拿下新近征服的常州，这强大的攻势迫使杨行密和钱镠一致把孙儒视作首要目标。毕竟不管是杨行密的"安徽帮"还是钱镠的"浙江佬"，都还是土生土长的江东人，可这孙儒一个北方来客，凭什么占据着江南的大好河山，况且这伙还是群吃人的反社会分子。

第二阶段：杨行密怒怼孙儒。

调整好主攻对象后，大顺元年（890）二月，杨行密乘刘建锋在润州立足未稳之际，派遣部将马敬言率兵五千再次攻占润州，而部将田頵、安仁义、刘雅则在常州武进县大败刘建锋，重新获取了对浙西三州的主导权。

紧接着，杨行密又将目标投向了目前还掌握在钱镠手中的苏州。当年七月，杨行密部将李友奉命攻打苏州城。本来钱镠在苏州城的根基还是很牢固的，但没想到在这节骨眼上钱镠又犯了滥杀无辜的老毛病了，竟然在战前将唐朝政府派来苏州的给事中杜儒休给杀了，钱镠在苏州城的支持率再次下滑，李友也因此顺利拿下了苏州城。

第三阶段：孙儒再次席卷常、润、苏三州。

也就在杨行密主力东征苏州之际，孙儒手下刘建锋再次趁虚夺下了润、常两州，并在当年十二月，再度集中兵力打下了苏州城，杨行密部下李友蜷缩在常熟一带。那么，经过这番混战，目前江南的局势是怎样一幅情景呢？

首先，孙儒雄踞润、苏、常三州，成为最大赢家；钱镠输得一败涂地，撤回了杭州城；杨行密则盘踞在宣州城。此外湖州刺史李师悦也因为与钱镠的矛盾，选择依附于杨行密。同时，在常熟一带，还有杨行密的部分残余势力。

第四阶段：杨行密死守宣州。

孙儒拿下了润、苏、常三州后，便有一鼓作气剿灭杨行密的想法。当然，在此之前他得先回师解决掉北边新来的敌人——庞师古。原来，此时的中原大佬朱温眼见江淮一带兵连祸结，打得火热，便也想插进去一脚，于是打着帮助杨行密的旗号派大将庞师古率大军渡过淮河来剿灭孙儒。

孙儒平定了苏南战局后，回过头来于唐大顺元年（890）二月，挟余威又在陵亭（今江苏兴化南）收拾庞师古。解决了朱温的骚扰，孙儒把目标集中到了宣州城，准备一次性彻底打垮杨行密，而后再来收拾杭州城里的钱镠。

大顺二年（891）正月，孙儒带着他的"土团白条军"主力渡江自润州南下，大举进攻杨行密驻守的宣州，双方在屯溪、溧水一带多次展开激战，尽管杨行密初战失利，但杨行密手下的头号战将李神福在溧水成功地偷袭孙儒，迫使孙儒放弃了对宣州的进攻。

虽然打退了孙儒的第一次全力进攻，但并未对孙儒主力造成重创，而杨行密也因为军力受损严重而无法扩大战果，双方再次进入相持阶段。到了当年十二月，孙儒洗劫并大肆火烧苏、常两州后，率领全部兵力再次杀往杨行密的宣州，意图一举灭掉杨行密。

这一次，孙儒对杨行密的进攻已经近乎疯狂和变态，屡破杨行密军后包围了宣州城，旌旗连绵数百里，对外号称五十万，似乎在声势上就要把杨行密给吓死。

第五阶段：孙儒破灭，钱镠、杨行密两分江南。

到了这个时候杨行密自知不敌，准备逃跑，而智囊戴规却劝阻说："孙儒军数败，今扫地而至，决死于我，若吾遣降者间至扬州，抚慰衣食，使儒军闻其家尚完，人人思归，不战可禽也。"杨行密于是率领大将陶雅、田頵、刘威等人与孙儒决战，双方连战不休，杨行密让陶雅暗中袭取了润州，扼其归路。

但是考虑到自己以一人之力无法单方面决胜于孙儒，所以杨行密只得向昔日老对手钱镠请求援军。哪知道钱镠这家伙贼精，他趁着孙儒和杨行密死战，自己派兵把苏州给占了，而对于杨行密，钱镠只是派人送去了少量的粮草和辎重。

不过聊胜于无，杨行密凭此也就只能继续死扛，等待时机扭转。到了唐景福元年（892）春，杨行密还在苦苦挣扎，而手下大将也不停地给他鼓劲，裨将刘威认为："孙儒焚仓隳垒以来，粮尽将为我禽。若劲兵背城，坐制其困。"大将李神福也请求坚壁以待。不过此刻也确实出现了一丝转机，因为孙儒这边也开始断粮了，并且因为长期吃人肉，导致军中疫疾流行，孙儒本人也不幸染病。

到了当年六月，孙儒无奈只能派遣大将刘建锋、马殷等人到附近诸县抄掠，搜集粮草。杨行密在得到消息后，决定不错过这绝佳时机，立即率大将安仁义、田頵等人突然对孙儒驻地发起攻击，连破五十余寨，孙儒因为分兵及自身染病被生擒，而后杨行密将其就地处死，传首长安。

孙儒的死标志着这场持续数年之久的江东大混战终于宣告结束了，杨行密和钱镠分别取代了高骈和周宝成为这块土地新的霸主。虽然后来双方又互有攻伐，但版图最终还是以此次战后的分割为界的。孙儒虽然被杀，但他的"土团白条军"并未消亡，除部分被钱镠和杨行密收编之外，在刘建锋的率领下，孙儒军团的七千余残部逃离浙西，来到湖南，开创了后来十国之中的马楚王朝！

战后，钱镠被唐王朝册封为静海军节度使，占据苏、杭、湖三州，而杨行密的格局和运势则要比钱镠广远得多。在孙儒围攻宣州期间，朱温又再次派人夺取了扬州。杨行密击败孙儒后，再次夺回扬州，不久，自淮河以南、长江以东各州都被攻下。唐王朝此时也不得不拜杨行密为淮南节度使，承认了他对江淮一带的占领。

但是江淮这个概念还是很宽泛的，虽然杨行密略定了江左，可安徽所属的江右地区还有不少是被大大小小军阀盘踞着。首先摆在眼前的就是当初把自己老巢庐州献给孙儒的蔡俦，此时蔡俦眼见孙儒垮台了，便有投靠中原朱温的想法，杨行密二话不说便带兵杀了过去。

景福元年（892）十一月，杨行密麾下大将李神福率领"黄头军"去收复庐州。为了确保拿下庐州，杨行密又派田頵坐镇宣州，自己带着"黑云都"来到庐州。而进军途中，原孙儒手下的偏将张颢越城来降，杨行密久闻张颢好勇斗狠，甚是喜爱，安排在亲军中任头领。

城中的蔡俦坚持不住两大主力军的夹击，很快城破身死。破城之后，手下将领劝杨行密把蔡俦的祖坟给掘了，因为在此之前，蔡俦曾经就掘过杨行密的祖坟。但杨行密制止了手下这类"以暴易暴"的行为，胜利者嘛，该有胜利者的姿态，岂能那么小家子气？于是，杨行密的贤德之名因此事很快传遍淮泗大地，不过杨氏苗裔后来都下场不好，这是否与祖坟被刨有关，我们就不得而知了。

不过虽然杨行密心胸宽广，可和他毗邻而居的钱镠就是一副二流子德行了，他在此期间与老上司董昌交上火了，甚至罔顾唐廷诏令，势要将董昌赶尽杀绝。无奈之下的董昌便向杨行密求援，由此引发了一场苏州争夺战。

但由于杨行密长期多线作战，导致投入到苏州的兵力不足，经过一番转手，苏州又重新回到了钱镠手中，而这一次回归，杨家人此后便再也没有染指过苏州。同样的，董昌也死于钱镠这个二五仔之手，钱镠由此并吞了整个浙江地区，吴越国的基本盘初步奠定。

虽然杨行密在苏南地区无法完成开疆，但在其他战场上他还是频奏凯歌的。打下庐州后，杨行密即命田頵去收歙州（今安徽歙县）、李神福去收舒州（今安徽潜山）。歙州刺史裴枢善于防守，田頵就直接围城。

到最后，裴枢实在扛不过了，便致信给杨行密："君纵我归北国，歙州君自取之。"杨行密很快便同意了，手下陶雅接管了歙州。而舒州刺史倪章在李神福面前，更是不堪一击，没多久舒州便被杨行密收入版图。

而我们的主角徐知诰恰恰就是在杨行密极速扩张自己在安徽地区版图时被

发现的，那一次是攻陷濠州的战役，时间是乾宁二年（895）。

经过四处攻略，杨行密在打下濠州后不久，版图几乎囊括了今天安徽、江苏两省之地，并有向湖北、江西、浙江扩张的趋势，官职也水涨船高，从淮南节度使一跃成为弘农郡王。弘农郡王是唐朝廷册封的，其实从内心想法来说，杨行密更想被人称作江东王，什么劳什子的"弘农王"，这不是东汉那个废帝的称呼吗？

而册封杨行密为弘农王与其说是唐皇的意思，倒不如说是把持朝政的朱温的意思，此时的唐朝皇帝李晔已经完全沦为朱温手中的傀儡，且此前朱温刚刚派刘知俊南下淮南被杨行密杀得大败，为安抚也不得不如此为之。

不久，因为朱温扣留杨行密商团，私吞弘农王杨行密万斤茶砖导致朱杨二次战争爆发。这一次幸运之神依旧眷顾着杨行密，朱温方面主帅庞师古被击毙，粮草辎重损失无数，杨行密正式奠定了在江淮一带的军事霸主地位，并喜获名将朱瑾、李承嗣，更多了他们手下一支沙陀骁骑。

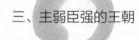

三、主弱臣强的王朝

（1）

在中国漫长的历史长河中，诞生过许许多多的王朝，却很少有王朝像南吴一样，从建国伊始起，国家的大权便掌握在了权臣手中而非皇帝。

那有人肯定要说了，东晋、东魏不也是这样的吗？可是，我们要知道，东晋和东魏严格意义上是延续了西晋、北魏的国祚，并非真正意义上的草创王朝。而南吴却恰恰是这样一个奇葩，如果非要比的话，北周倒是莫名地和南吴接近，但北周运气要好得多，非但因为宇文邕这个不世出的帝王摆脱了权臣把控王朝的局面，还一举统一了北方。单这业绩额，注定了其名气比南吴要大很多。

而南吴之所以会出现这样一个局面，很多人都会将原因归结于杨行密的早逝和继承人杨渥的肆意妄为。可我认为，南吴有此命运杨渥是主因，当然，也与杨行密去世前埋下的一些隐患密不可分。

那么，作为江淮霸主的杨行密，他又有哪些过失遗留给了子孙后代呢？让我们接着之前的讲述，看看杨行密晚年的所得所失。从乾宁二年（895）至唐天祐二年（905），这十年间是杨行密成为江淮霸主后进行二次扩张的十年，也是本文主角徐知诰默默成长的十年，更是杨行密本人生命倒计时的十年。

但是，与之前相比，杨行密却在这十年中开疆拓土缓慢，遇到了许许多多的问题。唐光化元年（898）三月，杨行密发起昆山战役（事情起因是钱镠这个二五仔背叛董昌，且一定要赶尽杀绝，杨行密出于义气，接受了董昌的求援），经过一番鏖战，苏州沦陷于浙江军不说，就连将军秦裴都被钱镠俘获了。

接下来的两年间，在与吴越毗邻的婺州、衢州，杨行密也是频频失利。不过好在唐天复元年（901）八月开始的杭州战役中，随着大将李神福的登场，战局开始倒向杨行密这边，钱镠手下第一名将顾全武被俘获。失去了顾全武的钱镠直接成了个乌龟，缩在杭州城里不敢出来了，但此刻李神福由于长期作战导致后勤吃紧，无奈之下只得放弃了杭州城这一到嘴的肥肉。在与钱镠交战的岁月中，这是江淮集团第一次有机会灭掉钱镠，但绝非最后一次。

到了天复二年（902）三月，唐廷封杨行密为东面诸道行营都统、校检太师、中书令，晋爵吴王，这一刻，杨行密终于获得了梦寐以求的"吴王"一称。当然，这一切都和杨行密在这些年对朱温的战役中持续获胜密不可分。人逢喜事精神爽，一个月后，杨行密便和钱镠进行了一次换俘仪式，用顾全武换取了在昆山战役中被俘的秦裴。

那么说了这么多前情背景，现在就该引出我们的重点了，南吴王朝主弱臣强的根源——集团内部山头林立。有人或许不以为然，觉得如果后来不是因为张颢、徐温的联手以及杨渥的不成器，南吴不会是那么个走向。但或许很多人都忘记了一点，历史的走向从来不以个人意志为转变，而是由人民大众去推动的。而在封建社会，我们甚至可以说，是由那许许多多大小统治阶级去推动的，而推动南吴走向的恰恰是其体制内部的一批军阀！

张颢、徐温得以夺权凭的是什么？凭的不是他们的资历，有比他们资历更深的，凭的恰恰就是兵权。而就算没有他们，也会有王浩、李浩、周浩去主导那一场政变。我们很明显地可以从北方的五代交替中看出军政府的命运，短短五十年间，北方换了五个王朝，甚至还让契丹人杀进来做了一回中原皇帝。而宋太祖"杯酒释兵权"之后，就没再出现过这一幕了，为何？因为与五代有本质的区别，赵匡胤解决了五代军阀林立的怪现象。

当然，又有人要说了，不是说历史走向不是依靠个人意志为转变的吗，怎么这边赵匡胤一出"杯酒释兵权"有这么大的作用？那么，我们就要透过现象看本质，早在赵匡胤之前一二十年，后汉刘承祐也做过解除手下兵权的事情，只不过做法稍微有些过激。那为何同样是解兵权，一个成功了，一个失败了？这恰恰说明，推动历史进程的这股力量已经变了，不同的时代造就了不同的人，而不是不同的人造就了不同的时代。当然，如果要刨根问底阐述这一事件的本质，我们就得零零碎碎把汉周宋之间到底发生了怎样的社会变革讲清楚，而本文重点并不在这，所以我们还是把目光掉回到南边来吧。

江淮集团内部的山头林立终于在杨行密晚年来了一场总爆发，主导这场历史大戏的人是两个——田頵和安仁义。

田頵和安仁义为何要反，这或许是受到了毗邻地区钱镠手下武勇都叛乱的影响，当然，本质的问题还是我之前说的。也许是基本盘更小一些吧，所以相同的矛盾在钱镠那边总是来得比杨行密这边更早一些，武勇都叛变归根结底也是内部军事山头作祟。

在杨行密受封吴王的同一年，钱镠也得到了他梦寐以求的越王，但还没让钱镠高兴多久，底下武勇都就在徐绾的带领下造反了。武勇都是由当初收编孙儒残兵组成的，所以其和钱镠手下跟着打天下的部队都不默契，久而久之就成了一支山头势力。而钱镠非但不想着消化这支部队，还来了一招"北人治北"的政策，让孙儒降将去管这支降兵，那要不出事还真对不起钱镠这番苦心了，所以徐绾反了。

由于徐绾的驻地紧邻杭州城，所以徐绾一造反便对钱镠产生了毁灭性的打击。虽然钱镠坚守杭州内城，但不久之后徐绾便开始和驻扎在宣州的杨行密部下田頵联系，要求合击杭州城。

田頵自然也是欣然接受，带着部队便给徐绾助拳了。无奈之下的钱镠只得放下身段，跪求昔日老对手杨行密，甚至还请求两家结为儿女亲家，用六子钱传璙来迎娶杨行密的女儿。没想到这一招还真成了，杨行密欣然答应，并立刻下令田頵退兵。就这样，田頵在极其不情愿的情况下做出了退兵的决议，但显而易见的是，杨行密和田頵之间已然生隙。杨行密厌恶田頵的擅自行动，田頵不满杨行密的坐失良机。毕竟，这算是江淮集团第二次有机会灭亡钱镠。

关于杨行密为何愿意与钱镠讲和结亲，原因大致有三条：

第一条是说此刻的杨行密身陷淮北、湖北两大战场，实在没有太多精力再去开辟一个浙江战场。

第二条则是说此刻杨行密已然开始猜忌田頵了，他怕田頵一旦夺了杭州城后，顺势会攻略苏州，到时候占据了宣、杭、苏三州的田頵未必就会比钱镠更靠谱。

第三条是说杨行密觉得此次田頵参与钱镠叛军的行动赢面不大，只会损兵折将。

对于这三条，我觉得各有道理，又都各有问题。首先第一条的问题是，杨行密无论是在湖北或是淮北的扩张，都是需要和中原大佬朱温进行摩擦，而与朱温的对决绝非一时能胜。所以假如说徐绾之乱是个灭亡钱镠的契机，那他绝没有捡芝麻丢西瓜的可能性。第二条的问题是，杨行密也许此时有些猜忌田頵，但是猜忌田頵和打钱镠这是两件事，干吗要混为一谈呢，如果不放心田頵，完全可以另外派将领接替田頵夺下杭州城啊？第三条的问题则是，此时双方已经交上火了，而田頵方面也没出现太大的损耗，怎么就会看出赢面不大？何况，如果真不放心田頵，何不借此机会驱虎吞狼，让钱镠和田頵在对耗中两败俱伤呢？那么，杨行密究竟缘何又再一次错过了这次攻灭钱镠的大好机会呢？或许，这已经是一个千古谜团了吧。

田頵虽然撤了兵，但令杨行密感到愤懑的是，他顺带还收编了徐绾的叛军，一起撤回了杭州，与此同时，他还很不上路地扣下了钱镠的第七子钱传瓘作为人质。这个时候，田頵的罔顾上级已经让杨行密忍耐的底线被压缩到边缘了。

当然，杨行密不知道此刻田頵心里比他更火，到嘴的浙北江山没了，自己还被杨行密威胁着要滚出宣州，这要换成别人，怎么能忍？不臣之心显露的田頵开始派人接洽中原的朱温，而派的这个人便是大名鼎鼎的诗人杜荀鹤，当然，也许很多人会一摸脑袋说不认识。但如果我要是说出杜荀鹤的父亲，你们保管会恍然大悟，他父亲便是晚唐时期名噪一时的"小李杜"中的杜牧。

"杜郎俊赏"，风流成性的艳名可是比杜牧旷远的诗才之名更令后人津津乐道，而杜荀鹤恰恰是杜牧风流之下的作品，用法国人的浪漫描述便是——"爱情之子"（私生子）。晚唐诗人是无法像中唐、盛唐时期那么量产和高产的，所以杜荀鹤、皮日休、陆龟蒙、罗隐、韦庄等几人可谓是撑起了唐末诗坛的台柱子了。

当然，还有一个比较奇怪的现象是，虽然五代十国武人当道，帝王文化水平不高，但这几个诗坛台柱子却在政界混得风生水起，比如罗隐、皮日休服务于吴越，韦庄服务于前蜀，而这边杜荀鹤恰恰就在田頵手下当差。

唐天复三年（903）八月，杜荀鹤便带着田頵的嘱托，北上去和朱温接洽，商议归附事宜。同时，又去联络此刻在润州的安仁义、寿州的杨行密妻弟朱延寿，邀其一同出兵，与杨行密划长江而治。

但是田頵这家伙做事确实不够精细，竟然让杨行密察觉了。此时的杨行密军队主力由李神福率领，正在湖北攻打鄂州（今湖北武汉）刺史杜洪，杜洪作为归附朱温的走狗，此前一直频繁挑衅杨行密的西疆地区。

杨行密在得知田頵要反的消息后，第一时间联系了李神福，邀其放弃在湖北的开疆，转道东南，消灭宣州的田頵。而与此同时，田頵那边刚派杜荀鹤北上接洽朱温，这边安仁义就扯旗造反了，他就近派兵攻打常州。常州刺史李遇原本还想给安仁义来个伏击，哪知道安仁义却并不上他的套，围而不攻。

不过，很快杨行密也行动了，他派部下王茂章、李德诚、米志诚部会攻润州，安仁义只得回城防守。田頵、安仁义虽然一时间无法攻取，但眼前的朱延寿或可不兴刀兵便能擒拿，于是杨行密便诓骗自己的朱夫人要将内政托付于朱延寿，邀其来扬州接管。结果朱延寿果然上套，而一到扬州，就在面见杨行密的时候被杨行密亲手击杀，寿州由此不战而定。

朱延寿的被杀，迫使田頵立刻采取了行动。唐天复三年（903）九月，田頵发兵北上，攻下升州（今江苏南京，原本南京镇江等地同属于润州，杨行密占据苏南后实行了"润升分离"），生擒李神福家小。田頵原以为有人质在手，李神福便会有所忌惮，哪知道他打错算盘了。

作为当初杨行密起家就追随的老将，李神福只告诉了田頵一句话："杨王手创江东，神福委身于王，自当效死以全臣节，纵九族夷灭，亦不敢有违臣节。今日唯一死，以报杨王厚恩。"

在与李神福的交战中，田頵连番失利，不久，杨行密又派部下台濛、王茂章率部支援李神福。一个李神福就足以田頵疲于应付了，更何况此时杨行密算是开了"全明星阵容"围攻自己，田頵在久战失利的情况下想北上投靠朱温，却在乱军之中被杀。

田頵被杀后，江淮军兵分三路，李神福继续前去湖北激战鄂州的杜洪，王茂章领了兵马照旧围困润州安仁义，而台濛则代替田頵驻守宣州。安仁义孤立无援，不久也在围困中走向了末路，田頵之乱至此终于平定。

（2）

田頵之乱是个典型，它通过残酷的事实敲打了杨行密，也告诉了我们之后南吴王朝主弱臣强的第一个诱因——集团内部山头林立。消灭不了内部的山头势力，杨家则永远无法在强藩悍将中树立威信。当然，山头问题不会随着田頵的死去而宣告终结，这是一个漫长的过程，需要时间和统治者的权谋手腕去消磨，但很快，杨行密发现了第二个问题。

这第二个问题则是有关集团内部缺乏向心力的问题，假如一个集团有一定的向心力、凝聚力，即使内部山头林立也还是可以延续一段时间，当年周天子东迁后权威一落千丈，但好歹各路诸侯还是认可周天子是名义上的共主的。所以，东周得以延续五百年，这点因素是不可否认的。但是，南吴王朝因为缺乏内部向心力，成为主弱臣强的第二个诱因。

这边说的缺乏向心力不是针对杨行密的，毕竟杨行密个人魅力是极高的，有他在，即使如田頵、安仁义等包藏祸心之徒，也能保持一定时间的归附。可是，杨行密手底下的将领仅仅表现在对杨行密的向心力上，一旦涉及杨行密的接班人，这就不好说了。

唐天祐二年（905），这一年注定是江淮的国殇之年，去年年末，江淮集团连失两员大将，李神福、台濛先后病逝，当然，死去的田頵也可以算是一员战将，只可惜走错了路。杨行密委任刘存前去鄂州代替李神福，又派长子杨渥接替台濛驻守宣州。今年年初，安仁义又城破身死，眼见军中宿将陆续凋零，杨行密内心一片悲戚。

这个时候，北边的朱温、南边的钱镠又来搞事，朱温亲率五万大军自宿州（今安徽宿州）南下，借援助田頵之名南下侵略江淮，结果被杨行密再次打回了淮北。而南方钱镠的问题远要复杂得多，当初田頵作乱的时候，钱镠没有插一脚并非是其道德高尚，而是钱镠也深陷战争泥沼了。

因为当初自己逼杀上司董昌，导致钱镠在浙东一系刺史心目中口碑很差，徐绾造反结束后，整个浙东地区就掀起了一场"反钱"的伸张正义行动。温州刺史张惠、睦州刺史陈询率先打响了"武装反抗钱镠的第一枪"。而钱镠对此则不以为然，还恬不知耻地于天祐元年（904）四月，上表唐廷，要求朝廷册封自己为吴越王。

此时的唐朝皇帝是李晔，但目前国家的大权已经为朱温所把持，对于朱温的狗腿子钱镠先生，这位傀儡皇帝还是做了一个自己力所能及的决定——断然拒绝！但钱镠不怕，仗着自己和朱温关系好，直接撇开了皇帝去谄媚朱温，朱温一高兴便给钱镠搞来了"吴王"这个头衔。

这么一来就尴尬了，一时间南方出现了两个"吴王"，一个是"杨吴王"（杨行密两年前被封吴王），一个是"钱吴王"。对于钱镠前脚和自己联姻，后脚来与自己争夺吴王之位，杨行密心里很恼火。话说回来，是个人都该生气，何况是杨行密这样的一方霸主，明明千里吴地杨行密占据了四分之三，而钱镠所占据的吴地仅有苏湖两州，而他堂而皇之地自称吴王，分明是觊觎杨行密手中新的疆土。这一点，早在几百年前的东晋十六国，石勒就看得比较分明，在他得知刘曜改国号为"赵"时，就说了这么一句话："刘曜称赵王，而赵地却为我所占据，这分明是要兼并我的意思。"

但明知钱镠在背后搞事，可杨行密还是暂时不能动他，因为眼下的田頵、安仁义比他更麻烦。

继温州、睦州相继反正后，衢州的刺史陈璋也对钱镠的无耻行为表示了武装抗议，他自封衢、婺两州刺史，挥兵进攻东阳、暨阳等地，同时遣使称臣杨行密。陈璋请求归附的时候，田頵已经被击杀了，而安仁义虽然苦苦支撑，但也离死不远了。所以，为了出一口钱镠擅自称"吴王"的恶气，杨行密准备出手了。

天祐二年（905）正月，杨行密派遣西南招讨使陶雅出兵解救被两浙军围困的睦州陈询。起先，陶雅还是发挥得不错，重创钱镠麾下顾全武、钱镒、王球的联军，还在当年四月与陈询、陈璋会师，联合行动攻克东阳。

处州刺史卢约平日里也对钱镠很不服气，眼见江淮集团的王师杀到，立刻反正响应陶雅，并派弟弟卢佶攻打温州，驱逐掉首鼠两端的张惠，成功地占据温州。

这样一来，浙东五州联合起兵，声势浩大，令钱镠有些头疼了。但由于五州联军之间各怀鬼胎，打仗配合度不高，时间一长就开始各自为政了，钱镠得以开始组织起有效反击。

淮北、浙东、湘南、江西，这四面错综复杂的战局牵动着杨行密那颗早已不年轻的心，随着陶雅陷入僵局，这位昔日不可一世的江淮霸主竟然病倒了。天祐二年（905）十月，纵横江淮数十年的杨行密竟然浮现出生命即将终结的迹象。作为钱镠的同龄人（两人都出生于852年，同一年出生的还有朱温），杨行密真的很羡慕钱镠，因为他只需要管好自己的一亩三分地即可，而自己却身处四战之地，需要面对来自淮北朱温、湘南马殷、江西钟传和浙东钱镠的四方压力。

麾下诸将的离世和战事的纷繁复杂已经耗尽了他的心力，当然，"人生自古谁无死"，尤其是从乱世的刀锋中摸爬滚打出来的人更无惧于死亡。可是，杨行密却不甘心啊，其不甘心来自对后继者的担忧。

与十国之中钱镠、王审知、马殷等动辄二三十个儿子相比，杨行密的儿子少得可怜，仅仅只有六个。而这仅有的六个更是让他无法挑选出一个合格的继承人，因为无论他们哪一个都无法担起江淮霸主的重任。

按照道理，长子杨渥当立，所以病中杨行密便让判官周隐速召在宣州做观察使的杨渥回扬州（吴国称扬州为东都广陵），但是这个时候，周隐却来了句让杨行密倒吸一口凉气的话。周隐规劝杨行密说："少主（杨渥）耽于享乐，好酒及色，非命世之主。至于主公其余诸子倒是不错，但年龄尚小，不若请庐州刺史刘威过来主政，刘威跟随主公鞍前马后三十年了，忠心可鉴，日后主公诸少子成年，再让刘威择其贤明者让位。"

这句话让杨行密听了很胆寒啊，虽然自己也瞧不上那个不争气的大儿子，但也从没想过把江山交到外姓人手里啊。刘备临死前虽然告诫诸葛亮说："若嗣子可辅，则辅之；如其不才，君可自为成都之主。"但明眼人都看得出来这是刘大耳曲意敲打诸葛亮罢了，况且这句话是刘备自己说的。可是这边周隐却把自己的台词抢先说了，越俎代庖到了这种地步。而且我们注意周隐的措辞，他的意思是由刘威先接管江淮集团，而后再让位于杨行密幼子，这和辅佐幼主有着本质区别。至于何时让、让与谁，周隐可是一句话没提到。

自李神福和台濛相继病逝后，刘威在江淮集团中的地位是仅次于杨行密的存在，但仅次于并不等于刘威说一不二。之前我也说到了，江淮集团内部山头林立，几乎是几路人马谁都不服谁，此刻刘威掌管军务，那在浙东鏖战的陶雅、在湘南驻守的刘存，他们又岂能服气？所以周隐这个提议看似出于公心，但于杨行密和麾下诸将来看，都算不得半点出于公心。

从周隐那碰了一鼻子灰，杨行密转而想起了自己的幕僚严可求。严可求与杨行密手下这干武将都不同，他长于谋略，且是北方同州（今陕西大荔）南迁的侨民。大荔这个地方曾经在中国历史上出过两个传奇的谋士，一个是前赵国刘曜麾下的游子远，还有一个便是这边的严可求，两人都是嘴皮子动动就能弭平一场干戈的辩才。当初杨行密得知朱延寿要反，本意是准备带兵去打的，多亏了严可求的建议，杨行密采取智取，诓骗朱延寿来扬州，避免了一场刀兵。

弥留之际，杨行密又想起了严可求了，只不过，这次严可求不是单独一人来见杨行密，还顺带了一个实权派——徐温，也就是我们主人公徐知诰的养父。此时的徐温虽然不是征战一方的藩将，却是掌管一半皇城牙军的统帅，严可求的意思是，有徐温的支持等同于有了江淮集团内部军方的支持，只要军事大佬点点头，这事情也就基本能成了。

精明的杨行密也一下子看懂了严可求内心的想法，啥也不说了，拉着徐温和严可求的手眼泪吧嗒吧嗒地就说起自己有意让杨渥接班，但周隐却暗中阻挠的情况。一向忠于杨行密的徐温当下表态："主公不可行此事，一旦刘威入主东都（扬州），这江淮乃至日后的吴国怕是要改了姓了。江东之地乃是主公九死一生拼搏而来，万不可交由外人，臣自当以死奉主公诸子。"

虽然从以往的战绩来看（注意只是以往），徐温并不能跻身江淮集团一流战将，但其对于杨行密的忠诚，这是毋庸置疑的，不然也不会把他提进牙军统帅序列了。有了徐温这句话，杨行密也终于放心了，杨渥坐这江淮之主的位置，至此算是稳当了。徐温怕周隐还会从中作梗，于是抢先一步让严可求去拿了虎符，召宣州的杨渥火速入京受命。

杨行密拖着最后一口气见到了自己的长子杨渥，老泪纵横之下说了句最后遗言："命休矣！此生富贵，不足憾也，唯诸儿愚鲁，不晓大计，望公等善辅之。（要死咯，这辈子荣华富贵也没什么可惜的了。唯独几个儿子愚昧无知，无法了解我的大业，希望各位公卿能好好辅佐他们。）"

杨行密这番话一说出口，张颢和徐温二人一下子便跻身进入了顾命大臣的序列。嘱托完后事，杨行密便溘然长逝，享年五十四岁。杨渥嗣立，尊杨行密为武忠王。

这一年是唐天祐二年（905），两年后北方的唐王朝正式成为历史，可惜，杨行密再也看不到这一天了。他为麾下这群战将及几个儿子打下了一大片基业，却因为走的不是时候，让自己这个政权险些成为名不正言不顺的过客政权，"出师未捷身先死"，大抵说的是这类人吧。好在徐温没有辜负杨行密的厚望，将江淮集团正式升级为南吴王朝，走完了杨行密未能走完的道路，不过这些都是后话了。

（3）

杨行密的余威加上徐温、严可求的当机立断，确保了杨渥顺利承袭杨行密地位，也暂时压制了江淮集团内部缺乏向心力的问题。至少目前来说，随着杨渥地位的确立，杨行密昔日麾下的悍将也开始向着杨渥靠拢。

不过这南吴王朝存在的第二个问题依旧无法根除，需要时间去解决。但是，随着杨渥上台后的胡作非为，很快引爆了江淮集团内部的第三个问题，而这个问题直接决定了南吴开国主弱臣强的结局。

杨渥即位后，唐朝政府也发来贺电，册封杨渥为淮南节度使、东道诸道行营都统、侍中、弘农郡王（吴王则已经赏赐给了钱镠），刚刚坐稳吴王宝座没多久的江淮集团再次回到了糠名弘农王的尴尬地位上。

不过从后来事件的发展来看，杨渥还真是蛮配这个"弘农王"称呼的。杨渥一上台就把当初阻挠他接班的周隐给砍了，周隐自己目无尊长在先，被杀倒也没什么太大的非议，但紧接着爆出的"王茂章反水"事件，让大家对这位新上任的少东家都略感失望。

杨渥和王茂章什么仇什么怨？其实说起来也不过是算不了什么的小事。原本杨渥是从宣州提回朝堂的，而王茂章则顺势接替了杨渥执掌宣州，杨渥平日里搜刮的一些财物由于时间仓促就没来得及带进京城。于是坐稳位置后的杨渥就让王茂章全部给他送来扬州，王茂章这家伙也是个小气抠巴的人，接管了宣州真以为这些东西都为自己所有了，非但不交还上书讽刺杨渥说："先王起事草莽，积二十年之苦辛，方造江东基业。环顾周遭，强虏窥俟，此非享乐时也。少主不宜轻启奢靡之风，坏勤俭之德，陈叔宝之事，岂足效乎？！"

王茂章不给，不给自然有不给的后果和反馈，唐天祐三年（906）正月，杨渥就命马步军都指挥使李简带五千精兵去宣州向王茂章问罪。王茂章既担心自己会步周隐的后尘，又不愿意同室操戈，带着手下便跑去钱镠那申请政治避难了。

王茂章一走便引发了一系列多米诺骨牌效应，原先还在浙东进行联合会战的总指挥陶雅一看昔日战友都投敌了，为免自己被断了归路，连忙带着江淮部队撤回了歙州，睦州、婺州转瞬间又被钱镠占据了，此时浙东地区只有衢州的陈璋和温州、处州的卢氏兄弟还在抵抗钱镠了。

在此，我们不得不说，江淮集团又一次坐失了可以攻灭钱镠的绝佳机会，而再往后，随着钱镠地位的日益巩固，这样的机会将越来越少直至没有！

不过此时杨渥虽然没有重视起浙东战场，却在另一个战场——江西战场启动了一场战争。这场战争贯穿了南吴王朝整个初期，以江淮集团彻底并吞整个江西为节点。而杨渥所经历的恰恰是江西大战的第一个阶段——剿灭钟家集团！

之前我们曾经说到过，杨行密丢了扬州城之后，有四个进军路线，其中就有一条是鏖战江西，但机缘巧合，另外三条军事斗争杨行密都已经完成或部分完成，唯独对于江西这片土地却未曾踏足。

在那个年代，我们一般不像今天一样称呼江苏、江西，而是采取江左、江右的说法，其中江苏（江东）即指代江左，而江西即指代江右。那个时候的江西版图基本被三家所瓜分，其中势力最大的当属占据整个北部的钟传，另外两家谭全播和危全讽只能窝在南方自治。如果以南北朝时代的朝鲜半岛举例，那么钟传无疑是吨位最大的高句丽，而新罗百济即使抱团也撼动不了高句丽的地位。

但是，高句丽虽然强大也只不过是区域性霸主，一旦外来势力（隋唐）前来搞他时，他也就离歇菜不远了。碰巧这个时候钟家也遇到了强大的外来势力威胁——杨渥把开疆瞄上了江西。此时镇南军节度使钟传已经病死了，其子钟匡时接班，于是唐天祐三年（906）五月，杨渥派升州（今江苏南京）刺史秦裴统军西征。

杨渥和钟匡时这俩富二代碰一块，比不了好，只能比烂，结果是钟匡时更烂。杨渥虽然跋扈，但几个弟弟还都镇得住，这边钟匡时被自己兄弟都摆了一道。江淮军一进入江西，钟传的儿子、江州刺史钟延规便投降做了带路党，秦裴顺利拿下江州（今江西九江）。江州一失，钟家的老巢洪州（今江西南昌）便门户大开了，很快钟匡时便被生擒，秦裴顺带又攻克了饶州（今江西上饶）和吉州（今江西吉安）。这半个江西，千里沃土正式纳入江淮集团版图。

说起江西钟家集团的灭亡，这里还有个有关先知预言的故事。话说钟传在江西扎稳脚跟后，非常礼遇一位上蓝和尚，而这个和尚又精通八卦术数。老和尚病危之际，钟传曾经去问过他："老夫于和尚，可谓无间矣，和尚或不讳，得无一言相付耶？（我对和尚你向来是亲密无间，礼待有佳的，如今你一旦不保，难道就没有什么话想留给我的？）"于是这个上蓝和尚还真就给钟传留了一句谶语——"但看来年二三月，柳条堪作打钟槌。"钟传自然没明白这句话什么意思，而值得玩味的是，没多久，钟传也死了。第二年，江淮部队杀到江西，人们才明白这"柳"应该是通"杨"，喻指这杨家人成了打钟的人，钟家灭于杨家也是命中注定的事。

而秦裴这边战事还没结束，杨渥又在浙东战场开火了。天祐三年（906）八月，被钱镠苦苦围困数月的衢州刺史陈璋向淮南杨渥发出十万加急的救援信号！但这一次，杨渥派兵就显得很是轻率了，他没有选择资历较高的刘威，没有选择毗邻浙江的李遇，也没有选择之前曾和陈璋有过紧密合作的陶雅，而是派了周本和吕师造这两个对浙江战事不熟悉，或说是有过败仗的将领领兵救援（周本曾在苏州战役中被钱镠部下曹圭击败）。

结果显而易见，钱镠军轻松击退周本的江淮援军，陈璋走投无路，被迫放弃衢州，逃往淮南，钱镠重新占领衢州，浙东战役正式宣告结束。顺带提一句，割据处州、温州的卢氏兄弟不久也在钱镠的舟师进讨中被剿灭。

此次战役于钱镠来说不仅是将江淮势力彻底驱逐出了浙江，更是解决了董昌事件后的遗留问题，凡是浙东非嫡系人马都在这次战争中被钱镠清洗干净，换言之他牢牢地控制了浙东大地。而于江淮集团来说，钱镠能在这次战争中撑到最后，全因杨行密的突然离世，如果杨行密晚死三年，哪怕说晚死一年，这战局都会有彻底性的颠覆。如果钱镠从江东的版图上抹除，南吴王朝完全有可能成为一个比肩六朝的辉煌帝国！

但是，此时身处扬州城中的杨渥宛如得知巴士底狱被攻占后的路易十六，他根本不知道发生了什么，更不知道因为这件事，未来会发生什么！

因为最近杨渥又迷恋上了一项新的活动——打马球，当初被黄巢撵去四川的唐僖宗李儇也是此中爱好者。不过杨渥还有点不同，他喜欢晚上打，晚上看不到怎么办呢？别急，杨渥有办法，他在球场周围燃起巨大的蜡烛，每一个蜡烛都有一丈粗、数丈高，这样的庞然大物自然把场地照得亮堂堂的了。至于每支造价高达上万钱，这些自然也不是杨渥要考虑的。

这个时候，就连黑云都的指挥使吕师周也因为看不惯杨渥，开溜投奔马楚去了。手下将领离心离德，老大杨渥还尚不自知，深受杨行密托孤之重的徐温和张颢便一同前去规劝杨渥。杨渥或许忘了自己当初差一点没能顺利接班，全靠徐温从中斡旋，此时志得意满的杨渥竟然张狂地对徐温和张颢说道："老子天生就是少爷做派，你们要是觉得我不像话有种把我杀了，自己做弘农王！"

要知道，有些犯忌讳的话最好别说，因为一旦说出口，这是要掉脑袋的。当初汉质帝因为一句"跋扈将军"引来梁冀的毒杀，戴法兴更是因为一句"陛下欲学营阳王否"招致被刘子业满门尽屠。

杨渥说出这话，张颢和徐温心里都有些打战，尤其是张颢，这厮天生就是反社会的僚佐，杨渥不逼他还好，话都说到这份儿上了，那就只能是"有你没我"的结局了。虽然张颢和徐温掌握着扬州城内的牙军，但杨渥的兵也不虚他们的，当初王茂章走的时候未能带走一兵一卒，属于单骑出逃，而杨渥则把之前他在宣州的三千精锐亲兵调回了扬州，外加上吕师周走后，黑云都又被杨渥接管了，兵马怎么着也得有个万八千了。

但张颢和徐温一合计，发现杨渥手里这点兵也是要打折扣的，首先黑云都的兵原先是跟着吕师周的，杨渥对他们并无恩德。其次，那三千宣州兵早给杨渥打发去江西，跟着秦裴刷经验了。综合评估之下，张颢发觉自己能干一票大的。

很快，一个噩耗传到了身处扬州城的杨渥耳中，他派去带领三千宣州兵的心腹朱思勍、范师从、陈璠三人相继被杀，而凶手不用想就知道是张颢、徐温二人，秦裴？哼，借他一个胆子都不敢！

杨渥恶狠狠地说了一句看似嚣张，实则无用的话："竖子眼中无我，今不除之，死无葬处！"如果被废后的杨渥总结经验教训，他一定会很后悔自己怎么就没把想法落实到行动上，但是，别人已经不会给他第三次放狠话的机会了。

唐天祐四年（907）正月初九，扬州城内的人们还沉浸于新年的喜庆氛围之中，可他们却不知道，这个不寻常的年份注定要让中国的历史在这转个弯，而第一件推动历史转弯的事件就发生在扬州城内。

杨渥平日里过惯了夜生活，此时又是年初时分，自然也是日上三竿还处于酣睡之中，葡萄美酒夜光杯，二八佳人搂着睡，这样的生活让杨渥的警惕心也在逐渐损失殆尽。突然，一声激烈的撞门声惊醒了还在睡梦之中的杨渥。

他睁开惺忪的眼睛，却发现映入眼帘的是一队全副武装的甲兵，而领头的就是张颢和徐温。张颢的面部在刺眼的阳光下显得越发狰狞，而徐温则站在一边，因为阳光的直射，杨渥根本看不清此刻他脸上浮现的表情。

杨渥定了定思绪，说道："洪州朱思勍等人是你等所弑？！"徐温没有答话，张颢却抢先说道："没错，陈祐正是奉了我等的命令，才率甲兵奔赴洪州，于席间，斩杀了三贼。"

"混账!"杨渥咬牙切齿道:"朱思勍等人乃孤的心腹,你们矫诏弑杀,只怕是不想活了!""臣受先主托孤之重,虽九死其犹未悔也,今番兵谏实为少主惑于群小,若不诛之,恐我淮南危矣。"一直未曾说话的徐温此时也开口应答杨渥。

"尔等难道敢弑主?别忘了,我才是弘农王!"杨渥此时还想用权威震慑他们。张颢却抢先说道:"圣人尚且说过'闻言诛一夫纣,未闻弑君也!'少主怙恶不悛,怕是你不想活了吧。不过徐大人说得对,此番我们只是为了铲除少主身边的奸佞,洪州三贼已经伏法,现在就请诛杀少主身边的小人。"说完,张颢便下令手下甲兵将杨渥周围的亲信数十人击杀于当场。而后软禁杨渥,将大权收归于己方,自此江淮大地成了徐温和张颢的双头执政,而杨渥的政治使命宣告终结,彻底成了一个"精神领袖",提线木偶。

集团内部山头林立,缺少对杨家的向心力,这两个问题似乎都还不足以直接影响南吴王朝的运程,可是张徐二人发动的兵变,却实打实地让南吴王朝彻底走上了主弱臣强的不归路!

四、养父徐温

(1)

突如其来的一场兵变,就让杨渥成了虚位元首,我们不禁要反问:"这张颢和徐温究竟是何方神圣?与孙儒、钱镠鏖兵之时都不见有他们,怎么就突然异军突起,掌握了国家大权呢?"

张颢其实没什么好讲的,因为从后来的历史发展轨迹来看,他只是个过渡性人物,作用也就基本与杨渥等同。张颢最早是跟着孙儒混的,也许正因为如此,才让他感染了太多暴虐基因,只知破坏而不懂建设。后来在杨行密收复庐州时,前来归附,杨行密看他好勇斗狠便留在亲兵里统帅牙军。

至于徐温，我们却要好好说道说道。因为不详细了解徐温之前的履历，我们就无法知道废黜杨渥这件事上，他是出于公心还是出于私心。而且如果我们不了解徐温，那自然也无法了解我们的主人公徐知诰。

徐温在历史上的早年经历和其养子徐知诰一样，扑朔迷离，倒不是因为身世缘故啊，而是因为记载的史书不同，把徐温也描绘成两个截然不同的人物。

徐温，字敦美，海州朐山人也，少以贩盐为盗，行密起合肥，隶帐下。行密所与起事刘威、陶雅之徒，号三十六英雄，独温未尝有战功。及行密欲杀朱延寿等，温用其客严可求谋，教行密阳为目疾，事成，以功迁右衙指挥使，始预谋议。

——《新五代史·吴世家》

根据《新五代史》的介绍，我们会发觉，徐温这个人是个元老型的酱油角色，能爬上来全靠资历，而升迁还得仰仗严可求的帮助。但同样是徐温，在《九国志》中却是这样描述的：

常从行密征讨，先登陷阵，敌人畏之。及平秦彦，掳赵锽，败孙儒，温皆有功，奏授衙内右直都将左长剑都虞侯。又平濠泗有功，授随身都知兵马使、检校工部尚书。

这里明显说明了徐温的升迁绝非依靠混资历就能成的，他恰恰是通过战功名扬天下的。那么，我们又将如何看待这两本史书关于介绍徐温方面的分歧呢？

首先，《新五代史》的作者是欧阳修，这也是唐宋之后唯一一部私修正史。对于这个正史的定义，通常来说是指二十四史，但是，要知道陆游、马令都编纂过《南唐书》。作为私修史学，陆马二人和欧阳修其实差不了多少，何故一本为正史、一本未能入列呢？这个问题确实是比较费解的。

好了，不扯开话题了，欧阳修这本书由于尊崇"春秋笔法"，所以写的东西都是尽可能地简略，这也导致了对于历史的一些细节把握度不够。而他本身又是站在中原五代的立场上去记叙，对周边政权自然也就记载得有些含糊不清了。而《九国志》是由宋人路振所撰述，其立场就是站在十国政权上的，所以会更加精确和详细些。有人肯定要问了：不是十国吗？为什么这本书要叫《九国志》，其实啊，这本书一开始是不把荆南（南平）这个三无政权归入十国行列的，所以统称九国，但后来有人觉得不妥，于是又将荆南政权补了进去。

其实啊，按照我的理解来看，如果非要把十国按照九国来算，那该被剔除的也应该是北汉而不是荆南，毕竟这九个政权都是在南方的，而北汉严格意义上说是后汉的延续，属于遗留政权。

那么，求同存异，至少两本史书在对徐温的名姓、籍贯、行业上都是一致的。徐温字敦美，海州朐山（今连云港东海）人，早年贩盐为生。唐朝政府对于贩卖私盐的商业人员可是喊打喊杀的，不过正所谓哪里有压迫，哪里就有反抗。在唐朝廷的高压政策之下，盐贩子里面还出了不少人才，就近的比如就有浙江的钱镠，而最最出名的当属王仙芝和黄巢两人，"翻却曹州天下反"！这两人可是打响了反抗唐朝暴政的第一枪，黄巢本人更是进了长安，坐了龙廷。一句"少以贩盐为盗"，说明徐温早年也是个敢于反抗压迫的主，与生俱来有着领导者的魅力。

但是，很快两本史书又出现冲突了，说中和二年（882），杨行密起兵的时候，《九国志》说徐温只是担任一个小小的伍长。而《新五代史》则说"与起事刘威、陶雅之徒号三十六英雄"，这一个伍长，一个是三十六头目之一，看起来很矛盾，但仔细想想又能想通。

我们注意这个时间点，中和二年，那时候杨行密还没占据庐州呢，那时候的他才有多少资本，说不定起事也就百来号人。那么，百来号人里面做个伍长也是不容易啦，毕竟基数就那么大。我们纵览古今，发现很多时候都会有这样的情况出现，比如刘裕"京口举义"是11人，石勒起兵是"十八骑"，努尔哈赤造反是"十三副铠甲"。

也许正因为如此，所以早年间徐温想搞出点大事情来，也是"巧妇难为无米之炊"啊，你说我一个小小的伍长，我还能给你打一场淮海战役吗？司马光的《资治通鉴》倒是有一段关于徐温的小事迹描写，这个时间点是唐昭宗龙纪元年（889），这一年正好是孙儒肆虐江淮，杨行密战略转移、攻克宣州的那一年。

那一年发生了什么事呢？我们知道，《资治通鉴》这本书是司马光用来规劝统治者的，所以里面会竭力刻画一些好人好事，当然，也有渣人渣事。不过徐温这件事定然是好人好事了，说杨行密打进宣州后，手下这群兵崽子到处抢劫财物，奸淫掳掠，唯独徐温是个例外。

徐温做了什么呢？他是占据了粮仓，有人说占据粮仓好啊，乱世之中，手中有粮，心里不慌啊。别急嘛，我还没说完，徐温占据了粮仓绝不是也要贪为己有，他是施粥行善，为杨行密，也为自己赚了仁义之名。

以我们后来人的眼光来看，很多人会说这只不过是徐温的沽名钓誉罢了。可是，别忘了那是乱世，乱世和盛世不同，生活在新时代，沐浴在阳光下的我们，做一个爱国敬业、遵纪守法的公民很简单，因为我们这么做不会受到任何威胁。而在乱世，你要再做一个爱国青年，这个代价就会很昂贵，也许你投身军旅死了，也许你被敌人捉住拷打了，所以在乱世做一个忠于祖国的人代价就相当高了，也就不难解释为何那时候汉奸比比皆是了。

同样，"仁义"这个名词，在太平盛世做起来很简单，但在乱世，你行仁义的代价就很大，保不齐就会成为宋襄公一样的笑柄。刘备也很讲仁义啊，结果前半生处处碰壁，但他懂得坚持啊，终于后来历史证明他的坚持是有回报的。

那么，在淮南军中，徐温这样一位坚守"仁义"的人，自然会显得很另类，因为乱世当中，大家都去抢金银珠宝，你却施粥行善，你脑子被驴踢了啊？从这次宣城攻陷战之后的诸将表现我们就可以看出徐温在这伙人之中的孤立，这也许从一个侧面说明了徐温为什么作为一个元老却显得默默无闻。《江南别录》里有一句对徐温的描述——"刚毅寡言，罕与人交，众中凛然可畏，目为徐嗔"。或许也是对于徐温的不合群和另类做了一个诠释吧。

然而，在徐温施粥的过程中，却有一名翩翩秀士走近了他，这个人叫严可求，来自北方。以他的才干，完全可以效忠北方任何一位军阀干一番大事，但是他没有，他选择了漂流大半个中国来寻找他心中的一种东西，这一次，他似乎在徐温的身上发现了。

"仁义"，对，这个东西是严可求一直苦苦寻找的，他找遍河朔三镇没找到，他找遍河东集团没找到，他找遍中原军阀没找到，但是却在江东，在宣州这个地方，在一个叫徐温的人身上找到了。

燕赵之地的刘仁恭没有"仁义"，他有的只是卖主求荣，勾结契丹；河东大地的李克用没有"仁义"，沙陀人只讲究攻杀劫掠，以力制霸；盘踞中原的朱温没有"仁义",他有的只是投机钻营,窃取天下;肆虐江淮的孙儒没有"仁义",他有的只是屠杀生灵,嗜血作乐。

但是,杨行密集团有,虽然只是一个徐温,但也许以后这个徐温会让这个集团更多的人重新拾取"仁义"这个被遗弃的东西。那一刻,严可求微微一笑,向徐温伸出了自己的手,徐温和他四目对视之后,紧紧握住了他的手。这一握,意味着今后数十年江东血雨腥风,两人都将携手走过,同舟共济。

也许若干年之后的某个深秋,严可求都能回忆起那个风和日丽的午后,你那双施粥润透的手,如春风拂过杨柳,映入我的眼眸……

徐温很快便把严可求举荐给了杨行密,很快严可求因为自己出色的参谋力,引得了杨行密的首肯,成为他的幕僚。

六年后,即唐乾宁二年(895),《资治通鉴》又记载了徐温的一件事情,这件事情绝对不再是小事,因为这件事情改变了整个南方的历史进程。这一年,杨行密攻克濠州,在此过程中便遇到了年仅八岁的徐知诰,最后几经辗转,徐知诰便成了徐温的义子,也就是我们的主人公、后来的唐烈祖李昪。

看完这个故事,我们或许会问一个问题:为什么是徐温,为什么单单杨行密交给徐温收养徐知诰?

从所有的史书来看,徐温早年的事迹很少,也就六年前开仓施粥这件事载入了史册,然后尽管《九国志》说他攻城略地颇有战绩,却没具体列出哪些个战绩,那怎么突然间徐温就被杨行密赏识了呢?

仔细分析下,我觉得有两种可能性:其一,由于徐温之前的施粥行为已经引起了杨行密的注意(或是因为严可求的关系,拉近了杨行密和徐温的距离),总之,到这次杨行密进濠州的时候,虽然徐温没什么太引人瞩目的战绩,但已经是杨行密的亲近心腹了。当然,有人又要问了,施粥一次哪会有这么大的影响力啊,这边我要说明下,并不是史书上就记载了徐温施粥一次他就只行善一次。一个人如果要让人相信他是秉持"仁义"的,那他绝对是需要长年累月去奉行的,即使是装,那也得是长久地装下去!

然后说第二种可能性,这种可能性是近年来许多唯心主义者、历史虚无主义者、阴谋论者的新的思维逻辑和推断模式。即不承认有此事件,这都是后来成功人士篡改的，这种可能性会认为，杨行密其实也并没有想收养徐知诰，也没有特意把他送给徐温。只是因为徐温收养的义子徐知诰后来夺了大位，成了最终胜利者，他为了粉饰自己夺权的合法性，就故意编了这么一段故事来美化自己。只有把自己打造成杨行密最初的中意者，那徐知诰取代杨家才是合法合理合情的。

而又或者，像徐温这样的武将收养义子在江淮集团里也是常事，只不过那些义子后来都没徐知诰有出息，最后主角光环加到了徐知诰的头上。比如当时如果有个叫王温的家伙，也收养了一个义子，结果这个义子最后也特争气，取代南吴成了新的开国之君，他也可以编一段早年被杨行密赏识的事迹。那没有所谓杨行密的赏识，那一个普通的收养义子行为，自然无关徐温与杨行密亲近不亲近这个问题了啊。

对于第二种这样的歪理，我向来是持不置可否的态度的，因为按照这种歪理模式，我还可以推出很多历史都是造假的可能性。但也许我们忘记了一件事情，即我们学习历史的初衷是为了以史为鉴，解决问题，而不是歪理逆推，去制造问题。按照那种逻辑，我们遇到的历史争议性只会越来越大，越来越迷惑！

（2）

好了，回到徐温收养徐知诰的事情上。徐温收养徐知诰的时候已经三十四岁了，孩子也已经有了俩仨了，徐知诰按照年纪排在了徐温诸子的第二位，即长子徐知训和次子徐知询之间。后来徐温又陆续有了徐知诲、徐知谏、徐知证、徐知谔四个孩子，但对于徐知诰这个养子，徐温却一视同仁，视如己出，不会因为是非亲生儿子就对他刻薄一些。

"仁义"这个词，也贯彻到了徐温治家的准则之中。但是"仁义"也得吃饭啊，徐温又不是伯夷叔齐，总不会为了"仁义"去饿肚子，吃首阳山的紫薇花吧？因为平日里徐温奉行"仁义"，所以家底不如那些强取豪夺的同僚那么殷实，小日子过得也是紧巴巴的。如今又多了徐知诰一张嘴吃饭，这家里必然得出现一点经济危机了。

不过，也许这个徐知诰真是贵种，一来徐温家就给徐温带来了好运。不久徐温就因为有功而晋升随身都知兵马使了。这个官职已经从法定程序上确认了徐温此时已属杨行密的亲信了，那俸禄自然也是水涨船高了。

又过了六年，即唐昭宗天复二年（902），徐温又被史书提及了，不过仍然是一件小事。这一年杨行密要北上迎战朱温，由于江淮一带水网密集，所以杨行密自然要用到水师。这个时候杨行密就在军事会议上提出个问题：北上杀"朱"，运粮船用大船好还是小船好？那一般人自然都说大船好啊，运粮多又不易侧翻，还可以节省费用，多好。

但徐温却提出要用小船运，他给出的观点是：淮河周边的水位一向是比较浅的，而且由于长期没有料理，导致杂草丛生，用大船容易搁浅。像杨行密这样开明的领导自然得发扬民主精神啊，所以少数服从多数，采用大船运。

结果大船一运，果然遇到搁浅问题了，还好有几艘小船夹杂其间，好歹让士兵不至于饿肚子打仗。也就是从那开始，杨行密重新审视了身边的这位徐温，发觉他不光会开仓放粮做大善人，分析起军事问题也是一套一套的啊。

次年，即唐天复三年（903），史书又记载了徐温的一件小事，但这件小事却差点酿成一场大的祸事，其实这件事情原本是严可求的功劳，不过因为严可求和徐温的关系，史书在记载的时候还是会默认为徐温参与了此次事件。

这事情就是杨行密击杀朱延寿事件，具体之前我们也都提到过了，田頵、安仁义勾结朱延寿谋反，而后杨行密诈病邀朱延寿前来扬州议事，结果就当场击杀了朱延寿。之前我曾说过这是杨行密幕僚严可求的意思，但《新五代史》却直言严可求就是徐温的人，而这个计策徐温也是知道的。

那么这边就出现一个问题了，怕涉及剧透太多，我就简要说下了。因为后来严可求在张颢想要干掉徐温的过程中多次使用无间道，成功地挽救了徐温的性命，这才让张颢恍然大悟：哦，原来严可求是小徐的人啊。

假若真如《新五代史》中记载的那般，徐温和严可求的关系都是明面上的了，那张颢还可能这么愚蠢被蒙在鼓里吗？所以这边很有可能是《新五代史》对于十国政权的史料收录得少，以结果推过程，犯了臆断的错误，才会如此记载。徐温、严可求确有私交，而且不浅，但在当时那种情况下，他们之间的关系是不可能放在明面上的。

　　不过徐温参与这件事虽然记载有误，但另有件事情，徐温却表现得不错。当时朱延寿来扬州也是带了不少自己的人马的，朱延寿被杀的消息还是在很短时间被传开了，朱延寿的余党便准备在扬州城内发动叛变，这个时候恰恰是徐温带着京畿的卫戍部队，亲自剿灭了朱延寿余党的叛乱，控制住了扬州城内的局势。而事后徐温被任命为右衙指挥使，即杨行密已经让其接管皇城内的牙军了。对于这件事情，《资治通鉴》只是寥寥几笔介绍了下——"部兵惊扰，徐温谕之，皆听命。"

　　但是，除此之外，在这期间还有一件有关徐温的事情被收录于《九国志》中，说是徐温参与了王茂章对安仁义的征讨："讨安仁义于京口，诸军频战不胜，行密遣温率兵援之。温至城下，尽易新制衣服，旗帜悉用旧者，仁义不知，如常而阵，温乃挥军而奋击，遂败之。"

　　这段是说，在王茂章和安仁义对阵之时，徐温带来了一支生力军，还依靠换装易帜，打了安仁义一个措手不及。这段也从一个侧面反映出徐温的机变能力，但有人对徐温"尽易新制衣服"这一举措产生了深度思考，认为徐温此次带来的是杨行密的精锐——黑云都。

　　而众所周知，黑云都的战斗力是广为人知的，徐温故布疑阵，让安仁义掉以轻心出来混战，结果被战斗力高昂的黑云都打了个措手不及。对于这种说法，我觉得完全是过度解读了，首先徐温作为杨行密的直系部下，被拉进中央的人，要带第一反应也是应该带自己统帅的牙军，而不是吕师周管辖的黑云都啊。况且，此前徐温是并没有过单独指挥部队的经历和经验，初次行动，杨行密便让他率领接触不多且桀骜难驯的黑云都，这妥当吗？

　　所以，据此我认为徐温所带的这支部队是牙军或其他部队的可能性要远高于黑云都，而易装的很大原因也仅仅是给安仁义造成并未有生力军注入到王茂章部队中的假象。当然，因为记载这件事的史书典籍只是部分，所以我也就简单罗列并略作分析让大家了解下。

　　不管怎么说，此次田頵和安仁义谋反被平定，徐温在其中的功劳是不可磨灭的，当年三十六英雄之一，宣州城内开仓施粥的"徐大善人"已经在不知不觉中走向台前了。当然，从走到台前到跻身前列，这中间还有很多个环节，简要概括就是两句话：有没有让你一步登天的契机和别人会不会适时地给你让路，大开方便之门。

而徐温的运气出奇的好，很快就有人给他让路了。李神福死了，台濛也死了，加上之前死掉的田頵、安仁义、朱延寿，一时间杨行密帐下名将陆续凋零，将星暗淡。此时的徐温也已经跻身成为右牙指挥使，成为整个扬州城内军政第一大员。而此时杨渥奉命接替已故台濛执掌宣州，在杨渥去宣州之前，徐温意味深长地和杨渥说了这么一句话："吴王近来身体不佳，此时却把您这个嫡长子外派宣州，这是令人困惑的。兴许是有小人教唆，若以后有招你回来的命令，你需记住，非要是我派去的使者带上大王的亲笔信，二者少其一你都莫要回来。"

徐温为什么要和杨渥说这番话，这或许是徐温经过这些年的接触已然敏感地意识到江淮集团内部山头林立和缺乏向心力或能引发的巨大威胁。而在徐温内心深处，他是已经默认了杨渥的继承人地位，否则他何必和杨渥说这番话呢？与杨行密宿将普遍对杨渥不感冒相反，徐温恰恰是这些人里面最先向杨渥示忠的臣子，除了仁义，此刻我们或许会发觉徐温身上的另外两个特点——本分和忠诚。在什么样的位置上，对自己地位和责任有清楚的认知，并努力去遵守。

而对于徐温的表现，杨渥是怎样回复的呢？《九国志》记载"渥泣谢而行"，作为一个纨绔子弟，杨渥即使死前也没提到他因惊慌而痛哭，可是在此刻他却对徐温留下了感激的泪水。也许，我们应该相信，与其他宿将对自己漠然相视相比，徐温的一番肺腑之言在那一刹那，打动了孤傲的杨渥，只可惜，后来种种都把这温馨的一幕打碎了。

后来的事情我们之前已经提过，周隐在杨行密病重之际故意阻挠杨渥登基，而恰恰是徐温的当机立断确保了杨渥登位的成功。但是，登位之后的杨渥开始胡作非为，种种行为引发了张颢和徐温最终联合发动兵变，将其架空夺权。

回过头来，是时候审视下徐温发动这场政变是基于怎样一种思想了。以下犯上，废黜君主，历来有两种定义，伊尹霍光那种为后人所称赞，王莽、董卓那种则为后人所唾弃。正所谓"有伊霍之志则可，无伊霍之志则篡逆也"，徐温和张颢的动机直接会影响到他们是属于伊、霍还是王、董，张颢不必多说，从他之前的履历到后来的行为足以证明其是一个篡逆者了。

但徐温这个人比较复杂了，首先我们就从他目前来说身上的三种品质来分析——仁义、本分、忠诚。首先来看仁义，从徐温和张颢废杨渥却没立刻处死他，仁义这个词还是沾边的，要知道这要搁在北方的五代，看看郭威之于刘承佑、李从珂之于李从厚，哪有可能刀下留人的存在？

那么，徐温废立杨渥是否是出于本分，这个必然不是本分的。杨行密死前是把张、徐二人作为托孤重臣看待的，结果为人臣子，却把君主给废黜了，不管这位君主如何无德，你犯上作乱都是不本分的表现。

可是啊，假如说我们设身处地地想一想，徐温作为托孤重臣，其职责除了要忠于新主，还要不背弃旧主的嘱托。而杨渥的胡作非为，是否已然违背了杨行密要张、徐二人督导嗣子的初衷。徐温废杨渥其实和伊尹放太甲的行为差不多，剥夺了他的权力却没有剥夺掉他的地位，名义上杨渥还是领袖，只不过是精神领袖。而杨渥无法正确行使自己权力，那就由作为监护人的张、徐二人来吧，从目前进展来看，这应该是最好的处置结果了。

因为我想再提醒一下大家，那是一个乱世，是一个纲常败坏，"天子宁有种耶，兵强马壮者为之"的时代，张、徐二人如此做，也确实很为难了。但徐温这举措确实不本分，这点是要批判性地看待的。

那就继续往下说，这件事上能否看出徐温的忠诚。很多人会不假思索地说"以下犯上当然不是忠诚了"，那么，我们就来辨析下忠诚的定义。"忠诚"有大忠与小忠的区别，小忠是对个人的区别，这就会演化为两种模式——愚忠和贰忠，前者扶苏那种属于愚忠，后者冯道那种属于贰忠。前者的悲哀在于忠而无脑，毫无意义地去做出牺牲，而不问对错，后者的悲哀在于忠而无节，只选择做个忠臣，谁做了老大就忠于谁，甚至说于沙陀人、日本人也不例外。

那么大忠意味着什么呢？忠于信仰、忠于民族、忠于国家、忠于历史。伊尹、霍光就是这样的人，很明显徐温也是，废昏立明便是大忠之举，所以这件事上徐温的忠诚是无以诟病的。当初他首先在心目中便为杨渥定了君臣之分，一心一意辅佐他登基，为的是江淮政权的巩固。如今，杨渥自己不争气，同样为了巩固江淮政权，徐温废了杨渥。

这点千年前的孔子就看得很透彻："闻言诛一夫纣，未闻弑君也！"领导者不行就换掉，但是杨行密百战打下的江东天下不能垮，谁也不能让它垮掉，这是徐温的信仰。北方沙陀肆虐，割据江东、北抗沙陀，这是徐温的民族观。南吴有实而无形，将杨行密的天下具化为一个政权，一个国家，这是徐温忠于的祖国。担当生前事，何计身后评，不去篡改历史真相，兵变就是兵变，这是徐温忠于的历史。

（3）

就这样，杨渥被废黜架空了，可是一时间江淮集团的各地藩将居然没有一个跳出来闹事的，这点事后反应说明了张、徐二人的兵变还是很成功的。而早他们数百年，在江东这块土地上也发生过相似的一幕，那还是孙吴王朝统治时期。

那时候吴王孙休驾崩，濮阳兴和张布担心幼主不足以担社稷，转而拥立前废太子孙登之子孙皓登基。后来魔王孙皓的表现我们都是有所耳闻的，懊恼不迭的两人又意图更易天子，最后反被孙皓给处死了。

杨渥自然不比孙皓，而张、徐二人运气可比濮阳兴他们好多了。张、徐兵谏，杨渥被架空，这可是件大事啊，但是这件事很快又被同年间另一件大事盖过了风头。这其实很正常，新闻太多了，人们更愿意选择记住那些划时代的事件。而此时的北方，恰恰就发生了一件划时代大事件。唐天祐四年（907）四月，杨渥被架空仅仅三个月后，北边的朱温也废掉了唐朝的末代皇帝李柷，正式称帝，定国号为"梁"（史称后梁），改元开平。

唐朝的历史终结了，但唐朝的政治影响似乎并未在这片土地上消磨殆尽，北方的李克用便自诩唐朝的继承者，拒绝承认朱温的后梁政权。而继续沿用唐王朝年号，公开敌视朱温的还有关中的李茂贞、蜀中的王建，当然，还有江淮集团。"制霸江淮，怒怼朱温"，这是杨行密在世时就制定的国策，任何人轻易更改将被视为叛逆，这是要被刻上历史耻辱柱上的，运气不好甚至会被举国声讨，进而下台。所以无论是虚位元首杨渥，还是实权执政张颢、徐温，都拒绝给朱温这个瘪三称臣！

那唐朝灭亡后，整个中国局势如何呢？抛开契丹、吐蕃、大长和、高句丽这类当时游离于汉文化圈外的政权，神州大地此时出现了"五绝"，即东杨（江淮集团）、西王（王建的蜀国）、南刘（两广一代的刘隐家族）、北李（沙陀人李克用集团）和中朱皇（后梁朱温）。当然，有人认为南方一绝马殷的楚国较之两广刘家更有资格入围，对此我不置可否，但从政治独立性及地缘文化差异性来看，后来刘岩的南汉国更适合成为这五绝之一。

五绝之外，便是如浙江的钱镠、福建的王审知、湖南的马殷、辽东的刘仁恭、凤翔的李茂贞之流，这些人实力属于第二档次，只能依附于五绝讨生活，其中除李茂贞外，几乎都成了朱温的名义附属，走狗政权。当然，李茂贞心里也是蛮苦的，曾经他也辉煌过，那时候的他和李克用、朱温可是"北中国三巨头"啊。而那时候的杨行密、王建还没巴掌大一块地方呢，水平不知道差到哪里去了。

由于朱温的大敌李克用和李茂贞（勉强算吧）都在北方，所以目前来说张、徐二人的日子还是比较惬意的。而日子太过平静反而会爆发一些不该爆发的矛盾，与徐温不同，张颢这人对于权欲是极度渴求的，如果徐温兵变还可以说是为了坚守当初的承诺，那张颢这厮纯粹是政治投机犯。

顺带提一下，在张、徐兵谏后的一年间，虽然扬州城内波澜不惊，但江淮集团下面的藩镇将领却出现了懈怠之态，具体体现在各条战线上战绩的差强人意。米志诚攻略河南，兵锋挫于颍州城下；江西钟氏家族被灭后，危全讽和谭全播两人名义上是臣服于江淮，而实际上却和钱镠的浙东政权相勾结，信州、抚州随时都有可能脱离江西独立；湖北在之前李神福的敲打下只剩下江陵的高赖子高季兴，可李厚一万五千人的水师却铩羽而归；马殷更是与朱温勾结，侵略蚕食江淮集团在湖北的领土，好在江西的秦裴勉强能挡住马殷的楚军。

可这些外边传来的战报，张颢全不当回事，相反他觉得太平静了，就得搞点事情。那么，搞什么事情呢？唐天祐五年（908）五月（此时后梁称之为开平二年，但江淮集团沿用唐朝年号，所以在此拒绝使用后梁纪年），一群强人突然闯入了杨渥的王府，杨渥一时间有些惊慌。但他立马意识到这可能是张、徐二人指使来杀自己的刺客，否则强盗怎会和一个虚位元首过不去呢？

而后，杨渥定了定性，对着这伙强盗说道："谁派你们来的，是张颢还是徐温？你们跟着他们最多又能得到什么好处，若是归顺我前去击杀张颢、徐温二贼，事成之后，你们个个都是裂土封疆的州刺史！"杨渥临死前还不忘用反间计，不愧是沾了点杨行密优良血统的，可是早知今日，何必当初，那时候怎么就不努力点呢？别说，这伙强盗还真有点被杨渥说动心了，犹豫着要不要反水。就在那关键时刻，一个叫纪祥的人抢先一步勒死了杨渥，绝了这伙强人的念头。

就在这伙人诧异的时候，纪祥说了句："看什么看，老子救了你们知道吗？张大人的牙军就在外边，杨渥不死，我们就得全死！"如此看来，即使这帮强盗倒戈，也不过是死路一条啊。这个纪祥是张颢的属下，唯恐天下不乱的张颢终于在一年后弑杀了杨渥这个虚位元首，实现了他搞事的第一步。

那这里就有个问题了，这次弑杀杨渥事件究竟是张颢一人的主意还是说徐温也参与进去了？《新五代史》是这么描述的："及弑渥，又与张颢有隙，使钟章杀之……归弑渥之罪于颢，以其事入白渥母史氏。"这里提到了杨渥被弑杀，而徐温后来把弑杀杨渥的罪责归加给了张颢，有人据此认为，这事情幕后徐温肯定参与了，说不定还是主谋。可是我们注意下，由于古文会省去很多词句——"及弑渥"这句原意是"及徐温弑渥"还是说"及渥被弑"的倒装句，一个字的差距足以改变对历史的解读。

既然《新五代史》看着迷迷糊糊，那我们看看司马光的《资治通鉴》吧。司马光的《资治通鉴》记载如下：

初，温与颢谋弑威王，温曰："参用左、右牙兵，心必不一；不若独用吾兵。"颢不可，温曰："然则独用公兵。"颢从之。至是，穷治逆党，皆左牙兵也，由是人以温为实不知谋也。

司马光是肯定了徐温的参与，而且定义为徐温就是幕后主谋，张颢只不过是个打手罢了，而世人却被徐温所骗。我之前就曾说过，《资治通鉴》是喜欢用故事的手法给统治者敲敲警钟的，所以这段写的实在是太故事化了。

我们后人如果站在"事后诸葛亮"的角度来看，杨渥被弑杀后，张颢曾欲外放徐温而后杀之（不好意思，剧透下），而这故事里如此精明的徐温却要靠严可求点破才能醒悟，不奇怪吗？从事后的事情来看，莫不是此刻两人私下交流拿错剧本了吧？而且，就张颢这么反复无常、喜欢搞事的人，徐温真要是老谋深算，还会放心让张颢动兵，自己不动兵？他不怕被张颢顺带着抄底了吗？

更奇怪的是，《资治通鉴》在这段前后还记载了张颢和徐温想要降梁。降梁！？对，你没有听错，要知道徐温一辈子都是坚守杨行密路线，北抗朱温的，你说他弑杀了杨渥之后的愿望是降梁，那还不如说郑成功"敢向东南争半壁"的最终目的是降清靠谱呢！！而且，你说降梁就能降梁了，问过湖北的刘存、河南的米志诚、江西的秦裴、皖东的刘威了吗？

所以，《九国志》在这方面就记载得很为简单，没有怎么提及。而且，从徐温之前的施粥行善，到后来杨隆演、杨溥时代几十年如一日般为人臣子的做派来看，我是不怎么相信徐温参与此事的。

不过，正如杨行密所言"非保主也"，杨渥这个人还确实因为自身原因，最终不但没有保住江山社稷，就连自己的性命都未能保全。

杨渥死了，张颢随即在王府升帐议事，朝中诸位文武官员都要到场，而张颢的牙军则控制了整个会场。诸位要员到齐后，张颢便是厉声喝问："弘农王杨渥已死，军国大政将交由谁！？"张颢自然希望自己能在山呼声的拥戴下成为江淮集团的新当家人，可是这批官员竟然出奇地不配合，一连问了三声都没人和他唱双簧。可见，杨行密虽死，可在百官心中余威还在，你张颢弑主还想自立，谁会理你啊！？

这时，一旁的严可求倒是突然打破了这个尴尬的僵局，他悄悄对着张颢附耳说道："淮南新乱，能掌淮南而王者，非公而谁！？只不过此时还不是时候。"此时张颢心理活动是蛮复杂的，喜的是终于有人要认可他千里吴地的领主地位了，但烦的是杨渥都死了，怎么还时机不到，究竟怎样才是好时机啊。于是张颢反问："怎么说？"严可求便解释说："刘威、陶雅、李遇、李简皆先王之等夷，公今自立，此曹肯为公下乎？不若立幼主辅之，诸将孰敢不从！"

如严可求所言，刘威、陶雅、李遇这些人各个论资历、论战功都比张颢出众，张颢如果贸然夺权，就怕他们不答应啊。张颢沉默了，他虽然惧怕地方强藩，但又不想白白丧失这样的机会，所以只能选择沉默拖延，但凡有一人站出来挺他，他也必然会迎头而上，抵住所有压力。

严可求怕张颢一时想不开做出过激的举动，便借机开溜，急赴书记室，以太夫人史氏的名义写了一道敕令。敕令内容基本如下："先王创业艰难，嗣王不幸早逝，隆演次当立，诸将宜无负杨氏，善开导之。"眼见史太夫人敕令已下，再加上众人本就不服张颢，于是未曾鉴别敕令的真假，就山呼叩拜。张颢见木已成舟，也只能承认杨隆演为淮南留后、东面诸道行营都统，自己的"吴帝美梦"也宣告破裂了。

一场惊心动魄的宫闱政变终于在严可求的斡旋下趋于平缓，并顺利解决。事后，百官都认清了张颢穷凶极恶、霸道残忍的丑陋嘴脸，也认清了严可求心里到底向着谁——江淮杨家，这是毋庸置疑的，但更多人不知道，严可求的心更向着徐温。当初从北方流亡江淮的将军朱瑾更是拜了严可求为兄，对他五体投地地说道："我十余岁便投身行伍，经历大小数百次阵仗，未曾畏惧，今日之事却也被张颢吓得冷汗直冒。而大兄却把张颢玩弄于股掌之间，今日始知我那都是匹夫之勇，而兄才是大智大勇啊，此后愿为大兄之小弟，唯兄马首是瞻。"

对于朱瑾这个人我们还是得了解下的，因为后来这厮差点改写了整个南吴的历史进程。话说回来，张颢会就此罢休吗？不会，依着他"生命不息，搞事不止"的性格，恐怕还得出问题。

很快，徐温就被杨隆演任命为浙西观察使、出镇润州。严可求得知这一消息后，深夜探访徐温，直接戳穿这是张颢的阴谋，一旦被下放到地方了，那徐温失去牙军的庇佑只不过是又一个王茂章，甚至说会比王茂章的下场还惨！那么，面对张颢的突然发难，徐温又该如何应变，等待他的是江山无限还是寿命大限呢？

五、徐知诰的政治开端

（1）

也许大家已经发现了，前面我花了较长篇幅去交代杨行密、交代徐温，可是主角徐知诰却迟迟不出现，这是为什么呢？

因为啊，作为刘裕、陈霸先这样的人物，他的命运是和整个大环境和历史格局紧扣的。你要讲刘裕自然迈不开孙恩起义、昌道内战，讲陈霸先也离不开侯景之乱，你只要理清楚整个大环境，你才会明白为什么最终会成就刘裕、陈霸先这样的人。

徐知诰和刘裕、陈霸先很像，他也是权臣晋升为皇帝的典型，甚至说秉政时期比称帝时期要长得多，所以要了解徐知诰必须要紧扣住当时整个江淮的大格局，甚至我之前提到的一些人、一些事会在后来徐知诰的时代起着重大的影响。如此一来，介绍杨行密和徐温本也是无可厚非了，当然，我已经竭力去压缩江淮这段惊心动魄的历史了。

所以，也请大家耐下性子来继续看徐温大权独揽前的最后一次生死较量，因为只有随着徐温的大权独揽，徐知诰才能正式走向台前，跻身成为江淮乃至南吴的一线政要。

严可求告诫了徐温，可是指出问题和解决问题是两个概念，而历史上很多二流谋士只能指出问题，却不能解决问题。比如官渡之战前，袁绍手下就有一堆谋士，成天给他巴拉巴拉地说哪哪有问题，就没说明白具体怎样解决。可严可求不一样，作为一流谋士，既然他提出了问题，自然也有解决之道。

很快，严可求就找到了淮南副节度使李承嗣，这个李承嗣是沙陀人，和朱瑾一样，他也是因与朱温征战失利而南下归附杨行密的降将。但与朱瑾不同的是，李承嗣是属于河东沙陀集团李克用的嫡系将领，身份地位显赫。所以，尽管他不是杨行密的嫡系部将，但身份却不低，甚至可以说是官居要职。

我们知道，杨行密有若干个头衔，但有一个头衔是隶属于唐朝中央的——淮南节度使，也就是说杨行密是唐朝名义上的淮南军区总司令，而与之相匹配的是，李承嗣成了淮南军区副司令。虽然唐朝被朱温取缔后，这个称号也成了空头衔，但名义上李承嗣还是正儿八经的中央在江淮地区委任的二把手，张颢、徐温权势再大，名义上也是他的下属。

正是因为考虑到这一点，所以严可求找到了李承嗣，对他开诚布公地说道："如今张颢大权在握，他的心狠手辣也是有目共睹的。杨渥殷鉴不远，如若徐温也遭了他的毒手，那这扬州城中还有公的立足之地吗？"李承嗣很快意识到这一层利害关系，立刻表示愿听严可求差遣。

严可求随即去了张颢那儿，问道："外边都说您要把徐温外放后褫夺兵权并诛杀，可有此事？"张颢死不承认，只说："都是徐温自己要去的，和我无关，况且主上都已经下诏了。"严可求便故作气愤，说道："你呀你呀，怎么做事还这么急，万一引发徐温手下右牙军哗变，怎么办？还是留在广陵吧，在你眼皮底下总好过在外勾结陶雅、刘威等人跳反强啊。"

而后，严可求又带着张颢、李承嗣两人去徐温府上，一见到徐温便破口大骂："老狗！（严可求还真就是这么骂的），你身受武忠王（杨行密）的知遇之恩，现在江淮动荡不安，你却要做甩手掌柜，是忘了先主的厚遇了吗？（犬知报主，徐公奈何受武忠王之大恩，而今淮南动荡之际，公却要甩手，忘武忠王乎？）"

这时候，李承嗣的表演天赋也上来了，跟着严可求一起骂人。徐温连忙解释说："不敢啊，武忠王对我恩同再造，几辈子都报答不了啊，我自当牛做马来侍奉杨家。既然大家诚恳挽留，我自然要选择留下啊。"这番表演下，徐温算是被留下来了，不过徐温留下来了，张颢却看出其中的道道来了。原来，你严可求是徐温的人啊！？

我想此刻张颢的心中肯定有一千只羊驼奔腾而过，暗骂严可求说："老子对你那么好，你的良心何在啊！"而严可求自是不屑于回答他的，他只会在心底默默地告诉自己：我的良心啊，早在二十年前宣州城中的那个粥棚里，便给了徐温了。

张颢愤怒了，愤怒之下的他准备用严可求的人头来浇灭自己心中的怒火。于是，张颢便派了杀手夜袭严可求府邸，按理说有杨渥的先例在前，严可求这回算是在劫难逃了。但是偏偏历史喜欢和我们开一个玩笑，五代十国最被人鄙视的便是"仁义"，可在这千里吴地之上，却有徐温和严可求二人遵循着这"仁义"法则，而恰恰是这点"仁义"，挽救了严可求的生命。

在杀手的利刃之下，严可求淡定地央求杀手给他一点时间，让他留下最后一封信给主公杨隆演，而这杀手似乎毫不在意地答应了。等到严可求写完信，杀手却来了兴趣，非要看一看，而这个杀手恰恰又识字，结果看完之后却泪流满面，说道："公生死在须臾之间，尚且能无畏死亡，以信示忠于主公，您真有长者之风。若是杀了您，便是杀了这天下少有的贤人、圣人！"于是杀手放弃了诛杀严可求，只是将其财物带回去给了张颢。

　　有人看这一幕会觉得很滑稽可笑，说还好杀手识字情商高啊，不然可不得剁了严可求啊。然而，在乱世中坚守着那一份忠诚和仁义，可笑嘛，严可求的赤子之心是被人拿来当作笑料吗！仁义从来就不是也不该被当作笑料，它应该被举得很高，让所有人都能仰视看到！

　　张颢这样的奸邪小人自然体会不到严可求和徐温身上所具有的那种个人魅力。以至于杀手告知他严可求或可能被徐温保护起来而未曾找到时，他只是恶狠狠地说了句："你是不是傻啊？老子要他的脑袋，不是他的钱财！"

　　张颢的刺杀失败了，这也迫使徐温和严可求必须尽快采取行动了，他们要用实际行动证明——"卑鄙是卑鄙者的通行证，高尚是高尚者的墓志铭"这句话从来都只是肮脏者搅乱社会的托词。此次诛杀张颢，非是政治倾轧，而是剪除不义的壮举。

　　严可求给徐温推荐了一位猛士——钟泰章，有点像伍子胥举荐专诸给吴王光吧？没错，严可求恰到好处地扮演了雄主身侧第一谋士的角色，以前是杨行密，今后会是徐温。而钟泰章听说自己要去刺杀恶贯满盈的张颢，二话不说便召集了三十多名壮士，杀三牲祭天，伺机而动。

　　但在起事的前一天，仁义满怀的徐温又有些打退堂鼓的想法，毕竟心中怀仁的人就会有敬畏，有敬畏便无法做到无所顾忌，而徐温的顾忌便是自己的老母，一旦失败，这可是株连九族的大罪。徐温可不想像潘安一样临死前狂呼"负阿母"，所以想和钟泰章商量取消这一计划。钟泰章却直接顶了回去："这事决定了怎么还能更改呢？您想想，您可以放过他，他能放过您吗？"

　　数百年前，陈霸先诛杀不义之徒王僧辩时心中也曾有过困惑，甚至想取消行动，多亏说了一番像钟泰章一样的话才促成了此事的成功。看来，仁义满怀的人总会有所敬畏啊，不过有敬畏是好事，人一旦无畏就无所不为了。

　　五月十七日一大早，钟泰章带着三十军士进入张颢的府邸，直接把张颢及其亲近全部斩杀。之后，徐温公开张颢杀害杨渥的事实。左牙亲信全部处死，罪魁祸首纪祥身死弃市。收编左牙兵，徐温收拢人心的能力是出众的，朱延寿事件足以证明，不费多大力气就收编了左牙全部牙兵。

　　而后，徐温又前去拜谒杨渥和杨渭（杨隆演）的生母史太夫人，将张颢阴谋弑杀杨渥，自己为国除害的事情都说了。而史太夫人一个妇道人家，哪见过这么惨烈的场面，以为徐温会是第二个张颢，便说："我儿年幼就遭此大难，命苦啊，若能让我杨家一门安全回庐州老家，便是大人您的恩德了。"

史太夫人为了求全，已经是默认要让徐温做这个江淮老大了，但他显然错误地把徐温和张颢当成是一种人了。作为徐温，对于旧主杨行密的家室，他还是极尽谦恭的，没有忘记为人臣子的本分。于是他告诉严可求通知下去："大事已定，吾与公辈当力行善政，使人解衣而寝耳。"而后，全城开始严禁抢掠、暴行，依法执政，扬州城内趋于平缓。

张颢死了，依他的个人素质注定没有掌控江东的福分。徐温上台了，在以后的二十年时间里，他将会牢牢地为南吴这艘大船掌控方向，直到有一天这艘船无奈迎来改旗易帜的命运。

随着徐温的步步高升，养子徐知诰也顺势走向台前，不过在看他之前，我们还得了解下这个大变局下，江淮集团的各个实力派究竟是哪些人吧。因为此后徐温的主要工作，除了是教训南方各个不友好邻居外，更多的是解决掉杨行密在世时"集团内部山头林立"的老大难问题。

首先，以徐温为核心，有一个较为团结和强悍的扬州东都集团。这个东都集团老大自然是徐温无疑，接着两位实力派人物就是骆知祥和严可求了，有道是"财政（内事）不决问骆郎，军务（外事）不决问严相"。严可求和骆知祥担任起了徐温的左膀右臂。

严可求我们之前已经了解，那骆知祥又是什么情况？这个骆知祥属于生卒年不详的人，一般这样的人在历史上往往是缺少描述的，所以骆知祥著于后世的只是有关他善于理财，与严可求一时并称为"严骆"。

严可求、骆知祥之下便是钟泰章这样的新人，不过目前钟泰章只能算是打手爪牙一类的角色，我们暂时也不必过于重视他。但值得一提的是，这位钟泰章后来因为女儿生得好，结果青云直上，真正让他留名后世的则是他那位著名的外孙，他外孙是谁，我们暂且不表，该说的时候自然会揭晓。

（2）

那么，徐温为首的扬州东都集团我们了解完了，接下来就要看看江淮集团内部其他的山头势力。之前我们曾提到过徐温名列杨行密起家的"三十六英雄"，而这三十六英雄具体是谁，因为史料的缺失而众说纷纭，有人甚至将安仁义、李承嗣之流也归纳进去，这显然是不妥的。既然是起家"三十六英雄"，那必然是杨行密入主扬州前的那伙庐州老部下，而其中有许多可能是因为早年战火的原因，未能留下名姓便殒命疆场了，所以才出现了"三十六英雄"记载不全的事。死去的我们暂且也不用去深究了，但从现有的诸将中筛选合格之人。

"三十六英雄"集团经过我的分析和筛选，目前还存在的应该是这几个人：刘威、陶雅、李遇、李简、秦裴、刘金、刘存、陈知新、吕珂、贾令威、瞿章、李涛、刘信、王绾、张崇、崔太初、陈佑、丁祾、朱虔裕、王稔、周本。

初一看，人数太多，认都认不过来，不过其实里面很大一部分都是只在史书上留个名字而已的人，事迹不显，我们主要注意刘威、陶雅、李遇、李简、秦裴、刘金、周本这几个人，因为南吴王朝的历史是由这些人操纵的。

首先在这几个人里面划分下会出现"挺徐派""倒徐派"和"中间派"，秦裴在诛杀杨渥宵小事件中是站在徐温这边的，而刘威虽然当初接班杨行密呼声很高，但在张颢、杨渥、徐温这场混战中持旁观态度，姑且为中间派，而李遇则是的的确确的"倒徐派"。剩下这些人里面，基本是中间派为主，或是有少许倾向于徐温抑或是反对于徐温的暧昧态度。

可以说，对这批人的分化瓦解和拉拢是徐温后来的主要中心任务，直到这座山头彻底垮塌掉。

紧接着就是北方归附集团，这些包括因反对朱温失败而南下的，以及孙儒败灭后的归附残部。主要是沙陀人李承嗣、降将朱瑾和柴再用，张颢事件中，李承嗣是站徐温这边的，而且名义上他还是唐朝册封的淮南军区二把手，有一定政治分量。朱瑾认了严可求做大哥，政治立场自不必说，柴再用也是倾向于归附徐温的，所以目前来看，这个山头虽然存在，但在徐温的掌控之下。

最后一支山头势力则是李德诚为首的南方归附集团，主要包括李德城和陈璋，这些人是杨行密在南方本土攻略中招降的一批人，目前来说，这些人走得也和徐温更近一些。

所以纵览目前江淮集团内部的"四座山头"，徐温基本上是众望所归的地位，除了"三十六英雄"集团这个山头需要用心去铲平，而事实上，这个集团也恰恰是最难铲平和最亟待铲平的山头。

那有人要问了，这个时候徐知诰是怎样一个官职呢？别急，徐知诰的政治生涯即将开启，接下来就是他挥鞭江淮的时候了。

唐天祐六年（909）三月，徐温兼领了淮南行军副使（应该是挤兑掉李承嗣这个唐朝册封的淮南军副节度使一职）和升州刺史（张颢原本要安排给他的），但徐温却没有离开广陵，而是派养子徐知诰担任升州防遏，兼任楼船副使，前往升州管理舟师。

这是个什么样的职务呢？换算到今天的概念应该略等于南京市卫戍部队总司令兼长江舰队副司令。因为江淮集团目前只属于一个区域性的政权，所以场面自然没那么壮观，真正意义上的水师也基本就两条战线上排列，北方的淮河舰队和南方的长江舰队。北方主要是为了应对朱温后梁政权的威胁，南方则是为了和吴越及荆南、马楚等政权争霸。

也就是说徐知诰摇身一变成了江淮集团在南方水师中的中坚人物，上位不可谓不快。而且，升州和其他州还有着根本的不同，因为徐温是着力于把升州打造为一个类似于南北朝及五代十国的"霸府"性质的存在。

"霸府"，这个名词来源于《梁书》，指的是势力强大，终成王业的藩王或藩臣的府署。历史上真正开霸府的人只有四个，分别是曹操、高欢、朱温和李存勖，其中曹操和朱温的霸府设在许昌，而高欢和李存勖的霸府设在晋阳（太原）。

徐温虽然没有这四人窃取神器的野心，但是作为乱世中摸爬滚打的人，必须还是得给自己留一手的，而制衡"三十六英雄"的这个山头第一步便是要有自己的基地。因为这三十六英雄个个都是一方诸侯，比如秦裴的地盘在江西，李遇的地盘在润州，刘威的地盘在皖南。而徐温这个人还比较尴尬，因为最早追随杨行密这批人都是"安徽帮"，唯独徐温这个人是东海人（今江苏连云港），地地道道的苏北人。

那么，如何培养自己的势力，如何选取自己的大本营就显得尤为重要。因为凡事都得留一手啊，同时安徽和江西基本已经被藩镇外将瓜分完毕，自己插不进去，苏北老家又离东都扬州太远，不方便辅佐朝政，更何况和朱温政权紧挨着。那么，想来想去只能是往苏南地区找了，结果就选定了升州（今南京）。

至于为何要选址升州？我认为有四点原因：第一之前已经提到，其他区域都被别人占了，插不进去。第二，曾经的升州治所金陵城可是六朝古都，孙吴、东晋、宋、齐、梁、陈，都在此留过浓墨重彩的一笔。第三，此前乃至往后一段时间，吴越在边境寻衅滋事变得频繁起来，将战略重心南移是出于现实考虑。第四，润州的李遇（现已调任到了宣州），一直是徐温的忠实反对者，在润州和宣州之间埋下一根钉子，打破李遇的势力范围，最后一举荡平江南徐温的反对派尤为重要。

所以，徐知诰此行是带着如此重大的使命去的，做得好，楼上楼，做不好，下九流。这是一块试金石，也是徐温给自己这个养子挖的一个坑。

那有人要问了，吴越怎么又不消停了，钱镠这阵子又做什么了？这事情还得从杨行密死后说起，杨行密的死使得陶雅火速撤离了浙东战场，不久陈璋也逃回了皖南，钱镠得以重整吴越。而后，朱温篡位称帝，钱镠第一时间联络朱温，表示愿为之效劳，顺带接受了朱温册封给他的"吴越王"一职。

钱镠的浙东集团正式升级成为吴越集团，自然要做开疆拓土的事情了，于是他派从江淮集团投靠来的王茂章出使后梁，希望与朱温南北夹击江淮集团。不过此时朱温志在消灭刚刚接班李克用河东集团的李存勖，所以对于南方战事不怎么感冒。但钱镠这个惹事的祖宗自然不愿放弃江淮集团杨渥、杨隆演更替的政局动荡期，于是自己先开火了。

唐天祐五年（908）九月，江淮集团和吴越集团就苏州城展开了旷日持久的战争。江淮集团这边是周本、柴再用两员大将联合作业，准备一举端了苏州城内的曹圭。可是战事却旷日持久，一直拖到来年四月还不见分出胜负，于是周本准备拿出他的秘密武器——"洞屋"。有人分析，这个"洞屋"是一种比较特殊的攻城工具，其外观形状像一个小型屋子，只不过这个小屋用木柱支撑，四周全部蒙有牛皮，并且下面带有四个车轮，可以行走。洞屋的四周因为蒙有牛皮所以可以抵御箭矢和雷石的攻击，里面还可携带士兵和其他的小型攻城工具，士兵躲在里面几乎是刀枪不入、安全无忧，简直就是个古代版的牛皮装甲车。

这样高防的攻城器具，除非是在火炮的攻击下，其他刀箭基本可以免疫，而目前来看，也唯有江淮集团可以较为熟练地使用火药作为武器。（这还是得益于孙儒，以后会提到）但吴越方面也有办法啊，临海人孙琰就在竹竿上安滑轮，连接的锁链上挂钩勾住或穿透洞屋的顶盖——传说中的掀盖战术，掀盖以后，杨吴的士兵暴露在外，就很危险了。

战事渐渐朝着吴越方面倾斜，吴越方面又委派都虞侯司马福率军来援，最终，久战不利的江淮集团撤围苏州城，吴越军趁势掩杀，俘获江淮集团将领三十多员，缴获战船 200 多艘。就连主将周本本人也差点被活捉，多亏钟泰章率数百敢死队在皇天荡誓死阻击吴越军，周本才安全逃回。

然而，平心而论，或许正因为这错综复杂的战事才给予了徐温可以明目张胆揽权的契机，徐知诰能高步跳拿到这样重要的职位，甚至还得对吴越方面表示感谢。但是，徐知诰的初次表现就演砸了，他是三月份到岗的，四月份江淮军溃败，尤其是舰船损失 200 艘，虽然并没有史书说明徐知诰参与了此次战事，虽然他也是刚刚上位，可这舰队的损失都得记在徐知诰的名下啊。

而且，此次战役主要是陆上交战，可是吴越控制着苏州，也就意味着长江天堑是江淮和吴越方面所共有的，只要吴越愿意，钱镠的钱塘江舰队也完全可以在长江口游弋。这无形之中更加剧了徐知诰所处的恶劣形势。这一年，徐知诰二十二岁，在今天不过是一个大学生的年纪。

顺带说下钟泰章，这次他率领敢死队阻击吴越立下了汗马功劳，但是呢，不知道因为什么原因，这货和"大树将军"一样，是个闷葫芦，从不邀功领赏。之前做掉张颢也没怎么给他加官晋爵，否则这次他对吴越作战就是偏将而非敢死队队长了。

但是钟泰章虽然不邀功，可心里不会一点怨气都没有，再加上他有贪杯的毛病，喝高了就开始和身边人巴拉巴拉诉苦起来。说者无心，听者有意，不知道怎么传到了徐温耳中，还添油加醋说了一番。要换成别的政客，钟泰章这样的"功狗"便会借着这次的由头被清洗掉了。但徐温不同，别忘了，他是在这乱世少数奉行仁义的几个政治家。

所以徐温拒绝了手下杀钟泰章的提议，只是默默地说了句："他难道说错了吗？这本来就是我的过失。"要让一个领导不听谗言也许不是太难，可要让一个领导认错，这却是太难了！古往今来，多少领袖知错改错不认错啊！

徐温可贵就可贵在他敢于认错上，既然认了错那就要改错啦。之前打小报告的不是添油加醋说"钟泰章只率30勇士便可击杀张颢，只带数百死士便能阻击吴越，这样的人当杀"吗？徐温听进去了，不过他是这么听的，既然这是位勇士，那就应该驻守一方啊，怎能继续让他做犬马爪牙的事情呢？当即火线提拔钟泰章为滁州刺史，而且，以后再有人进谗言抹黑钟泰章，徐温的态度是一概不理。钟泰章这样的人在徐温眼中不是下等的"功狗"，而是专诸那样的国士，对他要交心！

我们应该感谢徐温对钟泰章的善举，否则，日后整个南唐的历史也会为之改写吧。南唐或许会走上另一条路，却会少去一位引得后人喟叹"做个词人真绝代，可怜薄命做君王"的风流帝王李后主吧？

什么？你要问钟泰章和李后主什么关系，还记得之前我说的吧，钟泰章有个非常著名的外孙，他就是李煜李后主。钟泰章和徐知诰是亲家，他的女儿就是嫁给李璟的钟皇后。

第贰章

父辈的旗帜

一、危机四伏

如果有人认为吴越的挑衅是目前江淮集团最大的生存危机，那就大错特错了。与江淮集团内部危机四伏的局势相比，苏南那点战场上的失利又算得了什么？

钱镠虽然是个惹事的祖宗，但他也不过是只能叮叮有缝蛋的苍蝇，真要让他自己搞一些事情来，怕是难为他了。目前江淮集团内部遇到最大的问题是两个，一个是新领地江西的叛乱，还有个则是李遇反对徐温。

而徐温此刻的心思却不急着放在开疆上，而是花时间来团结内部，稳固南疆，为升州的后续发展做铺垫。从唐天祐五年（908）年初张颢被杀，徐温掌权，到天祐六年（909）四月，苏州战事结束，这一年多的时间，徐温重心都是放在挖掘后继人才上。

尤其是在骆知祥的主持下，江淮集团在全国范围内掀起了一波官员选拔的高潮。杨行密在世的时候，对手下基本采取放养政策，各地藩镇有自行选拔下属官吏的权力。那么这样一来，更是加剧了山头林立的可能性，徐温正是认识到这一点，所以迫切需要加强中央权力，而这最先决的条件就是用中央选拔官吏取代外藩镇将选拔官吏。如此一来，选拔上来的官员自然心向中央而非地方了，封建时代抓住官僚集团这一主体，等于抓住了国家的命脉，这一点徐温看得很透彻。南吴王朝徐温辅政几十年，抓不住官僚集团的心是不可能的。

与张颢的残忍好杀相比，徐温明显要理性和柔和很多。他崇尚节俭，低调做事，虽然是个不识字的文盲，但他从来不随着自己性子胡来。所以短短一年多的时间，他把自己打造成一个亲民的宰执，在百姓心中的威望也不断攀升。

而对于集团内部的人员，即使不是自己的嫡系人马，徐温也都能量才适用，绝不会埋没任何一个人才。这里要说到一个叫刁彦能的人，当初他是在王茂章手下做事的。王茂章被杨渥所逼迫，准备窜逃吴越的前夕还想把手下部队全部带去吴越。刁彦能便诓骗王茂章，说自己家有老母，不能跟随，王茂章就让他回城了。结果他一回城就把城门紧闭，并站在城头喊话，说自己以往和王茂章是上下级关系，可如今王茂章为臣不忠，自己不能随他而去了，并告知底下士兵，弘农王杨渥的部队马上就来接管这了，大家安心自己的岗位，绝不会受到株连的。士兵们想想和王茂章潜逃吴越也没什么前途，竟然都留下来了，王茂章只能单人逃亡。

这件事上刁彦能的表现可谓是一大亮点，要知道这支部队一旦投靠了吴越，对江淮集团是莫大的损失啊！当时还是杨渥主政，可杨渥对于这样一个有大功的人一笑置之，但徐温却记住了他。等到徐温辅政时，便向杨隆演力荐刁彦能为军校，驻守东都扬州。而事实上，刁彦能并非徐温的人。

那么，为什么要把这个人拿出来说呢，除了一方面彰显徐温辅政时期的表现，更重要的是，未来这个人和我们的主人公徐知诰也有着密不可分的联系。

这个时候，我们不妨拿杨行密和徐温比较下，作为唐末四杰（中原朱温、江淮杨行密、沙陀李克用、川蜀王建）之一，杨行密明显是魅力值爆表的一类，欧阳修在《新五代史》中也是给了他"仁恕善御众，治身节俭，无大过失，可谓贤矣"这样高度的评价。可以说，这四人中杨行密的仁是无可媲美的。

那我之前也说到过，徐温也是个仁义的人，那么徐温和杨行密的"仁"究竟有何区别呢？我觉得这就是"大仁"和"小仁"的区别。杨行密的仁义是对于他的部下的，他可以放纵他手下去做任何事情，只要他们不造反，田、安两人如果不反，杨行密未必会动他们。但是，杨行密却做不出开仓施粥这样的事情，这样的事情只有徐温能做。徐温的"仁"是针对普罗大众的，他爱着这片土地，爱着这方水土的人民，爱着千里吴地的一切一切。

杨行密只要求手下忠于他，而不管他们在下面做什么小动作，徐温则要求那些藩将禁止苛政害民，而不是以效忠于其自身程度来评价藩将。所以杨行密这样的人在乱世中能崛起，他是创业者，但把乱世引向治世的任务却注定要徐温去实现，因为他才是开拓者。正如我前头就说过的那句话——"杨行密不过是江淮的霸主，而徐温才是南吴国的国父。"

欧阳修批评杨行密的缺点是"无霸材"，这点我本来是持赞同意见的，但他认为杨行密"无霸材"的根本居然是不能起兵勤王，导致朱温篡位夺权。这点我就觉得很搞笑了，唐末的烂摊子要多棘手就有多棘手，像杨行密这样的人物是要为万民打造一片王道乐土的，而不是去匡扶一个行将就木的垃圾王朝！如果让欧阳修去唐末生活下，我想他的政治操守不过是罗隐、韦庄之流选择依附于一个地方军阀。

而我认为，杨行密缺少"霸材"的根本恰恰还是拘泥于旧思维，旧模式。杨行密死前是要让长子杨渥接班的，而徐温却把位子传给了义子徐知诰，而事实上徐温是有亲子的。所以仅仅这一举动，两人的境界高下可见了，五代十国是个乱世，所以接班方式很奇特，养子接班的远比亲子接班的多。但这样的模式之下，也出了不少问题，不过瑕不掩瑜，郭荣和徐知诰这两位优秀的养子足以在那个乱世中大放异彩了。

话说回来，如果继续放任杨渥为所欲为，那么江西钟家的昨天难保不是江淮杨家的明天，钱镠、马殷都不是省油的灯，伴虎而居，要慎之又慎啊。

说到江西，我们这时候不得不再提一下江西的乱局。之前说到，随着钟家的覆灭，江淮集团正式渗透到了江西。但江西这个局面比较复杂，它原本是钟、危、谭三分天下，钟家势力最大，名义上管辖整个江西，但对另外两家并不会完全掌控。江淮集团灭了钟家，但危、谭两家却不买账，其中尤其危家的危全讽和危仔倡表现得最为激烈，勾结钱镠意图瓜分江淮。

唐天祐六年（909）五月末，抚州刺史（今江西抚州）危全讽不满徐温，放话说："徐温中人之才,尚能自立为淮南王,吾何得不为江西王？"危全讽的想法很疯狂，且不说此时的徐温有没有把自己当作淮南王，就危全讽这种在钟传活着的时候只能仰人鼻息的下流角色也配当江西王，简直是痴心妄想！徐温是不是中人之才不清楚，但你姓危的没当江西王的命！

当年六月，危全讽自封为镇南军节度使，勾结袁州（今江西宜春）刺史彭彦章、吉州（今江西吉安）刺史彭玕和信州（今江西上饶）刺史危仔倡起兵作乱，进攻江淮集团镇南军府驻地洪州（今江西南昌）。一时间，江西大地烽烟再起，除了首府洪州还在江淮集团手中，其他悉数反水归附危家兄弟。

这个时候，洪州城内管事的是谁呢？之前驻守江西的秦裴已经被徐温调往别处去了，接替秦裴驻守洪州的镇南军节度使是刘威，此时城中不过一千守军。有人说，这是徐温想借刀杀人，故意让刘威去守卫这样的危地。如果这么想徐温，或许还真是小瞧徐温了，徐温可舍不得将江西千里沃土作为刘威的陪葬品。

这边徐温一接到刘威的告急，便想着派援军去支援，但具体人员选谁呢？现在是江淮集团的瓶颈期，诸位沙场老将在杨行密死的前后走了很大一批，而后基本是一个萝卜一个坑，没有多余的闲人调度。

不过既然是"基本"，那肯定是有例外的，猛将周本就是一个例外，这时候严可求向徐温推荐了他。既然是严可求推荐的，徐温二话不说任命周本为西南面行营招讨应援使，让其领兵七千增援高安。

但是之前苏州会战让周本颜面扫地，此刻他心理阴影很重，态度也很消极，拒绝接受任命。而就在周本磨蹭的时候，战局又有了新变化。原来刘威虽然城中人马较少，但他却活脱脱来了一出"空城计"，整日置酒高会，搞得危全讽不知道刘威葫芦里卖的什么药，竟然屯兵象牙潭不敢进军，还派人去马楚、吴越搬救兵。

此时马殷已经在湖南彻底扎下脚跟了，不再是当初被杨行密撵得到处跑的孙儒余孽了，马楚国也早吴越一步在中原登记造册了。此时一方面是向中原示好，第二方面也是为了和昔日宿敌江淮集团一较高下（在湖北争夺战中，马楚曾重创江淮集团，还斩了大将刘存），马殷欣然接受了危全讽的求援。而马楚国的首选目标便是江西重镇——高安。

这个时候，徐温是彻底坐不住了，江西危如累卵，周本再不去支援那就只能自己硬着头皮上了。严可求自然不能让徐温只身犯险啊，所以他也不管周本是真病还是装病了，直接闯进内室把周本给拽了起来。

周本见这情况也是推辞不过去了，就和严可求提了一点要求，说自己在苏州城下吃败仗不是自己的原因，吴越军那些歪瓜裂枣还不够他下一盘菜的。关键坏就坏在监军制度，你徐温要真想用我，可以，但是绝对不要再给自己安排监军了，自己要对部队全权指挥。

像周本这样临战前夕开口要价的人，换做一般的领导早杀了了事了，绝不姑息，宁可前线吃败仗也不能骄纵这样的目无组织、目无纪律的人。而且周本还故意推诿，战败全推给了监军，监军是什么，换现在来说，就是参谋长、政委啊，你见过哪支军队政委不是一二把手的？你有了权威，那中央的权威不就没了吗？

但是，徐温不是一般的人，绝大多数是用人则疑，疑人不用，但徐温却是那少数"用人不疑，疑人不用"的主，当下就拍板同意了。有史料说这是严可求私下做的主，但细想一下，没徐温的首肯，严可求能做这个主吗？就算做了，徐温事后也得责备他一番，可徐温却没有。

二、血战江西

面对这错综复杂的局势，周本需要冷静判断，分清楚事情的轻重缓急，知道什么是必然条件，什么是随机性条件。经过自己的一番操盘模拟，周本认为，马殷前去进攻高安的部队不过是虚张声势，危全讽那支乌合之众才是真正要铲除的大患，搞定了危全讽，马殷不战而退。

于是，周本的大部队很快抵达了象牙潭附近，这时候洪州城内的刘威想让周本先带兵入城歇歇，毕竟长途跋涉是很疲劳的，而疲劳了想打胜仗就困难了。但周本却拒绝了这一建议，他认为，目前敌众我寡，自己才带了七千人，可危全讽联军有十万，这悬殊的差距必须快战得胜，否则手下的士兵准得胆寒。而且，万一进了城，危全讽围而不攻，那再出城就困难了。

周本于是列阵象牙潭，而危全讽也是和周本隔潭对峙，危全讽这边连营数十里，旌旗摇动，猎猎生风，周本却毫无惧色。七月十七日清晨，周本派部分羸弱的士兵渡江作战，危全讽见到了，便招呼弓箭手放箭，一番招呼，周本军狼狈而逃。得意忘形的危全讽下令全军出击，结果，军事史上经常提到的"诱敌深入，半渡而击"便又有了一次实战操演。

此战，危全讽军中大乱，淹死、踩踏而死的不计其数，周本又率精锐部队直插危全讽中军大营，主帅危全讽连同五千士兵被俘获。咱们的"危老爷"一战就把自己"江西王"的美梦给砸破了，他还想和徐温争天下，敢和徐温争天下的浙东王钱镠可是数败周本的，要做"江西王"，你倒是把周本打败啊。

战后，作为此次江西大战的甲级战犯，危全讽被押解前往东都广陵，但是当初杨行密被孙儒撵到皖南之际，危全讽也曾有小恩小惠于杨行密，所以此次虽被活捉，但杨家人还是赦免了他的死罪。只不过不知道是危全讽自己想不开，还是寿数将尽，不久就因病离世了。

周本初战告捷，而后将矛头对准了袁州、吉州的彭氏兄弟。彭氏兄弟作为边边角角的人物，关于他们的记载本就稀少，翻阅了有关南吴、南唐的史书典籍，只在《江南野史》中找到了些蛛丝马迹。

里面没有提到彭氏兄弟，只提到了一个叫彭玕的人，这个人曾经是个小公务员，却不愿整日沉迷于这些蝇营狗苟的事情。一次同事聚餐，他去待了一会儿便走了，走之前还故意把帽子落下了，往后又返回去捡帽子，趁机奚落了酒醉的诸人一把。后来他妻子觉得他这么做很没礼貌，就把自己的嫁妆拿出来，要彭玕好好招待同事一番。

结果呢，彭玕就在酒席上把话都说开了："我之前奚落你们是我的不对，但是呢，我们终究不是一路人，所以以后我就不能和你们共事了。"后来唐末天下大乱，彭玕便和危全讽在乱世中掀起了一番波澜，两人还干掉了连钟传都没能干掉的江西悍匪，后分任吉州刺史和抚州刺史。做了大官的彭玕志得意满，把之前那些公务员同事全给一并杀了（费解，当初请他们吃饭又是搞哪一出？）。

然后接下来的事情很有意思了，说钟传死后，杨行密占据了南昌（即洪州），彭玕和危全讽不服，起兵造反，还和潭州的马殷联合。杨行密便派周本前来讨伐彭玕和危全讽，后来彭玕失败后投靠了马殷，马殷封他做了柳州刺史。

意外不意外，惊喜不惊喜？杨行密活脱脱被续了三年寿，危全讽竟然敢和鬼佬阴兵作战，那他这一次败得不亏啊。也许到这我们就能发现，彭玕或许就是彭氏兄弟中吉州刺史彭钘的另一个身份，抑或是柔和了彭氏兄弟两人的事迹。反正最后彭氏兄弟的下场也是逃回了马殷的楚国，这就对得上了。

而这时候，皖南的陶雅也领兵助阵，顺势攻略了信州和饶州，信州刺史危仔倡逃亡吴越，不过危仔倡运气不错，其后人还做到了吴越国后期的宰相，不过是以另一个姓氏出现的。顺带提一句，楚国的彭家后来也成为一个大族。

这个时候，江淮集团另一位元老级将领米志诚也投入了战斗，他从湖北战场南下威胁马殷，迫使楚国撤军了。这个时候，钟、危、谭三家掌控的江西，也只剩下了谭全播一家了，而留给他们的地盘不多了，只剩下虔州和韶州，之前本来还有个潮州，结果被南方刘飞龙（刘䶮）他们家抢去了。此时虔州当家人是谭全播的表弟卢光稠，见大势所向，他向江淮集团彻底臣服了。有人说，至此，江淮集团算是真正吃下江西这块大蛋糕了吗？其实我想说，并没有，就是这个未曾尝试过兵锋的虔州日后又引发了一场江西大战。

不过好歹经过长达两年的内政外战两手抓，徐温和杨隆演这对君臣组合算是把江淮集团稳定下来了。吴越、马楚无隙可乘，江西也进一步得到了巩固，江淮集团似乎已经度过了杨行密死后的那个瓶颈期，开始往更高的层次发展。

而此时对于徐温、杨隆演乃至整个江淮集团来说，有个迫切需要解决的问题。什么问题？自然是正名问题，此时的江淮集团最高统治者杨隆演还只是挂名一个"弘农王"的称号，弘农在哪？山西啊，杨隆演在哪？江东啊。一个江淮大佬挂了一个"弘农王"的名号，不觉得滑稽吗？而且这个封号还是两年前被后梁取缔的唐王朝册封的。

那么，整个江淮集团目前最想得到的是什么啊？自然是唐天复二年（902），唐朝廷封赐给杨行密的"吴王"一称。而这个封号后来又因为朱温的缘故，转手给了钱镠一份，并在杨行密死后被取缔了，杨渥及杨隆演一直挂着"弘农王"的称号。

而我们须知，像钱镠、马殷、王审知这类放今天不过是省长级别的人物，都已经独立建国，有了自己的封号了。（这三家虽然独立建国了，但因为尊北方朱温的后梁为主，所以实际上仍属于后梁的附庸国或说是下属国，类比于朝鲜之于明朝，澳洲之于英国。我们承认这三个是独立的国家，但其元首只能以国主相称，不能算作皇帝的。）

相比这三个，无论是疆域、军力还是人口都可以制霸整个南中国的江淮集团却迟迟没有个名分，还一直只能作为军事集团而不是国家存在，这是相当令集团内部各个大佬愤慨的。不过，乱世之中，实力说了算嘛，由于徐温这一年多秉政时期的卓越表现，终于算是给江淮集团争来了名分。

唐天祐七年（910）二月，这时候出使北方岐州的万全感顺利回到了江东，之前曾说过，河东李克用、岐州李茂贞、蜀中王建、江淮杨隆演是忠实的"反朱复唐"联盟的骨干，所以相互间进行友好国事访问也是必要的。

而这一个普通得不能再普通的访问，却给整个江淮集团带来了一个期待已久的消息。李茂贞自称岐王，承制大唐正统，并加封弘农王杨隆演为中书令，晋爵吴王。至此，自杨行密死后，杨隆演终于拿回了原本属于自家的"吴王"一称。

有了这个称号，自然可以名正言顺地建国了，"南吴国"（或称"杨吴"）自此来了。而笔者往后也终于可以换种方式称呼杨隆演的国家了，不用再用江淮集团这个拖沓又不响亮的称呼了。那么有人要问，自杨行密死后到杨隆演重获"吴王"称号的这段时间，我们该怎么称呼这个雄霸江淮的政权呢？《（新）旧五代史》称其为"弘农"，《资治通鉴》则称之为"淮南"，而我这边则一直用"江淮集团"。

但是呢，这个"吴王"一称又是显得比较恶心，因为这是李茂贞册封给杨隆演的。李茂贞何许人也？唐末期间也许他还算是个风云人物——北方三巨头之一（另外两个是朱温和李克用），可到了朱温建立后梁的时候，他已经成了一个掉毛的凤凰了，他所谓的岐国政权连十国都没能排进去。"掉毛的凤凰不如鸡"啊，被这样一个人册封，简直比"浙江省省长"钱镠、"福建省省长"王审知、"湖南省省长"马殷给朱温称臣更丢人。

而且虽然李茂贞自称是继承李唐的正统，可河东李克用李存勖父子也是自称继承李唐正统而和朱温对着干，而从实力来说，李茂贞还不如李克用父子呢。目前李存勖已然开始转被动防守为主动进攻，蚕食朱温在北方的领土了。而李茂贞呢？连邻居蜀国的王建都打不过，更别说南下灭朱温复大唐了。

所以对于李茂贞的这个加封，可谓是一点含金量都没有。不过聊胜于无吧，此时江淮集团太迫切需要正名了，所以也就接受李茂贞这个"吴王"的册封，不过年号嘛，自然还得用唐朝天祐这个年号，不至于用李茂贞那个什么劳什子的"野鸡年号"。

也正因为这个吴王来得憋屈和搞笑，所以注定了九年后杨隆演和徐温脱离"唐朝光圈"单干，正式建立了属于自己，有绝对主权的"吴国"。

杨隆演称吴王后，便在国内实施了大赦天下。当年二月，南吴国听闻湖州高澧前来归附，便有心接管湖州，为建国送上一份大礼，哪知道晚了钱镠一步，到嘴的鸭子再次飞了。钱镠堂弟钱镖成为新的湖州刺史，自此，整个吴越国内再无非钱镠系的人任职刺史的情况。钱镠算是十国中第一个完成对内整合的人物，也是第一个完成自身政权由军事集团向成熟国家转变的领导者。

在往后的一段时间内，吴越的重心开始投入到民生建设上，"筑塘捍潮落，大建临安城"都是这一时期的得意之笔。

三、"豆包也是干粮"

唐天祐七年（910）五月，徐温的母亲周氏病逝，对于一个已经到了知天命年龄的人来说，母亲业已属于长寿了，能活过这乱世不容易。但徐温的母亲是欣慰的，此时的她已经清楚地意识到了如今自己的儿子已经是江东最有力量的人，南吴国真正的无冕之王，日后他给这片土地带来的将会是无比祥和和平稳的治世。

所以她不会耿耿于怀，不会像斯大林的母亲一样，去世前还在感慨自己没能让自己儿子成为一个优秀的东正教神父！也许她的前半生是贫寒的，但晚年这段时间绝对属于衣食无忧，可即使这样，徐温依然继承了其母亲节俭的品德。

比如，徐温母亲死后，底下人纷纷要大办葬礼，扎的纸人有数尺，还要以绫罗绸缎装饰。这点徐温知道了就很不开心，他直接说："这些绫罗绸缎都是百姓们辛辛苦苦劳作得来，应该拿来给贫寒的人去穿，而不是浪费在这样的事情上。"

"暖不忘饥"，这点的确值得很多人去学习。当然，古代讲究孝道，母亲死了就得守孝，徐温也不例外，不过时间上可以缩短些。于是徐温暂且辞去一切职务，只担任了内外马步军都军使、润州观察使。

而就在徐温守孝期间，吴越国新任湖州刺史钱镖酗酒杀人，叛逃南吴，但因为徐温守孝，而使得行政滞后，又错失了这次出兵机会。

可就目前而言，吴越对于南吴来说远远只是薛芥之疾，真正的心腹大患还得是暗潮涌动的南吴政坛。因为，有些人已经坐不住了。杨隆演能重夺"吴王"宝座，明眼人都看得出来这是因为江西之战的胜利，而主导江西之战胜利的是谁呢？表面上是周本，可实际上却是徐温，而且从徐温母亲去世后百官的表现来看，此时已经意味着徐温成了杨隆演之下南吴地位最高之人。这一切的一切自然让曾经在杨行密时代就威名远播的宿将不满了，其中反对最激烈的就当属李遇，他清楚地知道，越往后徐温地位越巩固，自己这干人马就越无出头之日。

此时的李遇位列宣州观察使，早期的南吴王朝有四大中心城市，东都扬州自不必说，作为都城此时在杨隆演和徐温统辖之下。其次是庐州，因为庐州是杨行密起兵的地方，算得上是杨家的龙兴之地，所以这个地方的一把手也时常为宗亲所担任。再则为宣州，因为当年孙儒席卷江淮两岸，杨行密正是依靠死守宣州才转危为安，所以战后宣州地位陡然上升。田頵、杨渥便是先后执掌了该州，当然还有现在的李遇。最后则是新附地洪州，洪州是江西的首府，此城在手，南吴也便得以牢牢控制住江西的千里之地。

有人要问了，升州呢？六朝古都金陵怎么都进不了前四，抱歉，因为当年杨坚的一把火，让整个南京城在历史中掩埋了整整三百年！

这个时候李遇占据了宣州，洪州是镇南节度使刘威掌握，常州刺史李简也与李遇交往过甚，所以李遇觉得，这些杨行密时代功勋卓著的旧部未必会拜服徐温，当然，还有歙州观察使陶雅。

久之，积压的不满终于一股脑地发泄出来，李遇逢人便说："徐温是个什么东西啊，我怎么都还没看清楚，就突然之间得到这样的高位了呢？（徐温何人？吾犹未识，而骤至于此。）"

这个时候正巧南吴国出使吴越的使臣回国，在徐温的授意下使臣特地跑去宣州溜达一圈，邀李遇一同回朝。李遇当然不肯就此回朝啊，不过这使者也不会说话，还一再刺激李遇说："再不去，别人就得说你谋反了。"这下李遇是彻底火了，直接开口骂道："我奉诏不去是谋反，那有人矫诏弑君算不算谋反？先君弘农王究竟是被谁杀的，如今又是谁把持朝政呢？"

李遇这番话自然是彻底激怒徐温了，徐温暗地里恨恨地想着："豆包也是干粮"，休拿徐某不当吴王！李遇这种人既然要当出头鸟，那就先打一打这只出头鸟，震慑一下其他元勋。而后徐温下令：擢令淮南节度副使王檀为宣州制置使，前去替换掉李遇这个宣州观察使。这边我们注意下王檀的官职，他原本是淮南节度副使，而这个官职我们之前提到过，是唐朝廷册封的淮南地区二把手，为沙陀人李承嗣所担任。想来此刻徐温也已经牢牢控制住了李承嗣，所以顺利下了他名义上的二把手位置。

当然，徐温知道李遇不会这么乖乖就范，为保王檀顺利走马上任，徐温又命都指挥使柴再用携润州、歙州、池州三州的军队跟进，为王檀保驾护航。当然，我们的主人公徐知诰这次也作为都指挥副使随柴再用一同前往。

这个时候，徐知诰终于暂时告别了执掌船事的工作，可以在战场上一展身手了。但是，此次出战会像上次一样狼狈吗？要知道，上次周本和吴越交战可是水师几乎全军覆没，徐知诰或多或少都是要担责任的。

一场攻防战就在宣州城下打响了，这次基本都是没徐知诰什么事情的，作为南吴王朝二流将领，柴再用足以应对战事，所以徐知诰这次也可以说是来混混经验的。但柴再用有能力和李遇僵持不下，却没有办法彻底将其击垮，战事就一直拖到了当年五月。

前方久战不利，后方谣言四起，说是李遇已经和刘威、陶雅、李简相互勾结，就等着合适的时机了。杨行密旧部一齐起兵，徐温自然知道这事情的严重性，决不能让这样的事发生。所以徐温做了人生第一次也是唯一一次与"仁义"背道而驰的事情——扣押了李遇在京的小儿子，以此要挟李遇。

看到小儿生死就在须臾，李遇心软了，而徐温则适时派典客招李遇投降。李遇这人不知道是不是天生就不是造反的命，居然为了一个小儿子开城投降了。而后柴再用顺势灭了李遇满门。

到这里，肯定有不少人要说了："徐温真是歹毒啊，人家都投降了，还灭人满门。"这里面呢，就涉及一个三观问题了。我们假设一个预定情景：说一个女的被富豪包养了，还怀孕了，结果富豪遗弃了她。万念俱灰之下的她复仇，引爆了富豪所在公寓的所有天然气管道，造成了数百人的死伤。最后要判刑，判这女的死刑，结果有意思的来了，网上出现了不少要求给这女的免除死刑的人士。理由很简单啊，原因就是这个女的本来也是受害者，何况还是怀孕在身，不应该死，所以那些被炸死的人就在他们眼中变得一文不值了。

可笑吧，滑稽吧？没错，这就叫三观扭曲！！现在让我们从这个三观扭曲中走出来，还是回到徐温所在的三观正常的社会吧，尽管那是个乱世。我们假想下，徐温不这么逼李遇，那最坏的结果是什么？最坏的结果就是宣州久攻不下，刘威、陶雅相继起兵，吴越、马楚趁火打劫，刚刚诞生没多久的南吴王朝又经历了一次乱打一通，最后面临分崩离析的局面。试问，那时候得死多少人，是不是百倍乃至千倍于李遇一家数口？

日本人自二战后就各种倾诉自己是全球唯一一个遭受核武器伤害的国家，但是，也许他们忘了，究竟是什么原因让他们遭受了这样的灭顶之灾！？同样，也许有人要为李遇一家的遭遇叫屈，但请仔细想想先，究竟是什么原因让李遇招致满门被杀的惨状？为什么刘威、陶雅都活得好好的？一个满门抄斩换来整个江东的巩固，这是"大仁"！这样的"大仁"徐温可以做到，而杨行密往往却只能注重"小仁"，倘若他有徐温那一套，或许田、安、朱的叛乱本可以扼杀在摇篮中。

江西救刘威是恩，宣州杀李遇是威，恩威并举之下，或许让南吴诸将都记住了这么一件事：现在杨行密时代已经过去了，以往那些老资格、旧勋贵如果不能换个思路来摆正自己的位置，李遇全家就是前车之鉴！

　　当然，这里还有个小插曲，与"仁义"有关的小插曲。说李遇有个孙儿叫李仁义，侥幸逃过一劫，然后被一个受过李遇恩义的人所收养，隐姓埋名过了若干年。那时候已经是李昇（徐知诰）的时代了，徐知诰似乎也被这个仁义的小故事所感动，化干戈为玉帛，让李遇的孙儿做了县令。

　　也许正是徐温的大仁之下，才有了这个小仁的故事，世上本没有那么多两全其美的事情。"纷纷万事，直道而行"，你秉持着这个信念去走，也许，你一时舍弃的东西还会以另一种形式最终反馈给你及你的子孙。

　　李遇死后，刘威、陶雅相继前来广陵向杨隆演及徐温示忠，而徐温并没有以此自恃不凡，反倒对他俩毕恭毕敬，加官晋爵。毕竟，他们和李遇不同，而徐温也喜欢将心比心，由此，杨行密早期的"三十六英雄"这股山头势力基本通过"李遇事件"被拔除殆尽。南吴也终于掀开了历史的新一页。

　　而这个时候，就得说说徐知诰了。这一次徐知诰运气不错，柴再用顺利完成了讨伐任务，徐知诰也沾光顺带立了一功。战后，徐温和杨隆演讨论过后擢升徐知诰为升州刺史，如此一来，徐知诰也算一方大员了，升州城，六朝时期的金粉之都也由此掀开了它新的一页。

　　当然，也有人要问了，徐温不是还有几个儿子吗，而且论年纪来说，徐知诰只能排老二，为什么这边徐温却一再重用他这个养子呢？事实上，根据生物学定理——"存在即是合理"，徐温选择徐知诰委以重任是有理由的。司马光的《资治通鉴》里面给了这么一句评价："及长，喜书善射，识度英伟。"说白了就是能文能武哈，因为徐温家庭条件的原因，长子徐知训就是吃够了没文化的亏，而后来那几个儿子又太会读书，读成了书呆子，俨然不适合在乱世中掌权。

　　当然，能文能武只能说明徐知诰自身条件过硬，这么看其实别的将领也能做到，可徐知诰还有一层身份大家别忘了，他是徐温的义子啊，别的将领能把徐温当爹看吗？而且这个义子相当之孝顺，恭敬程度超过了徐温的几个亲生儿子。有次徐温愤怒赶走了他，他居然跑回家找母亲（李氏，其实并非徐温正妻）。结果徐温回到家，他出来跪迎，徐温问："你怎么还在这？"知诰回答："孩子离了父母还能上哪啊？爹你生气赶我走，我就只能来找娘了呗。"听完之后，徐温感慨万千。

四、金陵城下徐知诰

因为徐知诰是徐温的儿子，所以徐温能大胆用他，也正因为徐知诰是徐温目前最优秀的儿子，所以徐温也只能用他。用一个德才兼备的义子，百官没什么话说，可要是用徐知训，只怕众人就要非议徐温弄权了。

那么既然说到是徐知诰揭开了六朝金粉之都新的一页，我们势必就得将一将金陵城的过往。

金陵城的建城史最早可追溯到春秋末期（也可以算作战国初期），当时勾践灭吴后令范蠡修建"越城"抵御楚国，自此开始了金陵城长达两千多年的历史。后来越国没能灭楚，反被楚国所灭，金陵城便成了楚国的城池。当时有方士说这块地方有王气，那楚王一听觉得自己这块新附地得出事啊，所以就在金陵城周围的山上埋了不少金子镇王气，所以"金陵"这一名字由此得来。

后来秦始皇统一六国，也知道这块地方有王气，他的方法是派人在这到处开山凿河，泄这金陵的王气，并把金陵改为秣陵。

再往后，金陵城改名建业（建康），开始了六朝时期作为中国经济、政治、文化中心的辉煌时期。尤其是到了南梁极盛时期，金陵城已经成为全国少数几个人口突破百万的大都市。当然，有辉煌就有落寞，也是在六朝，金陵城经历了六次兵灾，几被战火焚毁。

第一次：王敦之乱

晋元帝永昌元年，荆州牧王敦以诛刘隗，清君侧为名，在武昌起兵，向建康进军，很快占领石头城，陷台城。"兵人抄掠京邑，爰及二宫。"王敦死后，"钱凤复攻京邑，阻水而守，相持月余日，焚烧城邑，并埋木刊矣"。

第二次：苏峻之乱

咸和三年二月，苏峻大军在攻打青溪栅时，"因风放火，台省及诸营寺署一时荡尽",建康中央官署全数毁于火中。苏峻攻陷宫城后,庾亮携诸弟逃出建康,王导、陆晔等在太极殿护卫成帝,其时"贼乘胜麾戈接于帝座,突入太后后宫,左右侍人皆见掠夺。是时太官唯有烧余米数石,以供御膳"。国库中的布二十万匹,金银五千斤,钱亿万,绢数万匹,皆被掠夺。

其时苏峻"纵兵大掠,侵逼六宫,穷凶极暴,残酷无道。驱役百官,光禄勋王彬等皆被捶挞,逼令担负登蒋山。裸剥士女,皆以坏席苫草自鄣,无草者坐地以土自覆,哀号之身震动内外"。

咸和四年正月,被苏峻任命守苑城的匡术投降,百官集于苑城。苏峻之子苏硕再攻台城,又焚毁太极东堂、秘阁。二月,温峤等诸军攻石头城,苏军大败,被困于石头城的成帝被救出。苏峻被杀后,其弟苏逸溃败出建康后为李汤所执,斩于车骑府,苏峻之乱得以平定。建康在经历战火之后,宗庙宫室悉为灰烬。

这两次叛乱虽然都发生在东晋初年,但性质并不相同。虽然两者皆控制了建康,但采取的处置措施却大相径庭。王敦与朝廷执政的士族本为一体,因此,他进入建康之后,只是夺取了中枢的控制权,并未进行大规模的破坏。而苏峻之乱的破坏性就强烈得多,不仅宫室官署毁于一旦,朝廷百官也遭受到百般凌辱。苏峻的反叛所针对的是整个晋室及执政的士族群体,他也因而迅速招致了各地士族的联兵对抗,并最终被消灭。

第三次:齐梁易代

齐东昏侯时,平西将军崔慧景反叛,进攻台城,"烧兰台府署为战场",对建康城造成极大的损坏。萧衍围攻建康时,东昏侯"虑城外有伏兵,乃烧城旁诸府署,六门之内皆荡尽"。

第四次:侯景之乱

太清二年十月,侯景兵抵建康,萧正德率军内应侯景,而朱雀桥、石头城、白下城等守将皆不战而逃。侯景兵分数路攻台城,烧城门、官署等地。由于久攻不下,侯景遂筑长围隔绝台城内外。十一月,侯景立萧正德为帝,随后攻陷东府城,令人"持长刀夹城门,悉驱城内文武裸身而出,贼交兵杀之,死者二千余人"。

"景遣百道攻城,纵火烧大司马、东西华诸门。城中仓促,未有备,乃凿门楼,下水沃火,久之方灭。贼又斫东掖门将入,羊侃凿门扇,刺杀数人,贼乃退。

又登东宫墙，射城内，至夜，太宗募人出烧东宫，东宫台殿遂尽。景又烧城西马厩、士林馆、太府寺。"侯景在围攻建康宫城期间，"乃纵兵杀掠，交尸塞路，富室豪家，恣意裒剥，子女妻妾，悉入军营。及筑土山，不限贵贱，昼夜不息，乱加殴捶，疲羸者因杀之以填山，号哭之声，响动天地……引玄武湖水灌台城，城外水起数尺，阙前御道并为洪波矣。又烧南岸民居营寺，莫不咸尽"。其残虐不可胜言。

太清三年三月，侯景军攻陷台城，纵兵大掠，城内乘舆服玩，后宫嫔妾皆被掳掠，收王侯朝士送入永福省。繁华的建康城变成了人间地狱，遭受到了毁灭性的破坏。

是月（太清三年十二月），百济使至，见城邑丘墟，于端门外号泣，行路见者莫不洒泪。景闻之大怒，送小庄严寺，禁不听出入。

此次当属金陵城的一次灭顶之灾，战前百万人口的大都市到最后不过万余人，中华文明的中心俨然成了一座人间地狱。侯景之乱是南京历史上著名的灾难，其造成的危害和影响远超过 1937 年南京大屠杀事件。经过侯景之乱的打击，梁朝一蹶不振，由盛转衰，建康城的发展步入了六朝史上的最低谷。

第五次：王僧辩之乱

梁朝大将王僧辩率领大军平叛过程中，建康宫城遭到了又一次毁坏。《南史》卷八十《侯景传》云："王克开台城门引裴之横入宫，纵兵蹂掠。是夜，遗烬烧太极殿及东西堂、延阁、秘署皆尽，羽仪辇辂，莫有孑遗。王僧辩命武州刺史杜崱救火，仅而得灭。故武德、五明、重云殿及门下、中书、尚书省得免。"

《梁书》卷四五《王僧辩传》亦云："僧辩令众将入据台城。其夜，军人采椽失火，烧太极殿及东西堂等。时军人卤掠京邑，剥剔士庶，民为其执缚者，祖衣不免。尽驱逼居民以求购赎，自石头至于东城，缘淮号叫之身，震响京邑。于是百姓失望。"以至于时人皆认为"王师之酷，甚于侯景"。同时，建康在经历了数度浩劫之后，二百余年的京都繁华尽毁："都下户口百遗一二，大航南岸极目无烟。""台内宫室，并皆灰烬。"

第六次：隋文帝屠掠江南

陈后主祯明三年，隋朝大将韩擒虎、贺若弼攻破建康，俘虏陈后主，陈朝灭亡。隋军占领建康城后，为了削弱建康的地位，"诏建康城邑宫室，并平荡耕垦"，将繁华的建康城夷为平地。这其中，灭陈之后南陈故地"江南尽反"的事件中，加剧了隋文帝要抹灭这个城市的念头。建康城从此沦为隋唐文人墨客抒发胸中块垒的吊古伤今之地。

隋朝初年，为了加强对江南的掌握，隋炀帝开凿了大运河，自此，江南财富源源不断地通过大运河输送到北方。同时，随着大运河的开凿，加强了北方对江南的控制，江东一旦有变，北军即可通过运河挥师南下，远比之前陆路方便多了。

同时，大运河的开凿也带动了扬州的兴起，在江东的土地上，金陵城"一哥"的地位逐渐让步给了扬州。尤其到唐中期时，南方大都市已经呈现出"扬一益二"的格局，金陵城已被远远甩下。而我们要知道，先前在六朝时期的扬州广陵城，不过只是一个军事重镇，地位完全不能和建康同日而语。

但是，时间的车轮滚滚迈进，到了唐朝末年，尤其是孙儒乱江东那段时间。扬州城几世积累的财富扫地成空矣。虽然战后它依然作为江淮集团的中心，但明眼人都能看得出，这座都城必然要让步给新的城市。

而日后能接替扬州城成为江南政权新的政治文化中心的，不外乎金陵、洪州、宣州、杭州四个城市。庐州虽然是南吴王朝的龙兴之地，但地理位置过于尴尬，发展受限制。杭州则成了吴越国的中心，所以未来南吴王朝新的政治中心只能是在金陵、宣州和洪州之间产生。

宣州城因为毗邻吴越且经过李遇事件后，基本与政治中心无缘了，所以洪州和金陵之间，刘威掌管了洪州，徐温则乘机拿下了金陵。徐知诰正式升任为升州刺史也标志着日后南唐王朝的底盘开始初步构建。

不过历史有时候真的很讽刺，当年隋文帝杨坚终结了金陵城作为六朝首都风华绝代的一段历史。如今吴王杨隆演又开启了金陵城一段新的历史，真是"成也杨家，败也杨家"啊。回过头来，徐知诰重新修筑升州城，开启一段金陵城崭新历史的举措，与其说是给金陵城一次重生的机会，倒不如说是金陵城作为江南中心的一次历史地位的使命回归。

徐知诰执掌升州城的军政后，一反"五代十国"武人掌权不计民生疾苦的弊端，选廉吏、修明政、治教化，并且招揽四方士大夫，不惜家财。其中以宋齐丘等一大批文人开始团结在他周围，为日后南唐王朝的建立奠定了基础。

五、未来天子的交锋

做了升州刺史的徐知诰开始一门心思扑在政事上了，加之李遇已死、江西已平，无论是对内还是对外，南吴王朝都迎来了一段和平时期。

但是，作为吴越国官方史书《吴越备史》一书却记载了在此期间与徐知诰本人有着紧密联系的一件事。究竟是什么事呢，我们不妨去看看。

南吴天祐九年（912），这一年是李遇被灭族的一年，也是在这一年，中原大佬朱温因为扒灰扒多了，被儿子朱友珪干掉了！朱温这老贼，早年跟着黄巢造反，后来出卖黄巢归顺唐朝，最后又终结了唐王朝，落得此番下场，不得不说是报应啊！

如果说非要给朱温的皇帝生涯挑出一个亮点，那估计只能是他所构建的后梁王朝在一定时期内是五代中赋税最轻的，仅此而已。朱友珪抢班夺权后担心自己的所作所为不被人认可，于是他赶忙联络昔日给父亲称臣的这帮南方小弟。其中，吴越王钱镠被朱友珪加封为"尚父"。

"尚父"这个名词是周武王对姜尚的尊称，通俗上说就是朱友珪认钱镠当爹了。但是朱友珪皇帝位置还没坐热屁股，就被弟弟朱友贞干掉了，朱友贞做了皇帝后第一件事依旧是尊钱镠做"尚父"。

试想一下，原先只能是给朱温当小弟，现在是给朱温儿子当爹，钱镠这下算是"乡下人进城了"，内心极度膨胀。内心膨胀之下的钱镠便准备找邻居南吴练练手，顺带提一下，南吴天祐九年（912）九月，徐温率文武官员劝杨隆演进位太师、中书令、吴王。

虽然两年前杨隆演已经是吴王了，可那是李茂贞借着唐朝名义封的。李茂贞算个啥？如今早已经被蜀国的王建打得如丧家之犬一般，淮南杨家"欲王则王，何赖汝封？"所以徐温带着大臣们要求杨隆演自己自立吴王一次，当然，"尊唐"目前来说还是政治正确，不能丢，所以年号继续用唐王朝的年号。徐温也因此被封为行军司马、镇海军节度使、同中书门下平章事。

一个吴王，一个吴越王，正如"铜锣湾只能有一个浩南哥"一样，江东大地上也只能有一个吴王！钱镠重军集结，陈兵边境，派其子钱传璙进犯常州。而徐温则选择"围魏救赵"，下令行营招讨使李涛率兵两万出千秋岭，目标直指吴越国的首都临安城。

南吴天祐十年（913）三月，钱镠另一个儿子钱传瓘奉命领军抵御来自李涛的袭击。这个李涛呢，也算是杨行密庐州起兵的"三十六英雄之一"，但估计那时候的地位也和徐温差不多，是打末的那几个。沙场征战比较醒目的战绩也就只有在杨行密攻打扬州城，讨伐逆贼毕师铎、秦彦时，援救老上司高骈的过程中有过较好表现，也因此被加封为行营招讨使。

其实，像这样的大战，本该由陶雅领兵的，一来陶雅算是对吴越作战的老江湖了，而且与周本不同，陶雅对吴越作战的账面业绩还是很不错的，外加陶雅防区也离得近。只是很可惜啊，也许老天爷也是在努力为徐温铲除潜在对手，此时的陶雅已经身患重病，别说打仗了，就连下床都未必站得住。而另一员宿将刘威也很赶巧地病倒了，放眼当初的"三十六英雄"，也不过是米志诚、李简可以略胜李涛一筹，但这两人现在还在湖北战场和中原的河南战场呢。

要不说南吴王朝悲催呢，身处四战之地，一不小心就要同时和几家开战，如果真有能和吴越一对一的单挑条件，钱镠的脑袋早就挂在升州城头了。但徐温能派李涛出战心里还是有点数的，毕竟吴越也面临着老将过世，新将未出的"青黄不接"的尴尬场面。否则，怎么连钱传瓘这样的宗室都拉出来迎战了呢？

当然，也许在李涛眼中，这个钱传瓘不过是一个二十多岁的"官二代"，比起之前跋扈骄纵的少东家杨渥好不到哪里去，自己完完全全可以应付。但是，倘若他还能依稀记起当年造反的田頵，便会知道，这位钱传瓘十几岁的时候便作为人质，在田頵的大营里死里逃生过一次了。

很快，钱传瓘便发现千秋岭有一段羊肠小道非常狭窄，敏锐的战场觉察力告诉他：这是伏击的有利地形。于是钱传瓘亲自率领大军在出口处迎击，而后又派遣一支小部队绕道李涛军后方，砍伐树木、推落滚石将李涛部队的后路堵住。

很快，李涛的两万大军便在千秋岭的崎岖小道上遇上了钱传瓘所部的伏兵，在这样狭长的小道上根本无法发挥南吴军人数多的优势，李涛只能下令后撤。而撤军途中才发觉后路已经被堵，惊慌失措之下的南吴军大乱，钱传瓘趁势掩杀，两万大军死伤殆尽，李涛和三千南吴军成了钱传瓘的俘虏。

接下来就是见证奇迹的时刻了，不同的史料关于这次战役呈现出的是截然不同的记载。

十年，遣招讨使李涛攻越，战于临安，裨将曹筠奔于越，涛败被执。温间遣人语筠曰："吾用汝为将，汝军有求，吾不能给，是吾过也。"赦筠妻子不诛，厚遇之。

——《新五代史》

乾化三年夏四月，淮将前吉州刺史李涛率兵二万，自千秋岭寇我衣锦军，命王率师讨之。王以山谷迂僻，乃尽伐树木。绝其归路，为三覆以待之。时江南国主徐知诰在贼中，与王骑相逼，几获之，俄而知诰易服，乘白骡而窜。壬辰，获李涛及偏将咸知进等八千余人，兵甲生口称是。是行也，王营中有气如龙虎之状，贼中望之曰："此霸者之气也。"

——《吴越备史》

《新五代史》对这次战役的描述很简单，没有说明钱传瓘是如何如何用计，李涛又是如何按照钱传瓘的预想一步步受挫战败。尤其是这句话"裨将曹筠奔于越，涛败被执"语言虽简，但却细思极恐——李涛的战败或非钱传瓘个人的能耐所导致，很有可能李涛便是因为曹筠的出卖而身处不利的境地。

温间遣人语筠曰："吾用汝为将，汝军有求，吾不能给，是吾过也。"我们之前就说到了，徐温是一个极其知道过而改之的人，他的这句话或许恰恰点明了这场战争失败的根本：曹筠因提出的要求没有被徐温满足而愤然反水，引发了这次南吴军的大溃败。

有人肯定要问，那曹筠到底和徐温提出什么要求，然后这里面的来龙去脉究竟如何如何？事实上，由于史料的匮乏，对于这场战役也仅仅是见诸以上两本史书，莫说是曹筠究竟如何和徐温结怨，就连曹筠是何许人也都未能留下太多的记载。

《吴越备史》对于这场战争的描述显然就是另一种情况了。不只我前番提到的李涛轻敌怠慢，就连此时还在金陵城梳理内政的徐知诰也突如其来地出现在了这。不仅出现在这，居然还和钱传瓘打了个照面，甚至说差点被吴越军生俘，最后还是依靠穿小兵衣服才逃走的。

对此，我想徐知诰肯定有一肚子意见了：你说我一个在金陵城中搞内政的刺史，怎么就跑到临安战场上来了？莫不是还要我念两句诗？

不只徐知诰一肚子意见，我们也是满脑子困惑，但回过头来想想，这《吴越备史》可是一部能把徐知诰写成姓潘，还给他倒腾出一个湖州父亲的奇书啊，所以大家也就见怪不怪啦。如果说问我支持哪种记载，我只能说两者兼而有之吧。李涛的败北，曹筠的出逃是一方面原因，但他对于钱传瓘的低估我想也是不可忽视的原因吧。但徐知诰出现在这里绝对是子虚乌有了，因为《新五代史》不是南唐方面的史书，而是中原王朝五代立场观的一部史书，没有粉饰南吴政权的必要。而诸如《江南野史》等与南吴、南唐相关的书籍更是根本没有记载这件事，两相比较基本可以知晓。

时诸郡皆以兵甲为务，而先主专尚文儒，延纳多士。未几，会亲信饶洞天荐南昌人宋齐丘，一见与语终日，馆于门下。谘访政治，齐丘遂说，宜颁布六条以率群吏，定民科制，劝课农桑，薄征轻赋，禁止非徭。

这是《江南野史》关于徐知诰这一时期事迹的记载，招贤纳士、总修内政，也就是我之前提到的。不过由于《吴越备史》记载了徐知诰的出场，所以我也就摘录过来略作分析，毕竟前期的徐知诰主要事迹确实较少。

由于徐知诰后来做了皇帝，钱传瓘做了中原王朝的藩王，所以这段被杜撰出来的故事，我们就美其名曰"未来天子的交锋"吧。

李涛在临安的战败引发了一系列连锁反应，钱传璙在东洲大破南吴水师，俘获吴将李师愈、姚延环所部三千多人，取得了常州战役的胜利。面对吴越军的嚣张气焰，徐温经过一番总结经验后再次出击。当年五月，徐温委派宣州副指挥使花虔，广德镇遏使涡信，屯兵广德，再次攻打临安。

这个花虔和涡信在南吴王朝的地位还不如李涛呢，至多算是个酱油角色。

李涛在与钱传瓘的对阵中尚且兵败被俘，那他俩结局可想而知了。战争开始一月内，钱传瓘便攻陷了宣州边镇广德，活捉了这两位悲催的将领。

钱传瓘继续带兵迎击。从李涛的命运即可知晓钱传瓘的实力。果不其然，六月份，广德被他攻下，花虔、涡信被俘。

五月出兵，六月兵败，钱传瓘都杀进国门了，如此奇耻大辱徐温岂能甘心。然而，此刻又发生了一件令徐温心里更堵的事。南吴天祐十年（913）七月，曾经叱咤江淮，深入吴越，令其差点亡国的南吴一代名将陶雅病逝。而他的老伙伴刘威，也病情加重，明眼人都知道时日无多了。

"闻战鼓思良将"，此时徐温的信心应该降至冰点了吧？连番出兵失利已然大大挫了南吴军锐气，而陶雅却在这节骨眼上病逝，一旦钱镠趁机发起全面反攻，南吴又该如何御敌呢？紧迫的形势已经让徐温意识到了这么一个问题：杨行密时代留下的将领已经不多了，他们终将会退出历史舞台，如何新培养一批忠于自己的将领，是南吴王朝的现实问题，也是紧迫问题。

果然，钱镠没有令徐温失望，再逆推了几次南吴的进攻后，钱镠终于开始发起反击，而且是一次旨在并吞掉南吴在江南所有领土的全线反击。当年九月，钱镠派遣三个儿子钱传瓘、钱传瑛和钱传璙联兵北上，目标直指常州与苏州接壤的地区——无锡县。

由于钱传瓘接连击败南吴将领，使得吴军上下多对他产生了畏惧之心。对于全军弥漫的这股低迷士气，徐温只说了一句话，做了一件事。这一句话就是"浙人轻而懦"，这一件事就是这次摒弃一切藩将，由自己亲自领兵征讨吴越军。

当徐温到达无锡时，吴越军已经在潘葑扎营了，这个时候，黑云都指挥使陈祐主动请缨，声称要率黑云都连夜偷袭敌营，打吴越军一个措手不及。

六、无锡，这是我的家

黑云都这支部队我们已经反复提到过了，这是杨行密当年击败孙儒后精中选精收编的一支部队，是江淮集团各支部队中的翘楚。这支部队先后由吕师用和徐温统帅，如今他们的新领导换成了陈祐，而陈祐便是当年奉命前往宣州说服秦裴铲除杨渥手下三位爱将的那位小将。

如今小将成为大员，这一切都是倚仗徐温的提携，所以陈祐时时想着报答。但是徐温却否决了这个主意，他对陈祐这么分析道：如今我吴军上下听到钱传瓘的名字便闻风丧胆，如果你偷袭得胜，也不过就是赢了眼前的胜利，可手下士兵却依然会在以后对吴越的战争中束手束脚。我们和吴越之间的战争是长期性的，因而我首要的便是要扭转士兵们对钱传瓘的畏惧之心。所以，此次我绝不偷袭，我要在正面交战中彻底打垮钱镠的三个儿子，让我吴军也让对面的吴越军看看，谁才是这江东不倒的霸主！

陈祐作为一个将领，他考虑问题的方面自然是从战术层面出发，而徐温除主帅以外更是一位优秀的政治家，所以他看问题更侧重于战略层面。钱传瓘面对徐温这样集多种身份于一身的老辣对手，也只能是感慨天不助我啦。

当南吴军与吴越军厮杀成一团时，陈祐则受徐温的命令，迂回到吴越军后方发起攻击，当初钱传瓘如何击败李涛的，徐温如法炮制地全部奉还给了吴越军。钱传瓘三兄弟首次在战场上被教做人，吴越军饮恨无锡。

此战，钱镠算是真正开始领略到了徐温的本事，别看这位平时不显山不露水，当年也不过是杨行密"三十六英雄"的末位，但当李涛等陆续战败后，却是这位南吴国的相爷，一举击垮了钱镠的三个儿子和数万吴越军。或许，这个人掌控下的江东会比杨行密时代更为难缠。

除了在东线和吴越鏖兵，在西线，南吴王朝还在同期与马楚政权进行争战。只不过从战局和战事来看，西线都相对平和许多，虽然不是徐温的重点关注区域，但和马殷的你来我往中，南吴甚至还占据了一定的上风。

当初孙儒残部在刘建峰的带领下如丧家之犬般从杨行密眼皮子底下溜走，但没有人会想到，就是这么一支残兵居然会转战千里，在湖南地区扎下根来，还建立了马楚政权。不过，对于杨行密来说，冤家宜解不宜结，为此他还释放了在他军中任职的马殷的弟弟，以期达成吴楚两家修好，共抗北方朱温。

哪知道马殷这厮不知道是不是缺心眼，自己明明版图也是不觑于前蜀的存在，却偏偏要和钱镠一样给朱梁政权当狗腿子，对杨行密的示好却置若罔闻。不久，杨行密去世，杨渥登基，南吴王朝将战火烧到了江西大地，这么一来，马殷坐不住了。以往马殷再怎么瞧不起杨家也毕竟有江西的钟传隔着，如今杨家短时间席卷了半个江西，自己还能坐得住？

马楚便试探性地开始在边境给杨家搞事，这一搞便开始了吴楚之间多年的边境拉锯战，直至天祐六年（909）刘威的洪州保卫战将吴楚之争推向了高潮。

在南吴王朝巩固了江西的战果之后，徐温在对吴越临安发起进攻的同一年间，委派当初的吴越降将，如今已经官拜淮南节度使（这个官职最早是唐朝册封给杨行密的，但如今杨家的南吴王朝已经自成建制，所以这个官职应该已经作为降级授予给了部下）的陈璋进攻马楚。这个陈璋当年便是和陶雅相互匹配，席卷了钱镠浙东八州的风云人物，如今在小字辈的将领中算是佼佼者了。他一出手，马楚那边只能是死得连渣都没有了，很快，马楚境内第二大州——岳州旋即被攻克，刺史被陈璋生擒。

但是徐温眼见西线大获全胜，竟然把战局开大了，没有趁机进军马楚的首府，反而又往后梁高度自治区——荆南节度使高季兴那放了一把火，企图一箭双雕。高季兴作为乱世中的军阀，深知地盘的重要性，死命固守江陵，而马殷也派了部下杨定真率水师来收复岳州。

为了给陈璋分担压力，徐温又派刘信率军驻守吉州，从东面牵制住马楚政权。这个刘信也是"三十六英雄"之一，可以说是继刘威之后，江西地区的又一位大佬。有了刘信的助拳，陈璋即使面对马殷和高季兴两家合兵都一点不虚，硬是把战争拖到了南吴天祐十年（913）正月，这时候随着东线战场的失利，徐温要求陈璋率部撤离湖南湖北地区，早日解决西线战争。

而被按在地上死命揍了这么久的马楚和荆南两家哪能这么容易放过陈璋，两军会师荆江口，准备堵死吴军归路。可惜啊，人家吴军的战舰就是那么优良，就是那么训练有素，竟然硬是冲出了高、马两家的合围，还没受到什么损失。

这一次，马楚政权算是颜面扫地，昔日叱咤荆楚大地的马殷居然在南吴集团二线将领陈璋的进攻下只有挨揍的份，要不是陈璋肆意把战火烧到荆南，以及南吴在东线的失利，只怕此刻吴军已经在长沙城里置酒高会了。

到了这一年七月，吴越军开始发起对南吴的反攻（即刚刚提到的无锡之战），马殷一看趁火打劫的机会来了，便有心也在西线搞点事情。于是马殷派宁远节度使姚彦章出兵攻打鄂州，来攫取南吴在湖北的领土。结果南吴方面立刻做出反应，派池州团练使吕师造率水师前来救援。马殷本就是抱着趁火打劫的想法的，一听到吴军来真的，立刻吓得屁滚尿流地跑了。

这，就是与吴越鏖战期间在西线发生的一系列战事，可以看出，虽然徐温在东线和吴越鏖兵互有胜负，可是在西线却是把马殷按在地上碾压。而无锡之战过后，无论是马殷还是钱镠，这两个徐温的惹事邻居都开始消停一会儿了。

吴越这边在无锡之战后折损了一位皇子——三子钱传瑛，也许儿子的死亡能让钱镠有些投鼠忌器的悔悟吧。而徐温也通过无锡之战将战争的主导权重新夺了回来，巩固了南吴在江南地区的根基。无锡之战的胜利已然标志着，这块地方就是南吴的故土，钱镠夺不走！由于后来吴越和南吴之间又爆发了一次关于无锡的鏖战，所以我们姑且将这称为"第一次无锡大战"吧。不过值得一提的是，自徐温此次亲征胜利后，未来南吴国的战役，但凡徐温亲临战阵，没有不大获全胜的，或许早年徐温的军事才能当真被有所掩埋吧。

不过，钱镠虽然死了亲儿子，可北方的干儿子朱友贞却急着给这位干爹报仇，居然连给南吴喘息的机会都不留，吴越九月刚走，他十一月便派大军南下了。

在后梁皇帝朱友贞的眼里，吴越、马楚毕竟是地方性的小国，他们打不过南吴不能说明南吴多厉害，只能说明这两个小邦能力不济。可是如果自己这个中原大国来真的，那南吴说不定就不堪一击了，毕竟，早年让乃父头疼的杨行密早已驾鹤西去。如果此次南征能把南吴打得划江而治，那再回过身来与河东的李存勖争夺北方则赢面会更大。

为了确保这次战争能做到知己知彼，朱友贞还特地派了当初南吴的降将王茂章领兵，不，此刻应该改叫他王景仁了。这个名字是朱温给他改的，此刻的王景仁被封为淮南西北行营招讨使，统帅一万多人前来攻打庐州、寿州。

本该成为南吴王朝御敌北国的股肱重将，如今却反倒成了扑杀本国的急先锋，昔日故友如今沙场相逢，于徐温、于王景仁都不得不说是莫大的遗憾啊。王景仁的复杂心境可从一件小事一窥一二，当时梁军行军经过一处山头，而山上正好修建着祭祀杨行密的祠堂，王景仁当即下马，朝着山头处跪拜，一边拜一边眼泪汪汪的。目及此处，每次都感慨杨渥之该死，因为这本就是一场不该发生的战争啊！

但追悼先主归追悼先主，仗还是要打的，如何应付以杨隆演和徐温为首的新一代南吴高层是王景仁所要考虑的。同样头疼的还有徐温，米志诚遥不可及、李简刘信抽身乏力、刘威更是垂垂老矣，想来想去徐温还是只能硬着头皮二次披挂上阵。

当徐温主力还未抵达的时候，前方已经传来了王景仁击溃了南吴在淮河北岸的先头部队的消息，徐温火速作出反应，兵驻霍邱。霍邱这个地方今天属于安徽省，在当年是一个强人出没、打手成群的江淮痞霸的集聚地。

王景仁似乎是急欲把徐温这支南吴主力军吃掉，所以渡过淮河后没有直接逼近东都扬州城，而是选择了来攻打徐温。王景仁和徐温两军混战成一团，梁军发挥人数上的优势，将吴军半包围式地进行切割，还顺带俘获了王彦威等三员吴将。可就在这时，朱瑾突然率领一支吴军从斜路里杀了出来，而且直奔王景仁的中军大营。原来，当徐温得知王景仁在淮北取胜后，便深知地利之优势已破，于是他想了一计——"螳螂捕蝉，黄雀在后"，以自己为饵，吸引梁军来攻，再安排朱瑾领一支伏兵，关键时一举杀出。

看来，在徐温面前，脑子不够用的不只是吴越的钱传瓘，连昔日的同僚王景仁也莫不是如此啊。不过王景仁还是发挥出老将的风采，在中军大营被踹，梁军各部混乱之际，他亲率护卫队反击朱瑾的吴军，给大部队逃跑争取了时间。

可惜梁军似乎辜负了王景仁的良苦用心，在渡过淮河的时候还是因为慌乱无序引发了大规模踩踏和泅水事件。梁军侥幸从战阵中逃出的人马又相继淹死、踩死了一大片，望着这群猪一般的队友，王景仁也只能默然长泣。这下他算是彻底明白了，徐温，有他在江东一天，南吴的江山必将如铁桶一般！

而接二连三遭到邻居的挑衅围捕，徐温这个平日里施粥行善的老好人也按捺不住心头的怒火，他在战后下令将阵亡梁军的首级割下，一颗颗垒成一座小山似的，作为"京观"，用这种触目惊心的方式来震慑北方的后梁帝国！恍惚间，这股血腥又令人们记起了当初赫连勃勃攻取关中后做的那一场"京观"，恐怖的记忆历经隋唐的洗礼都未曾淡去。

打赢吴越、马楚不算什么，真正击败了北方强国后梁才是彰显了南吴王朝凶悍的军事实力，而这一切似乎都是因为有徐温坐镇。江东土地上的人们似乎也开始习惯于在徐温的辅弼下休养生息、安居乐业。

南吴天祐十一年（914）初，曾经差一点成为继杨行密后江淮集团第二代领导人的刘威病逝。如果说陶雅的死亡前夕因为吴越兴兵而心怀忧惧而去的，那么，刘威死时一定走得很安详，因为他明白，已经有人可以像杨行密那样守护着这江淮大地，守护着自己出生长大的故乡——徐温，这千里吴地拜托给你了，你会做得比我、比杨公更出色的！

七、南吴"国父"

刘威走了，想想看当初的"三十六英雄"如今除徐温外，也仅剩下李涛、李简、周本、秦裴、米志诚、刘信这六人而已。李涛是败军之将，周本、秦裴早已宾服，刘信、李简威望不高，唯有米志诚，或许会对徐温产生那么一丝威胁。但请注意，仅仅是那么一丝，毕竟他的名望和功劳是远不能和刘威、陶雅相比的。

如此看来，经过徐温的一番努力，似乎如今他在南吴王朝已是"一人之下万人之上"的地位了。当然了，傻子自古以来就不缺乏，当年四月，南吴袁州刺史、刘威之子刘崇景就公开举州投降马楚，请求马楚支持自己讨伐徐温。马殷又贼兮兮地派许贞领兵一万去支援刘崇景。马楚那一万兵马还不够徐温塞牙缝的，很快吴军在柴再用、米志诚的带领下全歼了一万楚兵，许贞和刘崇景狼狈逃回楚国。

南吴天祐十二年（915）四月，徐温升任淮南行军副使、内外马步诸军副使。这两项官职是叠加的，是加在徐温之前那一系列文职之后的，翻译过来的意思就是：徐温是大唐王朝在淮南地区的军政二把手（一把手自然是杨隆演啦），是南吴国两军副总司令。

因为虽然此时唐朝已经灭亡，但徐温还没有抛弃唐朝的政治影响，年号依旧用旧唐年号，所以还是需要有个挂名性质的唐朝官职的，尽管那并没有什么卵用。

到了八月，徐温再次加封内水陆马步诸军都指挥使、两浙都招讨使、侍中、齐国公。这里面有两个关键的官职要注意下，首先是这个两浙都招讨使，这个官职表明在徐温目前的潜意识里面，吴越还是必须要清除的。另外，齐国公加封标志着徐温地位的彻底确立，吴王之下就是这位护国公了，名副其实，既然之前徐温花了那么大力气来确立自己实际的地位，那此刻的虚名也算是锦上添花、功德圆满了。

很多人据此会认为说徐温这是要篡逆的征兆啊，因为前汉有祖训"非刘不王，无功不得封侯"，可那毕竟是前汉啊，要知道隋唐从北朝早就把这个规矩砸得稀巴烂了，唐朝给人封一字并肩王又不是没有的事，难道就因为唐朝封个王，别人就要篡逆了。而回过头来，徐温这边还不过是个公爵呢，所以，此时要说徐温权势大，那是肯定的，但要说他有篡逆之心，这还真心不好妄断啊。

既然封了国公，那就应该有相应的封地了，此时吴王杨隆演划出升、润、常、宣、歙、池等六个州作为徐温的封地，其中以润州为中心。这里面升、润、常在苏南，另外三个在皖南，这六个州连起来就占据了南吴王朝整个江南地区，人口稠密、区域富庶自不必说。

而这个时候，徐温表奏杨隆演以自己长子徐知训留守东都扬州，自己则在润州，义子徐知诰则盘踞升州，三人之间构建起一个稳固的铁三角政治轴心圈。如此一来，南吴国内暂且无忧。

那外边的邻居呢？直到此刻才安歇下来的徐温终于能松口气，开始好好环视下四周的这几个邻居了。

在南吴的东面，是"浙江省省长"，在后梁王朝备案的吴越国，国主名叫钱镠，盐贩子出身，以背叛上司的反骨仔闻名天下。虽然国土面积狭小，但由于钱镠本人狡黠多变，硬是扛住了南吴的兼并战争，并且开渠灌溉、捍潮筑坝，让浙江地区的经济又攀上一个新高峰。而且这个邻居也是十国中政治上第一个完成内部整合的政权，国家中央对地方各州的刺史都是可以直接控制的。这点可是让徐温羡慕不已的，由于南吴王朝家大业大，所以目前自己的地盘上还存在不少山头势力，中央对地方的控制远比吴越弱得多。

在吴越的南面，是"福建省省长"，同在后梁王朝备案的闽越国，国主名叫王审知，兵头出身，以外来户挤掉本土人夺取了八闽之地的控制权。其国土面积比吴越更小，但也正因为如此，所以管控起来也更容易，更主要的是他比吴越幸运得多，不用受到南吴的侵扰。王审知目前也在学习钱镠对内整合的经验，尽量让子侄下放到地方掌权，同时加强指导思想的宣传，坚持执行李唐王朝"佛、道、儒"三教并尊的主体思想。但由于王审知夺权过程中秉持着"三分天注定，七分靠打拼"的宗旨，给他死后诸子夺权埋下了隐患。

在南吴的西面有两个邻居，分别是"湖南省省长"、在后梁王朝备案的马楚王国马殷和后梁"荆南特别行政区区长"高季兴。先来说马殷，马殷出身于孙儒的"遭殃军"，但由于其跟随领导刘建峰通过"千里跃进大湘潭"的壮举，成功给自己洗白了，并成为湘潭地区的一把手。马殷的版图在极盛时期超过了西边的蜀国，在十国中是仅次于南吴的存在。然而，这个时期的马殷还未完成自己领土的基本勘定，所以频繁和南汉、南吴爆发战争。但马殷治国还是有一手的，他广造战舰，加强水上打击力量，同时对国内进行货币改革，整肃金融，还极力推动茶马贸易，在南方诸国中外贸总额稳居榜首。

再来说高季兴，高季兴所属是后梁王朝的高度自治区之一，还有两块分别是燕王刘仁恭、赵王王镕，他和南吴并没有什么大仇，有矛盾也是和后梁中央政府的矛盾。

而除此之外，在南中国的大地上，还有前蜀和南汉两个政权，这两个政权由于晚些要单独挑出来讲，所以这边就不详细介绍了。

而在南吴王朝的北边，就是后梁王朝了，如今的后梁已经丧失了对河北地区的控制，只能坐视李存勖开始并吞自己在河北大地的盟友，诸如之前说的燕王啊、赵王啊、契丹王啊。所以后梁我们也就不说啦。

环视周围一圈后，徐温基本把这些邻居分了三个档次，第一档的自然是中原的朱梁王朝，这是劲敌，南吴王朝最长边界线便是与其毗邻的。但目前王茂章南征失败后，短期内北面军事压力骤减，进而排在第二档的是吴越和马楚这两个邻居，这两个邻居是北方王朝的跟屁虫，南吴和他们交战的次数远多于北方王朝，但这两个邻居实力不强，算不得大威胁。那第三档的便是荆南高季兴和闽越王审知了，这两人不过是看家护院之忠犬一类的不入流军阀罢了，必要的时候这两家将会是南吴开疆拓土吞并的首选对象。

经过这番排演分析之后，徐温暂时预估出这一两年之内的对外关系缓急以及大环境的平稳，毕竟周围冒头的邻居都被收拾一番了，也该消停一阵了吧？

徐温这么想有错吗？当然没错，从南吴天祐十二年（915）到南吴天佑十五年（918）这三年间确实没什么大事发生，可以说是徐温秉政期间难得的一段太平日子。当然，大事没发生什么，小事却不断。

首先是南吴天祐十三年（916）二月，东都扬州城内吴王的随侍卫队队长马谦和李球挟持了吴王杨隆演，号令宫廷卫队前去捉拿徐温留守在扬州城的长子徐知训。结果好在徐温留了严可求给徐知训，在严可求的临危不惧之下，叛乱很快被朱瑾带兵平息。

当年七月，徐温所在的润州又发生牙将周郊叛乱事件，甚至在事件中，大将秦师权也受波及被刺杀。有人怀疑此次事件是徐温故意演的一出戏，借周郊之手铲除秦师权，对此我不置可否，需知人家当初职业杀手钟泰章杀完张颢后可是活得好好的啊，而这边周郊很快便被陈祐率领的黑云都擒杀。

九月，王言在光州袭杀该州刺史，自己割据了光州，朝廷派遣李厚前往讨伐，王言不敌出逃后梁，李厚随即代管了光州。

而后，徐温诏令长子徐知训和大将朱瑾等人统兵北上，渡过淮河，围攻朱梁河南颍州一带。一方面是追究后梁无故接纳自己这边的潜逃人员，先是王茂章，如今又是王言，另一方面也是应李存勖所邀，南北夹击后梁。南吴军直到来年开春，后梁军主力抵达后才撤回。

当然，就在徐温对内对外不断巩固自己的地位之时，他与养子徐知诰之间的关系却产生了一丝裂痕。事情其实是这样的，天祐十四年（917）五月，徐温巡视升州，发现自己这个义子将升州治理得那是井井有条，俨然有了六朝古都的王者之气。那对比之下自己的根据地润州就显得太寒碜了。

于是徐温听从下属陈彦谦的主意，和徐知诰移镇管理，即自己来升州，让徐知诰去润州。这让徐知诰心里很不爽啊：凭什么我一番心血治理好的州郡要拱手让人啊，就凭你是我爹啊？我来升州那时候这边是什么光景，是"故垒萧萧芦笛秋"和"凤去楼空江自流"的破败之地，是李白刘禹锡那种文人骚客或是愤青凭吊之地。如今呢，衣冠华彩，商贾繁盛不虚扬州啊。

可是爹毕竟是爹，虽然只是义父，但自己好歹是吃徐家米粮长大的，所以闹点小情绪之后徐知诰还是能默认接受的。但是，他默认接受的只是徐温来升州，而不是自己去润州，他觉得自己可以凭义子的身份和徐温要要价，这地点嘛，自然是宣州。

之前我就提到过，南吴王朝有四个一线城市，分别是扬州、宣州、庐州、洪州，升州经过徐知诰的发展，后来居上，基本也可与这四个城市平行。但是润州嘛，这个破地方都不知道要排到几线城市去了，就听说醋非常出名，还有个金山寺，里面住着个叫法海的和尚，活了老久了。徐知诰又不信佛，自然不想去会法海。

可徐温把徐知诰安排去润州的目的就是为了和扬州的长子徐知训有个照应，一旦京中有变，润州扬州一江之隔，徐知诰可以火线策应。但徐知诰貌似没领会到这层意思，执意要去宣州，好在他手下的幕僚宋齐丘一言惊醒梦中人。

宋齐丘说："主公啊，护国公安排你去润州是出于对你的栽培啊。你想想看，万一京中有变，润州一江之隔，到时候渡江秉国之大权还不是手到擒来的事情。你那位长兄平日里胡作非为，去年不就发生过吴王卫队哗变的事情吗？说句大不敬的话，日后徐知训自戕其类就是老天给你的大好时机啊。你若去了宣州，那天下说不定要沦于他人之手了啊！"

徐知诰恍然大悟，拜谢了宋齐丘之后便去润州赴任了。谁承想宋齐丘一语成谶，徐知诰坐镇润州的第二年，一场改变南吴国走向乃至改变徐知诰个人命运的大事件就发生了。至此，徐知诰养父徐温的传奇经历就告一段落了，接下来，我们的主人公徐知诰将循着父辈的足迹砥砺前行，以干戈擘画出自己的山河！

第叁章

天下大势

一、枭雄丧子

（1）

南吴天祐十五年（918），这一年南吴王朝发生了一件大事，而这件大事好似第一块倒下的多米诺骨牌，竟然接连引发了整个王朝的大动荡。自此之后，徐知诰成了徐温以下掌握实权的第一人，南吴王朝持续多年的"山头林立"状态彻底被抹平，南吴王朝也消除了江西最后一个分裂因素——虔州，彻底完成了军事集团向王朝的过渡。

而这件事于徐温来说却是晚年心中挥之不去的伤痛，因为在这一年，他的长子徐知训死了。我们之前曾经提到过，徐知训是奉了徐温的命令留守东都扬州的，与润州的徐温（现在是升州）和升州的徐知诰（现在是润州）形成了一个巩固的三角轴心关系。

但比之老成持重的徐温和精明强干的徐知诰，徐知训这个愚蠢的人恰恰成了轴心链上最薄弱的一环。我之前已经提到过了，徐知训的年纪长于徐知诰，但是这虚长的几年光阴好似并没起什么作用。在处理政务和笼络人心方面，徐知训简直是比杨渥还不是个东西，所以徐温硬生生地把年龄稍小且并非自己亲生的徐知诰率先拉进了政坛。

当然，私心每个人都有，徐温也不例外，虽然晚了几年，但大局已定后徐知训还是被徐温格外关照了——奉命留守京师,这份殊荣可是徐知诰不曾享受到的。可是啊,权力越大,责任也越大,很明显徐知训的表现行为很快就让人大跌眼镜。

扬州——润州——升州,这个紧密轴心得以牢固的前提是徐温父子三人同心一致,同仇敌忾,可徐知训一走马上任就不知所谓地开始着手拆散这个轴心链。徐知诰这个义弟成了他首先要怼的目标。

说到这我们不妨先来梳理下徐温的家庭情况,之前我们已经介绍了,徐温本人是生了徐知训、徐知询、徐知谏、徐知诲、徐知证、徐知谔这六个儿子。而这六个儿子中,老大到老四都是"只知其父,不知其母"的,因为徐温的正妻白氏只为徐温生下了最小的两个儿子:知证、知谔。而除此以外徐温载入史册的女人就还有俩,一个是徐知诰认得义母李氏,这个是给徐温续弦的继室,也就是说,徐知诰被徐温收养的时候,白氏极有可能已经死了。那除了这个李氏,还有个陈氏小妾。

一妻一妾,构成了徐温单调的感情生活,当然,白氏的离去或许也为我们完美解释了徐知训和徐知询为何"不知其母"——战火纷飞,徐温起兵时早先的妻子很可能已经死于战乱了。而后,徐温对于女人的兴趣程度也不高,也就找了三位夫人(那些或可能和徐温有关系的也因未载入史册而不为人知),单这一点就要为他点赞啊,因为与他同时代的王建晚年就在作风问题上栽了跟头,导致王朝二世而亡,令人扼腕叹息。

这六个孩子中,最小的两个孩子属于酱油派,也就是哥哥说啥是啥,没什么主见。徐知诲是个比较神秘的人,在历史上着墨不多,姑且算是中间派。老四徐知谏和徐知诰关系贴切,和自己两个亲哥哥徐知训、徐知询反倒没什么感觉。而徐知训和徐知询这两个孽障都是自认不凡,而且自认不凡也就算了,他们还互喷互咬,连带瞧不起徐知诰,真是一窝子乌烟瘴气。而作为养子的徐知诰本来身份就很尴尬,还要在这样的家庭里斡旋,不可谓不难。

一个痞子,如果只是平民身份,那不过是当街打杀几个人,可一旦这个痞子掌握了天下大权,那波及的可就不会是区区几人了。往远一点说,南朝的暴虐诸君,即使往近了说,杨渥的故事也是殷鉴不远啊。

　　可徐知训却不以为意，一旦大权在手，可是得拼了命地显摆，首先就瞄准了义弟徐知诰。早在徐知诰还没踏入政治场的时候，他便给徐知诰起了一个"乞子"的臭名。有时候家庭聚会，徐知诰因为事情忙耽搁了一阵没来，他就会不耐烦地骂道："老子喊乞子来吃酒，他却不来，莫不是要逼我拿刀砍了他脑袋！？"注意，这还是当着徐温的面说的。

　　等到如今大权在握，杀徐知诰在他眼中似乎成了一件随心所欲的事情，徐温和徐知诰"升润易州"后，徐知诰的辖区润州就在广陵城眼皮子底下了，所以借着一次酒会，徐知训邀徐知诰来广陵城叙旧。可酒过三巡，徐知训便起了杀心，好在老四徐知谏在旁，加之和徐知诰交好，所以给这位义兄使眼色示意逃跑，徐知诰便借上厕所之机开溜。

　　徐知训左等右等不见徐知诰的身影，便派人去追杀，而派去的人便是我们的老熟人——刁彦能。刁彦能这个人我之前有提到过，当初王茂章为杨渥所不容，准备带着手下兵马南逃吴越国，恰恰是刁彦能关键时刻的大义之举，使得王茂章只是单单逃出一个人，将损失降低到了最小化。杨渥对于刁彦能的义举视若无睹，但是徐温却记住了，掌权之后便给他升了官，将他提拔来了首都。

　　我们从刁彦能之前做的那番事情便知他绝非是趋炎附势的走狗之人，他是真真切切把国家的安危置于个人荣辱之上的，他也自然知道徐知诰的死会给徐温苦心经营的"三角轴心"带来怎样的恶果。所以，刁彦能出去追赶的结果也最终只是无功而返。

　　但是，徐知诰毕竟是徐温的义子，作为一个孝顺儿子，徐温的面子还是要给的，可或许徐知训从徐知诰的退避中误以为自己实力超群，便在其他南吴实权派面前越发耀武扬威起来。李德诚和朱瑾这两人虽然是北方过来的侨将，但因为杨行密起兵时的"三十六英雄"已经陆续凋零，所以他俩目前已经有取代刘威、陶雅之势。

　　可即使是这样的实权派，在徐知训眼中不过是家奴一般，心中想如何，便要如何。徐知训好色，得知李德诚也是个中好手，家中圈养了不少家妓，便带人前去索要。你说你堂堂一个丞相家的大公子，去人家家里要家妓，传出去还不得让人笑掉大牙？李德诚或许是考虑到这件事风闻不好，抑或是自己心里也不愿意给，便让下人给他带话："府中妓者皆已年长，其中亦有身怀有孕者，大公子若是要，我可于民间择其容颜秀丽者。"

李德诚给徐知训台阶下了，哪知道徐知训根本不买账，当下就放狠话说："信不信爷砍了你啊，到时候连你老妈（口味真重）、老婆、女儿等府中女眷一并抢过来。"而且，若不是当时有人拦着，徐知训这个混小子还真就说到做到了。

朱瑾这人就相对要滑溜些，知道徐知训好这一口，特地送了几个家妓慰劳徐知训，结果徐知训吃到点甜头还来瘾了，硬是要去把朱瑾府内所有的家妓都玩个遍。尤其中意于朱瑾的一个宠姬，当然，既然是宠姬了，那朱瑾也是疼爱无限，怎么可能让徐知训给自己戴一顶原谅帽啊，所以矛盾由此产生。

（2）

说真的，对于徐知训，朱瑾非但无过，还有大恩，当初吴王宫廷卫队谋反时，徐知训吓得就要撤出扬州城去润州找老爸徐温。愣是严可求一席话让他打消了这个念头，而最早叛乱还是朱瑾带人平定的。

想想看，那时候的朱瑾就是徐知训的枪杆子啊，可如今徐知训就是这样对自己的恩人外加引以为重的枪杆子的？也许就是那一刻，朱瑾脑海中闪现出了一个想法，正是这个想法促成了他的一次行动，以至于让整个南吴的历史拐了个弯。

那是南吴天祐十五年（918）的一个深夜，徐知训一如常日般应约来到了朱瑾府上。在徐知训以往的认知中，朱瑾已经是自己的老相识了，虽然前不久自己就授意吴王将其贬谪到了泗州，但从朱瑾谦卑的表现来看，丝毫看不出有任何的不满。

"葡萄美酒夜光杯，欲饮琵琶马上催。"有些微醺的徐知训不由得念起了唐人的诗，此时在他怀中的正是朱瑾的宠姬。那宠姬娇羞的面庞因美酒的浇灌而显得越发红润，媚声地问道："少官家寻欢作乐怎又想起了沙场兵戈呢？"

徐知训欠了欠身子，说道："我大吴以武立国，这千里吴地要是稍有懈怠，那就早被周围的虎狼瓜分完毕了。"宠姬笑着说道："少官家既有此雄心，那何不奏明吴王，央求北伐？""我看你是话里有话吧，怕是在讽刺我沉迷酒色吧？"

宠姬没有回答，徐知训却坐了起来，笑着说道："庸人多扰，这坊间总有人说我夺人美妾，占人良妻。可事实呢，若让这帮庸人与这些美姬一夜欢好，只怕让他们当狗也愿意啊。"宠姬回应道："少官家这是说的哪样话啊，奴家怎么越发听不懂了？"徐知训随口应道："好话，真话。那些庸人只配一辈子做奴，因为他们眼里只会酸那些高高在上的人，却从不敢放手一搏，拼却自己的一条命去争权夺利！这样的人，他们配享有最好的女人，最高的权力吗？这朱瑾恰恰也是这样的庸人，我把他贬去了泗州，他默不作声，还得恬笑着把你献给我，你说这样的人，他配拥有美人和重权吗？"

宠姬眼睛里闪过一丝愤怒，却瞬息消失无踪，转而又笑着给徐知训斟酒。这时候朱瑾也走了进来，对着徐知训说道："少主，内人听闻少主英姿勃发，特地要敬少主一杯酒。"徐知训早知朱瑾夫人陶氏生得风华绝代，此刻早已是春心荡漾，忙让朱瑾请了进来。

陶氏进来后，一颦一笑让徐知训竟然堕入忘我的境地，然而，就在那一瞬间，徐知训后脑突然猛地挨了一下。当他前倾倒地时，猛然转身看到了手里拿着笏板的朱瑾。朱瑾两眼冒火，似乎要将徐知训吞噬一样，在那一刹那，徐知训突然想起了之前父亲和他说过的一个故事：先朝权臣宇文护因轻视幼主宇文邕，最后便是死在了一块笏板之下。

但是，时间已经容不得徐知训想太多了，因为他觉得自己的头越来越晕，朱瑾的府中却不断走出手拿利刃的死士，一步步向他逼近。我们已经无法知晓徐知训最后那一刻脑海中想的是什么，后悔？不甘？可是这些都已经毫无意义了。

朱瑾拿着徐知训的首级连夜闯宫，他想借助吴王杨隆演的名义，号召东都的卫戍部队火速渡江，擒杀徐知诰，而后与徐温分庭抗礼。可是，杨隆演对于朱瑾送来的礼物没有一丝欣喜，相反还万分恐惧地说道："你对外只说是你自己干下的这事，可别赖我身上啊。我恭谨侍奉护国公，可不敢弑杀他的儿子！"

面对杨隆演这副庸样，朱瑾无奈地摇了摇头，"宁为高贵乡公死，不为常道乡公生"，杨隆演比之北魏孝庄帝元子攸真是差远了，他简直不配做杨行密的儿子！也许，自己的想法未必能扳倒这么些年苦心经营的徐温，但是，自己却不愿意做任人宰割的羔羊。自己不是庸才，关键时刻自己也能放手一搏去争取那至高无上的权力！

朱瑾登上城墙，他看到城墙下闪耀着耀眼的火光，他知道的，严可求心思缜密，这片刻工夫他已经足以调集大军关闭皇城了。如果有杨隆演在手，或许那些士兵还会有一丝迟疑的余地，可是如今自己手头却是什么都没有。

他望着那人群中的翟虔，翟虔和自己一样，同样来自北方，因为无所依靠，他选择投靠了徐温，如今已经成为徐温心腹之一。突然之间，朱瑾想起了自己远在千里之外的家乡，那是自己梦中才能回去的地方，也许，这一次，自己真的要回去了……

朱瑾缓身从城墙上跃下，然而，他却并没有摔死，但是腿却摔折了。望着逼近的士兵，他仰天长啸：“我为天下人除害，无悔矣，一切罪责就由我一个人担吧！”而后，自刎而死。

扬州的变局给了各方一个机会，既然杨隆演无法珍惜，那就留给能抓住机遇的人吧。身处润州的徐知诰得知消息后，火速渡过长江，而后接管了东都扬州的军政大权，并很快平稳了混乱的局面。作为失败者，朱瑾的家人必须承受“成王败寇”的代价，徐知诰下令将朱瑾满门抄斩。面对死亡，朱瑾的正妻陶氏哭得昏天黑地，倒是绑在一旁的宠姬宽言安慰她：“这没什么可怕的，一刀而已，我们死了正可以和老爷团聚。”陶氏止住哭泣，从容就戮。

回过头来，我们不禁要问：“朱瑾真的是如他所说一样，是为了天下除害吗？”我的回答是，当然不！否则，当初他早就该坐视马谦等叛军杀掉徐知训了，而不是帮其平叛。朱瑾只不过是被逼急了放手一搏而已，其节操绝不会因为最后说的那句话而比他家家妓高尚多少。

当然，我还得说明的是，朱瑾不仅节操低，而且脑子还蠢。徐知训的胡作非为他完全可以小报告打给徐温，或者直接大大方方地告诉徐温。毕竟徐温虽然对儿子有些偏爱，可还是要做大事的人，对错方面不可能颠倒黑白。朱瑾这么做一来可以得到“直谏”的美名，二来，降低了徐温对徐知训的好感无异于讨好了徐知诰，日后徐知诰后来居上自然不会忘记这位当初给自己纳了“投名状”的朱瑾。

可是，朱瑾却并没有这么做，而是选择了一招很不明智的做法。因为他也有野心，也想过一把掌国之权柄的瘾！

二、最后的江西王

（1）

徐知训的死对于徐温的打击很大，人生二大悲莫过于幼年丧父、中间丧偶、老年丧子。徐温因为早年经历不详，是不是幼年丧父不确定，但从白氏死后另有夫人续弦，可以看出，中年丧偶名副其实，如今老年丧子，怎能不让徐温肝肠寸断啊。

可是，此刻让南吴乃至徐温更牵挂的不是东都扬州的政变，而是西线已经鏖战了近一年的江西攻伐战。有人要问：这江西之前不是已经随着危全讽的失败而彻底安定了吗？怎么又乱起来了，原因很简单，就是徐温早先一直未能解决的最后一个烫手山芋——虔州的谭家。

作为江西的最南端，虔州很长时间被谭全播和卢光稠两人把控，两人是地地道道的当地人，当年唐末天下大乱，两人依靠一身勇力，夺下了这一亩三分地。卢光稠据史书记载是为人豁达，高大勇猛，生得虎背熊腰，臂力惊人。而谭全播则更像是一位长者，处理事情井井有条，丝毫不差，两人一文一武坐稳了虔州的江山，依附于江西大佬钟传。

但是，天无二日，虽然两人是战友加亲戚（两人是姑表兄弟），但总得推举出一个头领来，这个时候，谭全播再次展现了长者的胸怀。他诚心推让，硬是挺卢光稠做老大，为此还拔剑立誓。到了911年，这个时候江西的老大已经不再是钟传了，而是弘农杨家。这一年，卢光稠去世，虔州不得不遴选新当家，按理说这一回谭全播该是当仁不让了。

可谭全播再次选择了待在幕后，将当家人的位置让给了卢光稠的儿子卢延昌。哪知道这个卢延昌真是继承了五代十国官二代的通病——游猎无度，不习政务，结果最后被手下叛将黎球杀死。但是这个黎球也是个衰鬼，夺位后没过多久也是暴毙身亡，另一名将领李彦图再次夺得了大位。可这个李彦图也是很倒霉，没多久他也死了。

这下老百姓算是看明白了，合着坐这位置的不是正主都得完啊，那还是去把谭全播这位长者请出来吧，否则还得死老大。然后在南吴天祐九年（912）时发生了一件大事，就是此时原本应该隶属于南吴政府的虔州老大谭全播竟然接受了后梁方面的官职册封：百胜军防御使、五岭虔韶二州节度使、开通使、检校太尉、开国侯。

啥？这个谭全播在搞什么啊？这时候映入南吴掌权者徐温脑海中的就是这么一个困惑的画面。不过那一年徐温重点关照对象是李遇以及危全讽，对于这样一个边缘人物也就听之任之了。

毕竟当初危全讽在江西造反的时候，虔州还是表态愿意站在南吴这边的，所以徐温也不好太针对这块地方。加之南吴在那段时期正是四面交火的敏感期，成熟的政治家是不会在自己焦头烂额的时候再逼反一个中间派。

但是，到了南吴天祐十五年（918），此时的徐温已经有足够时间陪谭全播这个长者玩玩了。所以当年正月，徐温便派遣右都押牙王祺为虔州行营都指挥使，进攻谭全播。理由无外乎两个：一、承认后梁政府，公开搞"两个中华"的把戏，我讨伐你是为唐朝肃清逆党的正义之举。二、给吴越、闽越借道，严重损害了我南吴王朝的国家领土安全。

起兵之初，徐温再次听取智囊严可求的主意，在江西大地招揽熟悉当地小路的向导。大军在向导的带领下，弃大路而走小路，突然出现在虔州城下，打乱了谭全播的部署。但是，长者毕竟是长者，兵临城下谭全播却不慌不忙，应付得当，愣是和南吴大军打起了持久战。

不仅如此，谭全播还卖弄起长袖善舞的外交能力，致信吴越、马楚、闽越三国，邀三国前来江西联合会战，一起攻伐南吴。小小的虔州竟然一下子爆发出这么大的连锁反应，焦头烂额中的徐温只怕是悔不当初啊，若是当年剿灭危全讽后，令一支偏师顺带南下虔州，又怎会有如此麻烦的事情？

闽越、马楚、吴越得到求援书后，立刻点齐兵马杀向江西，因为他们要保住虔州这块贸易通道，否则以后闽越和吴越给中原王朝进贡就只能走海上了，甚至还会有被南吴两线封锁的尴尬。更令他们激动的是，南吴方面也出了滔天大祸，首先是广陵城中徐知训被干掉了，其次是南征谭全播的南吴主将王祺也感染瘟疫，命不久矣了。

南吴前方和后方接连发生这么大的变故，料想此刻徐温一定是应接不暇，张皇失措了吧？谭全播是这么想的，闽、越、楚三家也是这么想的，可徐温毕竟是徐温，作为南吴王朝的护国公，关键时刻他总是能撑得住台面。

徐知诰的突然渡江控制了后方的局势，紧接着徐温又委任大将刘信接替王祺，负责江西的战事。刘信也算是老面孔了，继刘威之后南吴在江西战区的一把手，由他处理这次征伐虔州的战斗再合适不过了。

想当初危全讽扰乱江西的时候，多亏刘威坐镇，才平息了这场叛乱，如今的刘信是否能重演当初刘威的奇迹呢？说到这，大家脑海中是否会再浮现出一个人？没错，就是上次和刘威配合默契的猛将周本。这一次，徐温再次起用了周本。

这个时候的周本驻守在信州，扼守进入江西的东大门，而他的对手便是南吴最头痛的吴越。老不死的钱镠再次表现出"搅屎棍"特质，派儿子钱传球为西南面应援使，领兵两万攻打信州。

而此时的周本仿佛是"刘威附身"，当初洪州城内的空城计被他照搬到了信州，而故技重施对于钱传球这样的毛头小子还真起作用了。吴越两万大军愣是在信州城下傻兮兮地待了快一个月，最后只能转道去汀州，和闽越国会师去了。

（2）

当然，徐温也不是善茬，既然吴越不打不长记性，那么就继续给他来两锤子吧。于是，在湖北战场履立军功的陈璋奉命攻打苏、湖两州，从北面给吴越施加压力。

闽越和楚国的战斗力相对差了许多，闽越军驻扎在零都，而马楚则派张可求领兵一万驻扎古亭。

越在这个时候，越需要考验到战局总指挥的军事素养，刘信这时统筹全局，他根据前方的一系列战况分析出三个信息：一、吴越被周本阻击后，基本已经无法威胁到江西战场了，去和闽越国会师不过是承担后勤任务，还要面对北部的压力，分身乏术，这一路基本不必考虑。

二、谭全播这个老头龟缩战术一流，打了这么多个月还没拿下，说明要想搞定江西这个乱局，从虔州城突破是不可能的。

三、闽越和马楚是此次战斗的关键所在，只要搞定了这两支部队，那么，虔州唾手可得。而闽越兵不堪一击，真正要对付的是马楚的湖南兵！

分析清楚战况，刘信出手了，于是他派手下张宣领兵三千夜袭古亭，结果一战就把张可求的一万部队给打败了，马楚只能无奈地撤离战场。吴越和闽越一看大腿倒了，自己的这点兵哪够啊，于是也跟着撤离战场。

刘信三下五除二，把三国部队都给清理了，剩下来也就只有虔州城的谭全播了。刘信的判断是精准的，所以他拿捏对了，先向马楚军开刀，当然，他也预料到了虔州的难以攻克。

所以面对外援的全线溃败，虔州城依然屹立不倒。仗打到这个份上，交战双方都应该考虑到战争之外的解决方法了，所以双方想到了和谈，接洽之后基本达成以下共识：谭全播给一笔巨额军费，并以子为质，刘信就撤军。

刘信和谭全播私下媾和的行为深深触怒了徐温，虽然因为徐知训的死，徐温此刻情感因素占主导，但是即使在徐温清醒的情况下，也不可能接受这样一份和约。

仗打了近一年，前后卷入四个国家，南吴军损失人力物力无数，你居然轻飘飘地就接受了谭全播的和谈条件？刘信啊刘信，你有没有想过，今日你和谈撤军，明日虔州这块南吴的固有领地就会变成待争议地区，楚军、越军、闽军，到时候会派兵进入，那么，我大吴国的南疆将永无宁日啊！

而且，此次你征战的目的是什么？荡平虔州，如今虔州还在谭全播手里，那这场战争究竟是赢了还是输了？打掉楚军那帮乌合之众算不得成功，只要虔州还在谭全播手里，那日后南吴绝对是这场战争的输家！！所以刘信，你要是胆敢和谭全播搞所谓和谈，老夫就能搞了你的脑袋！！

而后，徐温让人将刘信派来报信的信使一顿军棍伺候，仿佛这不是在打信使，而是在打刘信。打完之后，徐温又派人领着三千人马前去会同刘信再次打虔州。徐温的暴怒刘信从信使口中知道了，同时也知道徐温派了三千人马前来。

如此一来，摆在刘信面前的只有两条路，一、戴罪立功，好好打下虔州给徐温消消气。二、破罐子破摔，直接兼并了这支部队，扯旗造反了。如果他是田、安二人，甚至说是李遇，那刘信绝对是选择后者。可是刘信终究只是刘信，心里的那丝畏惧让他注定成不了王者。

所以，什么样的人有什么样的命，既然自己只能做个打工的，那就努力取悦老板吧。刘信奉命再次发动了对虔州的战争，对于刘信的突然变卦，谭全播纵使再老奸巨猾也是始料未及的。所以，这次攻打虔州非常顺利，几乎可以说是一战而下。

对于虔州，徐温是势在必得，但对于谭全播，徐温敬他是位长者，所以上表吴王加封其为右威卫将军、百胜军节度使。

至于刘信，早先就有传言说他在江西有割据自立的心思，如今在战争中又贸然和敌军和谈，这一桩桩都让徐温心里很是不爽，于是将刘信扣押在京，不放回江西。当然，刘信也不傻，他看出了徐温对自己的猜忌，于是借着一次和徐温等官员聚赌的契机，指天立誓，说如果自己有反意，就掷出个黑，如果对徐温忠心，就掷出个彩。那自然结果是彩了，徐温看他这么说，倒也有些宽心了。

虔州的平定标志着南吴王朝最后一个不稳定的分裂因素被消除，那一刻，南吴王朝也真正意义上完成了从军事集团向国家政权的蜕变。失去了虔州的联系，马楚和闽、越两国彻底被南吴割裂开来，以后吴越和闽越要给中原朝拜，也就只能走水路了。

这场战争，前后卷入四个国家，堪称十国历史上波及范围最广的一次大战。但由于历来重视五代高于十国，所以也就被很多人无视了。

当然，同时期的北方也在发生着惊天大事，钱镠、王审知的老东家后梁快撑不住了。就在四国鏖战江西的时候，李存勖就派了使者前来南吴，要求徐温遵照之前的"反梁复唐"纲领，南北夹击后梁。

而在这之前，徐温已经是出过一次兵帮助李存勖了，此番南疆鏖战正酣，南吴哪里还能再抽调兵力在北边再开一个战场啊？所以徐温让使者如此回复李存勖："如今我朝鏖兵虔州，正是千钧一发之际，一夫作乱，三国相倾，这是自古以来没有的事。"徐温这么说是想让李存勖明白这场战争的意义，此时的南中国总共也就六个国家，可这场战争却波及四个国家，能不重视吗？

少了徐温的配合，李存勖贸然发动的对后梁的灭国行动果然受到了挫折。南吴天祐十五年（918）八月，李存勖提兵十万由魏州南下，企图一举灭梁，与梁军相拒于濮州一带。十二月下旬，李存勖率军进至胡柳陂（今濮阳西南），贺瑰率梁军跟踪而至，两军激战，梁骑军王彦章部先败，西逃时冲散了李存勖军的西线部队，名将周德威战死，李存勖夺取土山以自保，梁军骑兵已西逃，只有步兵包围土山，李存勖部将李嗣昭率骑兵冲击山下的后梁步兵，后梁步兵大败，死亡近三万人。

后梁败军逃回都城开封，扬言晋军即将前来，后梁末帝曾想逃往洛阳，但晋军也终因此战而元气大伤，无力南下攻梁，双方暂时罢兵修整。

三、进击的徐知诰

（1）

北方战局的变化并非徐温所关心的，因为无论是李存勖获胜还是后梁获胜都与他没有太大联系，自己又不是钱镠、马殷、王审知等人，还用担心要换主子的问题？

但是，江西战局的结束也迫使他开始进一步审视南吴王朝存在已久的"山头问题"。我们之前曾经说过，南吴集团内部存在这么几个山头："三十六英雄集团"、徐温本人的东都集团、"北方侨将集团"和"南方归附集团"。

早先徐温一直把不安定因素视为"三十六英雄集团"，结果朱瑾的反水大大出乎其意料，那么，随着朱瑾的死，现在各个集团又还剩下哪些势力呢？

首先来说说看长期以来令徐温忌惮的"三十六英雄集团"，虽然徐温也曾脱身于这个集团，但不得不说这个集团是能人辈出啊，但随着刘威和陶雅的相继辞世，这个集团已经走向了末路。

目前，当年的"三十六英雄"也仅存李涛、刘信、周本、刘金四人。这其中李涛还在吴越国吃牢饭，即使回来了也是毫无作为了；刘信刚刚打赢了江西之战，不过已经被徐温拿下，属于被监管时期；周本一介武夫，早已为徐温所收服；刘金垂垂老矣，翻不起什么浪了，倒是刘金有个好儿子，日后撑起了南国的半边天，不过这是后话了。

"三十六英雄集团"如今在徐温看来，已经早已成为历史，所以这个山头算是被彻底拔除了。那"北方侨将集团"呢？这个集团我们之前提到过，有著名人物柴再用、李承嗣、朱瑾等，因为朱瑾的反水让徐温开始重新重视起这个集团。

朱瑾已死，柴再用也忠心于徐温，那剩下这个李承嗣呢？曾经是李存勖河东集团的重将，在杨行密时期一直算是江淮地区官方公认的"二把手"，如今成了徐温的下属，他内心会不会有反意呢？

其实，这个时期的李承嗣早已成为一个如同"吉祥物"般的象征性存在了，随着徐温对于淮南的掌控日益牢固，李承嗣也随之被外放楚州，任楚州节度使。目前他的存在不过是南吴王朝与北方李存勖集团沟通的一条纽带，维系脆弱联盟的保障。

那么，乍一看，似乎"北方侨将集团"也没什么牛人可以威胁到徐温了啊。其实我们还漏掉了一个人——米志诚。米志诚这个人由于史料冲突，我很难将其精确划分为"三十六英雄集团"或是"北方侨将集团"，因为史书说米志诚很早就追随杨行密了，但史书又说米志诚是沙陀人。众所周知，杨行密起家的"三十六英雄"，基本是安徽帮，安徽帮哪来的沙陀人啊。

所以这一次，我姑且将其划归为"北方侨将集团"吧。米志诚如今的存在已经成为徐温最担忧的事了。因为早先米志诚就和朱瑾并称"淮南双煞"，史书记载"时朱瑾以善槊名，志诚以善射名，军中同推为骁将"（《九国志》）。

朱瑾的死亡让米志诚有些不安，于是他便带了十几骑秘密潜回京师打探情况，在得知徐知诰已经顺利掌控局势时，才悻悻而归。这一举动让徐温很恶心啊，非常时期这么做摆明了想搞事情啊，外加上这厮这些年在湖北、河南战场上积累了不少声望，必须予以铲除啊。

于是，严可求领会徐温意旨，在刘信鏖战虔州之际，诈称前方已经战胜，邀米志诚回朝庆贺，结果这米志诚一回来，就被扣下杀掉了。米志诚一死，这"北方侨将集团"算是也翻不起什么大浪了。

最后再来看看"南方归附集团"，这一时期"南方归附集团"中炙手可热的依旧是李德诚和陈璋，尤其是陈璋，此时的陈璋已经开始成为南吴王朝军界的台柱子了，大战少了他还真是不行。而且"南方归附集团"基本都拥护徐温，所以这个山头如今根本不能称之为山头了。

至此，徐温也完成了他对于南吴王朝内部"山头林立"局面的一个整合，如今的南吴天下，已经不会再有可以威胁到中央权威的存在了。杨隆演以下都是臣子，宿将压主？不可能，也不存在了。

昏黄的烛光笼罩着徐温的府邸，未曾焚尽的纸钱升腾起一片片的余晖，而后又缓缓落下，在香烛的映照下，徐温老迈的身躯越发显得佝偻。中庭外，一人由远及近缓步走来。

"可求啊，这么晚了，你还未歇息？"虽然未曾抬眼看来人，但凭着多年的相识相交，徐温早已能察觉出此人就是严可求。

严可求缓缓地靠近徐温身侧，抓起一叠纸钱投入了炉中，欲言又止地说道："我听说，听说护国公此番来京是要惩治朱瑾逆党。"徐温漫不经心地说道："这几天我时常会做梦梦见朱瑾逆贼，我梦见他拿箭射杀我。这广陵城中必然还有漏网的贼人。"

严可求抢着问道："朱瑾满门抄斩，尸体也被护国公下令抛去了雷公塘，行事如此，明公你还觉得不够吗？！"

徐温回头直视严可求的眼睛，双方对视了一会儿后，徐温转过头，轻声说道："当初我留你在京，以子相托，想不到如今再见，居然是在吾儿的丧事之上。"

"护国公是在指责我有负您的嘱托？"严可求进而问道。徐温却不回答，而是自顾自地说道："我出身低贱，父亲早年没有给我留下一点家财，我成年后他不过是给了我一根扁担，两个箩筐让我自谋出路去了。那个时候做什么挣钱？自然是贩私盐啊，可是，贩私盐一旦被捉，朝廷是会杀头的啊。但我还是义无反顾地去做了，因为那被周围乡邻轻视的日子我受够了，贫穷让我只能铤而走险！"

徐温一边说着，一边有些哽咽："后来果然……果然我贩私盐的行当被官府知道了，我带着老母侥幸逃了出来，流浪淮西。可是，可是……知训和知询的母亲却……"徐温说到此时，用手揩了一把泪，"好在，好在在淮西我遇上了杨王，为他所收留，才有了我大吴今日的护国公啊。所以可求，你知道吗，为什么我会一再纵容知训所为？"

"是因为怜悯？稚子何辜，两位少爷年纪轻轻便失去了母亲。"严可求一边抚摸着徐温的背脊安慰，一边回应道。"是因为亏欠，"徐温昂首说道，"这几个儿子，除了知训，或多或少都学了几本书，念了几年字。可唯独知训，他没上过一天私塾，所以即使他好色无度，我也能纵容庇护着。你说，一个父亲早年对儿子亏欠，所以想给他最好的，错了吗？你说我，我只想补偿早年间对儿子的亏欠，错了吗？！"

望着徐温涕泪横流，严可求也禁不住痛哭起来，他扶着徐温说道："护国公你是一个好父亲，可是您又是否知道，您看似对爱子亏欠而要做出补偿的行为，却无意中娇惯了少主跋扈的秉性。说句掏心窝的话，朱瑾得人心啊，他谋逆杀害少主也是退无可退的无奈之举啊。您又是否知道，平日里少主在吴王面前毫无人臣之礼，他时常在宫中扮成将校，让吴王着仆人的服装，以此取乐啊。他还强迫吴王与他赛舟，吴王若是赢了还会遭其暴打……"

"够了，你说的是真的吗？"徐温打断了他的话语，严可求拭去眼泪，凛然作色道："我指天立誓，若有虚言，天降灾愆！"徐温沉思了一会儿，最后起身说道："若如此，这逆子，当死！"

（2）

对于徐知训的死亡，纵然是内心万分悲戚，但在大是大非面前，徐温还是按捺住了心底的悲痛。除了朱瑾满门和包藏祸心的米志诚，徐温在此事件中未再擅杀一人，即使是朱瑾本人，在了解了其中的来龙去脉后，徐温还是下令将沉塘的朱瑾尸体打捞起来予以厚葬。

而徐知训之前的从属亲信，因未能劝诫好主人，全部予以重惩，唯有刁彦能曾数次劝谏过徐知训，徐温得知后加以重用。作为父亲，儿子死于非命固然心痛万分，可作为一国执政，却要担起更大的责任啊！至此，徐知训遇刺事件的收尾工作基本结束。

当然，我们的主人公徐知诰无疑是这次事件的最大赢家，自此以后，他正式确立了在广陵朝中主理政务的地位。而徐温在了解到徐知训之前对徐知诰的一系列刁难事件后，在润州递补人选考虑上选择了与徐知诰交好的儿子徐知谏，而不是次子徐知询。

不过，既然被徐温安排在这个位置上了，徐知诰也必须要做出一番业绩，让自己的地位得以巩固。那如何来做？古人评价一个人的优劣往往看两方面，"德"和"能"，也就是我们今天常说的品德与才干。举孝廉，举孝廉，说的也恰恰就是这两方面。

那么，首先徐知诰的德大家有目共睹，徐知训把吴王杨隆演当奴仆，徐知诰却把他真正当作了天子，虽然是要被约束的天子。其次，徐知训看不起读书人，徐知诰却尤其看重读书人，这一点早在他坐镇升州期间，就已经做到"周公吐哺，天下归心"的场面了。

在徐知诰坐镇金陵期间，有个名叫沈彬的隐士，徐知诰听人说他的才学不亚于隔壁吴越的罗隐，便派人将他征招过来。当然，沈彬与接下来这位相比，就真的不能算什么了。宋齐丘，之前我们曾经略带提到，现在该是隆重介绍他的时候了。

宋齐丘之于徐知诰不亚于诸葛亮之于刘备，严可求之于徐温，这个人未来在中主李璟时期长期垄断着南唐的政权，直到最后凄惨而亡。说他是弄权的佞臣，言重了，但说他是忠心耿耿的直臣，倒也不见得，可是说他是经世致用的能臣，那绝对是。因为在这一年，宋齐丘给徐知诰的掌权交了一份满意的答卷，也是徐知诰给南吴人民交出的一份完美答卷。

五代十国时期，有两个老大难的问题一直困扰着各国领袖，一个是对于地方藩镇的掌控力问题，这是唐朝藩镇割据时期遗留下来的历史问题。而另一个就是如何充实国库的问题，这个当然也是唐朝留下来的烂账，一方面节度使掌管着地方财政，让中央的钱袋子无法鼓起来，另一方面，均田制的被破坏也让五代十国时期税收频频出状况。

中央对于地方的掌控，这个徐温基本上已经搞定了，那接下来徐知诰要表现的便是如何创收，增加赋税收入了。先来看个大环境，五代十国绝大部分政权还是沿用唐朝时期破坏比较严重的两税制，夏秋两征。但是，和唐朝相比，五代所立的税目非常之多。后唐时，官府规定在唐制的基础上每斗谷加收一升，到了后汉时期，则是增至两升了。

关键官府在征收时还是大斗进，小斗出，差不多农民每上缴一石粮实际是缴纳了一石八斗。即使是这样，五代的那些个无道政权还动不动以政府的名义向人民"预借"税收，说是借，但就五代政权的周期来看，这笔钱基本也是还不上了。所以，有时候遇上灾年，动辄就会有数十万民众饿死，流亡的百姓更是不计其数。除此之外，两税交完了还得交丁口税、盐税、农具税、牛皮税、房产税、茶税、鞋税等，名目繁杂，税率频升。

而南吴政权方面，从杨行密时代到徐温时代，虽然都一再强调要轻徭薄赋，可是统治者的主观意愿往往落实到下面就会被庞大的官僚集团搞得一塌糊涂，正所谓"经文都是好经，就被歪嘴和尚念烂了"。那当时南吴方面的赋税制度又是怎样的呢？当时根据土地优劣进行了三等分，其中上等良田每亩每年二贯一百文，中等田每亩每年一贯八百文，下等田每亩每年一贯五百文。

那如果大家对这其中的差价没什么概念，那我姑且就比对一下，这三等良田之间一共是差了三百文一亩，按照北宋的物价，三百文不过一石粮食，那这一亩田只能产一石粮食吗？所以这个比例设定得很不合理。

但是呢，与五代相比，南吴的赋税还是非常低的，因为除了农业上的两税，南吴就再收了一个丁口税，也就是俗话说的人头税。在人头税上，南方诸国也有些不同，比如吴越和南吴两个国家选择征收钱，而闽越则选择征收粮食抵税，马楚则是以布匹结算。

按理说各国国情不同，征收税收的形式和类型都会有所不同，但是宋齐丘却从这个侧面看出了问题所在，他认为，南吴这样的国家以货币作为纳税依据是不靠谱的。首先，百姓得把自己的农产品、布帛卖了换钱，再用钱去交税，可是南吴的货币经常会浮动，老百姓在兑换的过程中实际上是吃了亏的。其次，南吴和马楚两国商业发达，马楚依仗着茶马贸易，而南吴则是盐铁，老百姓如果从事农业反而被盘剥，而坐看人家经商的日进斗金，他们会怎么想，他们会弃农从商！

这个问题很现实啊，中国古代是农业王朝，农业是国家的统治基础，老百姓都不种地了，跑去经商，那吃什么，喝什么？就像现代社会，人们最担忧的一个问题就是，一旦大伙都去搞虚拟经济了，那实体怎么办，实体经济一旦全面崩溃后，这个国家又该怎么办？！

宋齐丘一针见血地指出，只有效仿马楚，用实物抵税，才能在给农户们让利的同时，巩固这个国家的财政收入。粮食无论在哪个时期都是硬通货，布帛也一样，江南的布匹自六朝以后在北方是有市场的。

当然，光是以实物抵税这还是不够的，因为不法官员还是可以操控比率来坑害农户，所以宋齐丘要核定比率，真正让利于民。原本布帛一类的市价是：绢500文/匹，绸600文/匹，绵15文/两。经过宋齐丘调整后价格为：绢1贯700文/匹，绸缎2贯400文/匹，绵40文/两。每类基本都上涨了两至四倍，等于压低了税收的同时，让百姓手里的财富翻了个倍。

注意，这里说的税收是指的两税，也就是田亩税，别的国家即使是允许实物抵税，也一般发生在丁口税上，田亩税是必须要交钱的。丁口税会因为人口浮动而不同，可这田亩上的钱基本有个定量，如果全部换成实物抵税，那对国家来说绝对是太狠了，无形中掐断了朝廷很大一部分税收收入，因为实物换算货币纳税里面这一环的压榨是决计做不到了！但是宋齐丘想法很大胆，丁口税那点钱才能省下多少啊，要让利就要来笔大的，从税收最大的源头——两税入手。

那有人要问了，两税尚且如此，那丁口税，宋齐丘准备怎么搞呢？对于丁口税，宋齐丘态度就更坚决了——直接废除！

（3）

宋齐丘这么干可是吓傻了南吴的官僚集团，大家伙背地里不知道问候了老宋全家女性亲属多少遍了：你脑子进水了啊，这也不收，那也不收，那我们当官的俸禄哪里来，喝西北风去啊？

事实上，宋齐丘的脑子并没有坏，而是比其他人看得更透彻，看得更远！五代十国是什么？大乱世！大乱世什么最重要？人口！我们只有废除了丁口税，才能吸引更多的北方流民。在那个人多力量大的时代，收拢了流民，你才拥有称霸天下的先决条件。

这一举措，于国肯定是有益的，但是官僚集团没了油水，他们的损失谁来承担？！所以为了集体的利益，大家都给宋齐丘穿小鞋，搞针对。但是，宋齐丘只说了一句话："你们这群鼠辈瞎咧咧什么？我父亲当年在钟传手下当二把手的时候（宋齐丘父亲宋诚曾经侍奉钟传，并位居高位），什么样的场面没见过，那钟传的班底水平不知道比你们高哪里去了。可最终还不是被我圣朝吞并，缘何？就是肉食者鄙，竭泽而渔，坑了百姓，蛀了国家！试想，古往今来，百姓困顿，国家富足的政权都去哪了？可百姓富足，国家却贫穷的政权，你们有听过吗？"

宋齐丘的言外之意就是民富了自然国强，民富国强，民富国强，一千年前先哲的治世思想怎么就传着传着成了"国富民强"了呢？在这一千年中我们丢掉了多少东西，又诞生了多少独夫暴政！！

宋齐丘是真正把百姓的利益放进心里去了，徐知诰也一样，顶着压力同意了他主政以来的第一项政策。这是仁者的体现，更是王者的风范！《资治通鉴》如此记载："由是江、淮间旷土尽辟，桑柘满野，国以富强。"

有人会说了，宋齐丘提了个意见，徐知诰点点头，如是而已，有什么难的啊。不过我要说的是，宋齐丘这个建议，徐温是否定的。为什么呢？这得从经历上看，徐温属于体制内部熬上来的，在这过程中他势必要和官僚集团打成一片，而且，老成谋国的特质让他做事会讲究循序渐进。

宋齐丘这种贪功冒进又得罪一大批官僚集团的做法让他很是反感，但是，伟大的人物向来会把利益和对错分得很明确，徐温也深知宋齐丘虽然这么做触及了官僚集团的利益，但于国于民确实是一件正确的事情。再加上如今徐知诰刚刚掌权，自己这个做父亲的自然要支持他，如果自己也和他唱反调，那这个孩子日后在朝堂上就难做了。

所以徐温没有给徐知诰使绊子，新政得以施行，但是宋齐丘，抱歉，必须要给你点小惩来平息官僚集团心底的怒火。所以当徐知诰提议要将宋齐丘拉进中央，徐温只是冷冷地给了他一个军判官的低职。

但是，官职大小并不影响宋齐丘继续参与徐知诰行政上的一些出谋划策，有时两人围炉夜话，用铁钩画炉灰写字，写完就铲掉，不留痕迹。不少军国政务就如此处理好了。

眼见宋齐丘搞民生有一手，就连徐温的左膀右臂之一的骆知祥也对这位后生刮目相看，潜意识地向徐知诰集团靠拢。但是，作为徐温的另一位心腹，严可求似乎对于徐温这个养子并不对付，在他心目中有着自己的一套行为准则，而这套行为准则让他觉得，徐知诰终究和自己不是一路人。

既然不是一路人了，那就只能互相之间使绊子了，宋齐丘搞民生有一手，搞政治内斗也不是吃素的，很快他就授意让徐知诰通过杨隆演将严可求外放为楚州刺史，接替南吴王朝的"老前辈"李承嗣。

但严可求岂是那种乖乖就范的人，想当初他帮着徐温算计张颢的时候，宋齐丘还不知道在哪个府里读书呢？和我玩手段，真是"关公面前耍大刀，鲁班门前弄大斧"！所以严可求先是选择了接受任命，但接受完了没去楚州，而是直接去了升州，找老领导徐温去了。

严可求见到了徐温后，没有打徐知诰小报告，只说了一句话："唐亡于今十二年，而吴犹不敢改天祐，可谓不负唐矣。然吴所以征伐四方，而建基业者，常以兴复为辞。今闻河上之战，梁兵屡绌，若李氏复兴，其能屈节乎？宜于此时先建国以自立。"

什么意思呢？严可求这番话可谓是字字珠玑，他解决了徐温目前最困惑的问题——路线问题。诚然，如今的徐温已经掌控了南吴王朝的大权，可是，在未来的岁月里，南吴王朝出路在哪里，又该走怎样的路线，这个徐温还没明确的主张。

可是严可求的一番话却解答了这个问题：唐朝灭亡十二年了，我们还在用天祐的年号，对于这个灰飞烟灭的王朝，我们真正做到了仁至义尽。但如今，我大吴国四方征战，奠定霸业，还是打着"拥唐"的旗号。而北方河东集团李存勖自命为唐王朝的直接继承者，并且在和后梁政权的交锋中日益胜出。假如真到了李存勖夺得了北方天下的那一天，我们真的要屈节来给他称臣吗？所以，现在我们应该抢先独立建国，做成这个既定事实，到时候这南中国就是我们说了算的了。

严可求说出了徐温的心声，多少年来，他都留存着一个梦想，就是有一天生活在这江东大地上的人们能紧密团结在一起，建立一个新的国度，一个新的王道乐土。唐朝四方来朝，远迈两汉的丰功伟绩只在梦里存在过，自从徐温出生的那天起，这个国度便早已是军阀混战的乱世了，"朝廷虽在，天下已亡"，这是晚唐的真实写照！

徐温不会忘了当初是谁断了自己贩私盐的生路，假如自己那时候能活得有一丝尊严，谁又会过刀尖舔血的生活？！自己不是黄巢，不会因为对黑暗的王朝有怨恨，而走上毁灭众生的邪路。但是，平心而论，对于这个早已经进了历史垃圾堆的王朝，徐温并不会有太多的感情。

李存勖托名唐裔，实为唐贼，他只不过是唐朝失败的民族政策的产物，试想区区一个沙陀人，怎配做这中华之主！？"非我族类，其心必异"，安仁义和米志诚这两个沙陀人的劣迹斑斑早已经诠释了这个亘古不变的真理。所以，是时候和当初的"反朱复唐联盟"分道扬镳了，分江而治，坐断东南，完成当年杨行密做梦都不敢想象的千古霸业！"沙陀必将覆灭，吴人永不为奴！"

严可求一言惊醒梦中人，徐温顺势把严可求留在了金陵城中，并且开始策划吴王称帝事宜。不过杨隆演一向是庸惯了，这边听说要撇开大唐的影响力，自立建国，还顺带称帝，他这颗小心脏哪里承受得了，连番推辞。徐温哪里肯依，双方一来二去最后采取了一个折中方案——杨隆演同意独立建国，但皇帝不称，只称吴国王。

919年四月初一，杨隆演正式改元武义，大赦天下，号吴国王。这标志着自此以后，南吴王朝将彻底换下以往打着"反梁复唐"的旗号，另起山头独立建国，南吴王朝也结束了吴藩国时代，开始了吴王国时期。

四、无锡，狼又来了

（1）

既然已经是另起炉灶了，那吴王国该有自己的世系，建宗庙，置百官，兴建属于自己的一套礼乐制度都应该一五一十地落实了。于是乎，盛年而逝的杨行密被尊为孝武王，庙号为太祖，那个不成器被废杀的长兄杨渥则被尊为景王、烈祖。

然而，杨隆演的称王建国，徐温功不可没，这些年来，徐温像一个忠诚的老管家，一点一滴地打点着南吴王朝的一切。从最初接受李茂贞的矫诏，将弘农王重新正名为吴王，到后来尊唐独立称吴王，再到现在弃唐建国号吴国王，杨隆演这一切的变化都是徐温的功劳。

那么，在册封完皇族之后，接下来对于徐温这个老管家嘉奖一番也是必要的了。杨隆演加封徐温为大丞相、中书令、太尉、都督中外诸军事、诸道都统、镇海—宁国两军节度使、东海王。注意一下，如果之前的齐国公还不过只是一个国公外，那这次异姓封王可谓是殊荣备至了。当然，自隋唐以后，早就打破了"同姓才能封王"的壁垒，北方五代异姓王也比比皆是，可是在南方，一些好的传统，恪守得还是蛮到位的。

徐温之下，自然就是如今掌握南吴京师之重的徐知诰了，他被封为左仆射、参知政事兼知内外诸军事、江州团练使。徐温的两位谋士，严可求和骆知祥分别领了门下侍郎和中书侍郎两个官职，名次还排在了徐知诰之后。似乎，从这一刻起，徐温集团内部发生了一些微妙的变化。而且，在此次升迁中，徐知诰手下还有如王令谋等人被依次提进了中央，或许，此刻在徐温的心中，已经把徐知诰列为顺位继承人了。

扬州城的夜晚依旧浸透着暮春的丝丝寒意，但吴国建国的喜悦还是温暖着每个人的心。徐温宴请严可求与骆知祥两位好友，三人推杯换盏庆贺这国家的荣光。徐温的脸颊有些微醺，他欠了欠身子依靠在太师椅上，望着那天上的皓月，高声喊道："太祖皇帝（杨行密），今日大吴国雄立江东，您在天上看到了吗？！温，不负你啊。"

骆知祥起身说道："我来敬东海王一杯，今改元武义，我便祝你武运亨通，义迈江东！"徐温起身与他碰了下杯，一饮而尽，"说得好，虽然我大吴现已立国，但周边强敌环伺，还亟待我们用武力——铲除。那钱塘江上的老贼钱镠不就奉了伪帝朱友贞的诏书，前来讨伐我们了吗？"徐温自然说的是建国后，吴越就南吴独立建国出兵侵犯一事。此次出征依旧是钱传瓘领兵，但此刻人家已经被钱镠拟定为吴越国的准世子了。

"呵，区区吴越鼠辈值得畏惧什么？护国公不已经委派舒州刺史彭彦章和裨将陈汾前去抵抗了吗？"严可求突然说道。徐温回身看着严可求说："话如此说是不错。但吴越大举入寇，我们也不能小视啊，老夫坐镇金陵，过了常州就是与吴越的苏湖两州毗邻了啊。"

严可求起身也端着酒杯，说道："我也来敬护国公一杯酒，愿护国公勿忘初心，恪尽人臣之心，常怀止足之分。垂姓名于青史，留世家于吴书。"徐温握住了他的手，轻声却异常坚定地问道："可求，你与我相伴近二十年了，老夫为人如何，你还不知？"

严可求没有直视徐温的眼睛，只是自顾自地说道："昔日诛杀逆贼张颢的时候，我对护国公看得真切，可今日的东海王，臣……一言难以蔽之啊。"徐温抢过严可求杯中之酒，一饮而尽，对着严可求说道："我行伍从军以来，便深受太祖鸿恩，昔日托孤之言今犹在耳，今生断不敢生二心，此生，永为吴臣！望君勿要生疑。"

严可求和骆知祥宴饮完毕便各自返回府邸，出了大门，骆知祥突然喊住了严可求："今日你喝多了吧，当着东海王的面说着什么酒话？"严可求回过头，皮肉一笑，说道："在我眼里，只有昔日的护国公，没有今日的东海王。况且，你不是早和徐知诰、宋齐丘打成一片了吗？"骆知祥叹了口气说道："宋齐丘的税法改革是有利于国、有利于民的，这样的能臣，我难道不应该相助一把吗？况且，可求啊，做官要识时务，知诰上位这是明眼人都瞧得见的，你们还是儿女亲家呢！"严可求看也不看骆知祥，长袖一挥，高声喊道："首阳之义，千古圣贤。扬雄媚莽，遗臭万年！"说罢，便上了车，悄然离去。

然而，徐温不曾料到，此时南吴对吴越的战争已经进入到了近乎崩盘的地步。四月初一，杨隆演建国，结果七天后，即四月初八两国便在狼山一带展开了大战。此次双方都是派出强大的水师混战，原本吴军这边顺风顺水是占尽优势的。

结果，在战场上摸爬滚打多年的钱传瓘一眼看出了南吴军的劣势，下令舰队不要顾及南吴军的进攻，努力穿过南吴军的列队，往上游集合。南吴军显然是有些发蒙，眼看着吴越军也不进攻，只顾往上游集合，便放开手脚，围攻那些落单的吴越军舰船。

等到了钱传瓘将穿过南吴军列队后的船只集结完毕后，便下令各舰队依次排开，封锁住了长江，然后舰上的士兵爬上桅杆，居高临下，迎风抛撒沙子和石灰等颗粒粉末。这么一来，吴军悲催了，在甲板上的船员被这迎风飘来的沙子都眯了眼。一时间，指挥系统开始陷入混乱之中，吴越军便趁机放箭，射杀了大批南吴军。钱传瓘觉得这么做还不过瘾，又将早已准备好的黄豆抛出，纷纷投掷到南吴军的舰船上，原本被沙土、弓箭招呼得晕头转向的南吴军，这边又踩上了黄豆，纷纷跌落水中，造成了更大的混乱。

钱传瓘的这一幕不由得让人想起了数百年前侯瑱大战王琳的那场水战，那是一场决定了南陈王朝命运的水战，结果恰恰就是侯瑱顺利利用了风势将盘踞长江上游数年之久的王琳势力一举荡平。

只不过，这边的钱传瓘除了黄豆、沙土这些物件，还有一件秘密武器投入了战争。这东西在那个时候名叫"猛火油"，今天则被称作石油，产地自然也是今天的阿拉伯地区，也就是当时的大食国。那个时候的大食国（阿拉伯帝国）正处于巅峰时期，军舰商船可以于唐朝东南沿海各处游弋，尤其是广州，当时曾经有数十万的阿拉伯人在那里定居。

不过呢，这群阿拉伯人也是运气不好，碰上了黄巢这个反社会僚佐，一口气在广东几乎杀光了这些阿拉伯人，严重地破坏了唐阿友好协定。打那以后，阿拉伯人也学精了，不敢在中国扎根发展了，但是贸易却没有因此断绝。南吴、吴越、闽越都和阿拉伯人有着广泛的商贸接触。而猛火油，也在交易中流通进入了中国。

（2）

今天的我们都知道，石油可以提炼出多种东西，比如沥青可以褪毛，柏油可以铺路，汽油、柴油能提供动力。但这些毕竟都是二次工业革命后产生的，那个时代的人只能简单地发现石油易燃的特点。

那有人要问了，吴越是不是把猛火油用于燃烧取暖了啊，事实上并非如此。自古以来，高科技从来就是优先运用于军工的，而后才拓展到民用。唐末炼丹道士发明了火药，没能将其用在开山碎石的辛苦徭役中，反倒被优先运用到了战争里。当初南吴攻打江西时，便首次运用了火药攻城。这边吴越也一样，将猛火油投入到了战争中。

钱传瓘下令拿出了秘密武器——银筒，银筒看上去其实就是一个普通的铁筒，但里面灌满猛火油，筒口用银饰封盖。吴越军趁着南吴军混乱之际将银筒投掷到敌军船上，溅落出来的猛火油洒满了甲板，这个时候吴越军射过来的火箭立刻引燃了一片，火势迅速蔓延，南吴战舰这边顷刻间成了一片火海，烈火映红了狼山江面。

在这混乱无序的溃败中，南吴主将彭彦章逆势而上，拼杀向前，刀砍崩了，枪折断了，就用断杆木棍，身上剑创数十处，还在坚持作战。当然，林子大了什么鸟都有，一军之中有精忠报国的，也有隔岸观火的。副将陈汾不知道出于什么原因，在这混乱失控的局势下，竟然率着自己所部未波及的战舰撤出了战场，坐视彭彦章的灭亡。

突围无望，身受重创，陷入绝境的彭彦章知道留给自己的只有两条路了。可是，东海王于自己有知遇之恩，自己的家族参与了危全讽叛乱（之前吉州的彭刺史），这要搁在以前的朝代，那是要株连三族的，而徐温却没有。徐温非但没有搞株连，还给了自己乃至于这个家族翻身的机会——好好打赢这场仗。如今看来是无法做到了，但还有一点彭彦章可以做到，那就是弃残躯觅一死来成就自己的千古名节。

彭彦章自尽了，陈汾也撤离了战场，狼山之战以南吴军水师全军覆没告终。此战，吴越方面斩杀及俘获南吴军将佐七十余人，士兵近万人成了俘虏，缴获战舰四百余艘，粮草军械损失更是不计其数。

这一战可以说几乎荡平了南吴方面在长江中游弋的水师，苏南一带的水军濒临崩溃的境地，吴越则乘机掌控了长江的控制权。消息传来，徐温大惊失色，他深切地明白吴越一旦控制了长江，那么无论是江北的扬州还是江南的金陵，头顶都将悬着一柄利剑。

这个时候，徐温火速作出了两个反应，一是清算此战中的参战人员，陈汾作壁上观（虽然也许陈汾前去救援也不过是徒增伤亡，但赏罚必须分明），徐温将其满门抄斩，家产没收，转而赐给彭彦章的家属，因为老彭是为国而死的。心里装着国家的人，国家也必然不会忘记他！对比日后李璟如何处理战争失利的人员，我们不难发现，为何同样的军队，在徐温时期就能打得了硬仗！

另一方面，徐温急调江右的水师东向救援，护卫住东都扬州和西都金陵。吴越方面在取胜后未能及时行动，结果被徐温成功将水师阻击在了沙山（今江苏江阴），算是稳住了狼山之战后的被动局面。

紧接着，南吴的西线又再起战火，这次是后梁王朝的"荆南特别行政区"区长高季兴先生和后梁王朝"湖南省省长"马殷又掐上了，高季兴抢了马殷进贡给后梁的物资，马殷一怒之下大举入侵。高季兴这个癞皮狗自知和后梁求援无望，便向南吴抛出了橄榄枝，徐温此时东线刚刚稳住战局，怕马殷并吞掉荆南地区后，占据了长江中游，对南吴造成威势。于是，徐温派遣之前在江西战场上大胜的刘信领军攻打潭州，李简进军复州。

虽然南吴和吴越在东线战场上互有胜负甚至说有时候还会吃败仗（比如这次狼山之战），但在西线和马楚的交锋中，基本是把他压着打的。所以此次刘信一出兵，楚军就吓得撤了围，回去守家了。而李简更是趁虚而入，攻占了马楚的复州，还活捉了知州鲍唐，马殷颜面扫地。

南吴败于吴越，而南吴又战胜了马楚，这一胜一败之间钱镠似乎看出了未来南中国的走向——吴越极有可能取代南吴主宰起这块区域。

于是当年七月，钱镠派钱传璙率兵三万，水陆并进，攻打常州的无锡。这一次，坐镇后方的徐温再也坐不住了，同样是钱传瓘，同样是在无锡，这次徐温要将钱传瓘彻底打趴下。而怎么破敌，徐温的思路似乎和上一次的无锡会战一样，奇正相辅，正面拖住吴越军，派一支部队迂回到吴越军后方，前后夹击，一举荡平吴越军。

西方的哲人在那个时代早已经总结出一个道理：即人不能两次踏入同一条河流。换算到这边，那就是人不可能被同一块石头绊倒两次，可钱传瓘这个后生却注定要被徐温这个老前辈用同样的方法教训两次。这一次负责后方包抄的是吴越军的老对手陈璋，他从海门出发，利用水师迂回到吴越军后方。

吴武义元年（919）七月初七，常州境内的无锡县，吴越军和南吴军再次遭遇了。这个时候出了一个小插曲，就是作为三军主帅的徐温居然生病了。晚年的徐温可谓疾病缠身，见诸史料的多为气疾，这病搁在今天就是心血管疾病，当然徐温的心肺也有些问题。这么看来，七夕节正值南方的酷暑，徐温原本心血管就不好，天一热问题就出来了。

这要搁在平时，养着也就好了，可是现在双方大军都摆下阵势了，一旦徐温再败，吴越趁机而入，那苏南地区将会全部沦于敌手。面对徐温突然患病，无法坐镇指挥全军的不利局面，当时徐温随身的节度府判官陈彦谦作出了一个惊人的举措，他下令从军中找了个身材相貌和徐温相似的人披挂上阵，扮作徐温，然后再将中军所在位置挪偏了一点。这样一来，前方的士兵只能模模糊糊看到徐温那个位置有个人，也许可能是徐温，但是未必就是他。不过这样足以安定军心了，因为吴越军太心急了，陈彦谦刚做完这些，吴越军便发起了进攻，南吴这边哪里还有空去管主帅是不是徐温了，心里记住的是，拼杀向前就行了。

南吴军军容整齐，面对吴越的进攻方寸不乱，钱传瓘这次由于是陆军进攻，什么黄豆啊、石灰啊、猛火油啊统统没能派上该有的作用。双方的战事一时间进入到了胶着状态，这个时候，徐温突然下达了命令：全军出击！注意，此刻下令的已经是徐温本人了，据《资治通鉴》记载："俄顷，疾稍间，出拒之。"可见之前的病症此时已无大碍，或者只是简单的中暑，徐温休息片刻后便痊愈了，又或者徐温也深知这场仗对吴国的重要性，所以强撑病体镇定指挥。

（3）

我们看战争片，往往都是有这么一个套路，一方先发起攻击，另一方扛住了，便会间接地扭转态势，随即进行一场反击，而这反击往往能取得成功。这边也一样，吴越军无法突破南吴军防线，攻势越来越弱，南吴军便有了反击的绝佳契机。这时候，就连天都帮起了南吴军的忙，突然刮了一阵西南风，吴越军背风作战就更吃力了。

想当初钱传璙利用风向一把火烧掉了南吴军长江口数百艘战舰，这时候徐温也是"以其人之道还治其人之身"，下令放火箭。这个时候的吴越军阵型完全大乱，再也无法正常作战了。仗打到这个时候，已经演变成一方对另一方的屠杀了。钱传璙这个后生再一次地被徐温教做人，我想钱传璙此刻内心也是极度郁闷的：自己明明可以用计谋打败南吴军一二线将领，可在与徐温的对战中怎么就稀里糊涂地输了呢？而且关键是人家还没用什么计策，还是用自己的套路玩了自己一把。

其实钱传璙怕是忘了这么一句话：以不变应万变，这徐温恰恰就是这么一个镇定自若、后发制人的战场高手，只要他披挂上阵，纵使天下兵马皆来，也毫无胜算。只不过，形势已经不容许钱传璙总结失败经验了，他依靠着马力，抢先杀出了一条血路。

可是吴越军的将领何逢、吴建却没这么幸运了，军人的职业素养让他们无法像钱传璙一样率先开溜，既然逃不了，那就只能死在战场上了。最终，何逢、吴建二将战死，一万吴越军官兵也长眠在了无锡城外。

当然，这个时候吴越的水师也遭遇了灭顶之灾，前方战事还未及时传来，南吴军的陈璋却率领了南吴军水师突如其来地出现在吴越水师的后方。缺乏钱传璙的坐镇，这一支水师也算是乌合之众了，在陈璋的带领下，南吴军于香湾（今苏州太仓港）大破吴越水师，几乎是全歼了这支部队。水陆两军接连失利，三万吴越军能逃出去的不过寥寥千余人，钱传璙一败涂地，就连钱镠"吞并南吴，一统江东"的美梦也彻底破灭。

战后，徐温在处理战俘的时候看到了两张熟悉的面孔——陈绍和曹筠。一个是被抓回来的，一个是自己逃回来的。陈绍我们比较陌生，只需知道此人也算是南吴早期的一批优秀将领之一了，面对这种反水的二五仔，徐温选择了大度释之。

曹筠我们想必有印象，当初钱传瓘的成名之战就是击败了吴军一流将领李涛，而李涛的分析据我们参考南吴这边的记载，很大程度上便是因为这个曹筠出卖。顺带提一下，那场战争吴越方面甚至记载了徐知诰参与其中并被杀得大败。陈绍性质和他不同，人家逃归逃，至少没有坑上司一把啊，这边被曹筠连累的李涛这时候还在吴越那吃牢饭呢，更别说那数万将士的性命。

可是呢，自从曹筠叛逃后，徐温就一直派人接济曹筠家人，还写信给曹筠说是因为自己的不公正待遇造成了他的出逃，过错方在自己这边。说真的，像徐温那种时刻能反省自身的领导实在是太少了。这一回，抓住了曹筠，徐温依旧没有追究，还让他官复原职。曹筠也是知道羞耻的人，当他回去后发现家人这些年一直深受徐温的恩惠，自己内心万分愧疚，竟然羞愧而亡了。

回过头来看这次第二次无锡会战，吴越军三万人马几乎被全歼，徐温赢得了这场战争胜利。但是胜利之后，关于接下来要做的事，南吴集团内部展开了激烈的讨论。经过讨论基本形成了两个说法（当然也只能是这两种说法）：一、见好就收，撤军回金陵，和吴越继续睦邻友好下去。二、趁他虚要他命，反正吴越三万大军被聚歼，如今钱塘江以北怕是再也凑不出三万人马了，所以此时正是席卷浙北的大好时机，即是说灭掉钱镠也是有可能的。

而且令人出奇的是，除了徐温，统帅部其他人员一律选择了二号方案，坚决要求徐温灭了钱镠。诸将都纷纷指出说：“吴越军所倚仗的不过是舟师之便，可如今钱传瓘所部水师几乎全军覆没，再者，今年天旱，吴越四通八达的水系多半干涸了，此时正是利于我们骑兵步兵发挥机动优势的时候。只要我们一鼓作气，那不久之后金陵城的朱雀航上就可以看到钱镠挂着的首级了。”

而作为我们的主人公，徐知诰的目光则更为敏锐，他提出了一个釜底抽薪的主意：自己亲率两千精锐，穿上吴越军战俘的装束，假扮成吴越的败兵，趁机溜进苏州城中，然后一举夺下吴军多年都未曾夺下的苏州城。

可以说徐知诰的计策很妙，后世皇太极计赚李永芳也是有着异曲同工之妙。

尽管后世的史书将徐知诰评价为一个守成之君,可从这么一个历史的细节来看,徐知诰心中装的是金戈铁马,绝非是单纯的太平天下。

但是,徐温却予以拒绝了,给出的理由很荒唐:知诰的计策很妙,诸将的提议也有一定的道理。但是,我已经不准备继续讨伐吴越了,此战是吴越挑起的事端,我本息事宁人,既然现在都打完了,何必再起战火?天下纷乱了近四十年,就连唐朝都亡国十余年了,百姓家破人亡,颠沛流离,有些人过得甚至连唐末都不如,这些,难道就是我们浴血奋战想要获得的吗?仗,打得太久了,人,死得太多了,该收手了。

没有人能知道,曾经南征江赣、北击朱梁的徐温为什么在如此良机面前突然收手,但他们都选择了服从,毕竟,这么多年来,徐温所做的都被验证成为正确的。但是,后来的历史证明,这恰恰是徐温一生中做得最错的一个决定,吴越的存在成为南吴乃至日后南唐头顶的达摩克利斯之剑,一旦落下,带来的便是亡国之灾!

后人对于徐温撤军的原因,基本总结出三点:其一,钱镠本人就是个乱世枭雄,自阻击黄巢以来,几次从鬼门关逃回,当年陶雅、田頵的兵临城下并不会比今日的形势差多少。既然当初杨行密都未能做到的事情,徐温又如何能一定做到?

其二,一旦南吴对吴越展开灭国性质的军事行动,那作为吴越同盟关系的梁、楚、闽不会坐视不理的。尽管后梁有李存勖牵制,可闽国和马楚却离得很近,事关国家安全,他们不会坐视不理。

其三,吴越内部已经早早完成了从军事集团向国家政权模式的转变。这点之前我也提过,在南方诸国当中,吴越是率先完成这一步的,如今吴越国境内,宗族子弟和死忠将领占据了各个州县,即使南吴斩首行动杀了钱镠,那浙东诸州还会拥护钱氏族人继续对抗南吴。这点从后来南唐伐闽越和马楚便能看出,抓了闽越皇室,还有留从效、陈洪进割据自立,俘了马楚宗室,依旧有刘言、周行逢各据一方。抓了钱镠绝不等同于彻底灭了吴越。

五、徐温之政

（1）

但是，回过头来，我们发现，这三点因素只是阐述了南吴未必会一战灭吴越。但我们注意下徐知诰的建议，他建议灭吴越的计划可以慢慢来，比如先定一个小目标——夺取苏州。这个我们略作分析是可行的，而夺取苏州的意义相当之大。

拿下苏州，意味着南吴的版图囊括了今天整个江苏省、安徽省加江西省，坐镇沃土，对抗面积还不到如今一个浙江省（当时的区划，嘉兴也被划入苏州的管辖中）的吴越，强弱对比之下，可以知矣。

其次，从地缘上看，一旦苏州归于吴国，那就意味着太湖将彻底成为吴国的内湖，长江也将成为南吴的单一天堑。到时候，南吴的舰队可以自由地游弋于长江，甚至还可以时不时光顾下钱塘江，等于扼住了吴越的咽喉。而苏州一失，湖州便显得岌岌可危，此地将受到来自苏州、常州、太湖三方面的威胁，也许可能成为南吴下一步扩张的地区。

再者，从经济上说，由于钱镠的水利工程，苏南地区水网都勾勒得相当完美，苏湖两州在慢慢地成为吴越的钱袋子。南吴拿下苏州，等于是勒住了吴越的钱袋子，将钱镠辛辛苦苦做的民生工程据为己有，此善之善者也。"取苏制越"，到时候头顶悬着利剑的就是吴越而不是南吴了！

然而，如此一着妙棋，徐温依然拒绝了。这，又是为什么呢？历史的真相总是容易被尘封。那我就试着略作推测了：我们注意下此时徐温的年纪——五十八岁，杨行密死的时候是五十四岁，五十而知天命，尤其是在征战中还恰巧犯病的徐温，他不会不对自己的身体状况有所担心。徐温不怕死，但他却怕死得不是时候，像杨行密一样，后事还没安排好，便撒手人寰，结果杨渥倒行逆施，引来杀身之祸，这是徐温不愿意看到的。养子还是亲子，到底选谁接班，徐温心里头一直很困惑，但此次生病也许让他开始重视这个问题了，他要在死之前快速回到金陵，把该做的事情都做好，毕竟鬼知道自己继续南征会不会健康再出问题。

当然，还有第二点因素，这个得从徐温的个人性格入手。在讲这点之前我先讲个故事：有对恋人相爱了十年，结果最终分手了。女方曾经在男方一无所有的时候，陪他一起吃苦，住着十几平方米的小房间，蹭着地铁上班，但就在两人即将结婚的时候，男的带女的去逛一家高档的商店买衣服。这是男的第一次带女的来如此高档的地方，带着内心的小忐忑，女的在奢侈品里选了一件中等价格的衣服。结账完后，男的说我们分手吧，女方大为不解，问为什么。男的说，自己想娶的是一个会持家过日子的，而不是喜欢乱花钱的，如果刚刚女方没有买那件衣服，他就开始正式着手婚礼了，可女的最终还是买了，他接受不了三观不同的人做伴侣。

故事的结尾是女的狠狠地打了男的一巴掌，并留下一句话：我陪你同甘共苦，你却对我处处提防。我原以为你只是想让我苦一阵子，可你却想让我苦一辈子！

看完这则故事，作为男同胞的我也表示这样的男人嫁不得。当你薪水微薄的时候，女的陪你吃了多少苦，如今一件价值甚至连自己半个月工资都不到的衣服，就把这么多年感情卖了？那这感情真是廉价和不值！

我们换个角度，把男女对换成统治者和百姓，发觉竟是如此发人深省。刚开始打天下的时候，百姓归附于统治者，苦点累点也认了。可到了坐天下的时候，统治者又换了一副嘴脸，他们就像是吸血的牛虻，驱赶着百姓继续为他们所奴役。大江北岸的五代就是真实的写照，他们推翻前朝的时候，拉着百姓踊跃参军，哄骗他们仗打完了，就自由了。可结果呢？等推翻前朝自己坐了江山，他们想着的又是开疆拓土！他们要的不是百姓一世为他们流血，他们要的是百姓世世代代为他们流血！

徐温是过来人，当初跟随杨行密起家的那批士兵早已是匆匆老去，而新一代的兵娃成了南吴军的主流，而这些年轻的士兵都是徐温子辈一代的人，看着这些后生在永无止境的战争中死去，徐温的心在滴血啊！如果老一辈拼死拼活打下江山还不能换取小一辈的幸福生活，那老一辈的奋斗意义何在？那些竭泽而渔、穷极民力的统治者们就不怕被百姓们戳脊梁骨吗？！徐温，真的可以说是把众生的悲苦都放在心里的领导人了，如果在那个混乱不堪的十国乱世中，还有两个真正有良心的统治者，那必然是徐温和徐知诰父子。今日好战的徐知诰日后也如徐温一般——保境安民、与民休息。

烟波浩渺、波光粼粼的太湖之上，徐温和徐知诰并立于战舰的舢板前，此时他们正在凯旋的途中。徐温极目望去东南方，问道："正伦，那边，是苏州，还是湖州啊？"徐知诰看了一眼，说道："回父亲，是苏州，可惜啊，差一点就成了我们的领土。"徐温叹了口气，说道："你是在埋怨为父没有听从你的意见取苏州吧？"徐知诰低声说道："儿子不敢。只是，天予不取，反受其殃，甬东之悔，足以为诫啊。谁敢说钱传瓘不会是又一个勾践啊？"

徐温微微一声长叹，说道："他是勾践，可你不是夫差啊，不是吗？"徐知诰此刻嘴角闪过一丝不易察觉的微笑，转而又平静地说道："父亲，你知道吗？趁着你我亲征的这段时间，吴王将他几个兄弟可是一一封公了，朝中传来消息，杨濛封为庐江郡公，杨溥封为丹阳郡公，杨浔封为新安郡公，杨澈封为鄱阳郡公，吴王世子杨继明为庐陵郡公。"

（2）

徐温注视着徐知诰，说道："你这是不甘的抱怨吧，这些人都封公了，而你，却连侯都没封。"徐知诰忙回道："礼制在此，我不是宗室，封不得公的。可儿子是为父亲忧虑啊，您出征在外，吴王便能按照他的意愿来。若有朝一日……啊，儿子失言。但，一步之遥，朱温能做的事，父王，您如何做不得？"

徐温没有立刻回复徐知诰，而是说道："我国家而为他人所有，可乎！你知道杨濛被封庐江郡公，却不知道他当时说了这句话吧？"徐知诰赶忙说道："父亲慧眼如炬，的确比儿子所知更多啊。杨濛真是包藏祸心。"迎面吹来的海风让徐温打了一个激灵，说道："正伦啊，我们坐着一艘大船，遇到点风浪，尚且会颠簸。若要换成小舟，会如何呢？这太湖看着波澜不惊，可实则暗流涌动。表面上我们把持国政，可正因为杨吴是艘大船，所以我们才能这么稳当、妥帖啊。为父这辈子一世吴臣，死了也只能写进《吴书》，非分之想，断不能有的。今日，你对着这太湖水，给父亲起个誓吧？"

徐知诰忙问："父王要我立什么誓？"徐温目光灼灼地盯着他："我要你发誓，这辈子，你也只能做吴臣。"看着徐知诰略有犹豫，徐温又问道："怎么，你不肯？"徐知诰犹豫了一会儿后说道："儿子不会忘记当年差点死在杨渥手里，我想杨隆演兄弟也必然会把杨渥之死归咎于父王啊。这，是一个死局，望父王不要走错。若真要起誓，那我受杨行密羽翼十载，我日后便还他杨家天下十年。"

徐温又继续追问："十年之后当如何？"徐知诰淡淡地说了句："若天意真在吾，父王必为周文王。儿子告退。"说完，徐知诰便转身走了。望着徐知诰远去的身影，徐温猛地用拳头砸了一下护栏。

徐温回京后，再次向钱镠投去了橄榄枝。当年八月，徐温授意吴王释放了这次战争中被俘获的吴越士兵，以此来换取钱镠坐回到谈判桌前的先决条件。钱镠是聪明人，知道如果当时南吴乘胜追击南下会怎么样，虽说吴越不能就此彻底崩盘，但吃下苏湖两州，于南吴的国力来说绝不是问题。

南吴这边显示了诚意，钱镠也派了使臣过去。双方就此达成和谈协议，结果这次的和谈居然保证了吴、越两方长达二十多年的和平。有人说，这是徐温和钱镠的功劳，说真的，我更倾向于徐知诰和钱传瓘的苦心经营，才缔造了这二十多年的和平。

因为，在这次和谈过程中，钱镠的一个举措让徐温知道，此人注定和自己不会是一路人。起因是徐温让钱镠称王，毕竟南方很多国家都称王了，即使是同样臣服于后梁的马楚和闽越也都称王了。所以，徐温希望钱镠也顺应大流，称王，但称王之后的方针，才是徐温在意的核心点。

徐温的心思很简单，吴越称王，和南吴乃至其他南方诸国一起缔结成一个集团，同仇敌忾对付北方的朱梁政权甚至说即将取代朱梁的沙陀政权（后者可能性更大一些，吞并掉后梁的李存勖版图会超过后梁时期很多）。

可是钱镠的心思岂是徐温所能把握住的，在钱镠这样的人眼中，从来就没有什么道义问题、立场问题。你和他讲什么"华夷之辨""善恶之别"，在他眼里统统都是浮云，他只认可利益。而自己要坐稳浙江的天下，必须要遏制或者打残南吴，自己可以接受停战、和谈，但绝不会接受和南吴的并存。而谄媚北方政权是钱镠压制南吴的唯一手段，也就是说，吴越这个政权只要存在一天，那亡南吴之心必然不死，现在接受和谈是因为打不过，而不是不想打！这就是钱镠心中最为真实的想法！

甚至钱镠还大言不惭地自比曹操，说徐温是孙权，给自己劝进要把自己放在火上烤（他也真不害臊）。当然，钱镠以小人之心度君子之腹绝不仅此一次，以后我们会提到。

虽然这第二次无锡之战发生于杨隆演执政时期，但史书似乎并不垂青这位虚位元首，对于其在任期间所做的事情记载于册的只有两件。除了之前提到过的建国一事，还有一件事便是在武义元年（919）十二月的时候，南吴颁布"限武令"。这个"限武令"搁今天就是和"禁枪令"一样的法令，禁止百姓私自藏匿武器。但是呢，这个法令一颁布立刻引发了很不好的反响。老百姓被没收了武器，可盗贼们没有啊，治安状况非但没有得到缓解，反而引发了匪类猖獗的怪现象。

于是，御史台主簿卢枢就上书劝谏说："现在咱们是乱世，你搞那么一套是太平盛世才用得上的。让老百姓保留武器，一方面是出于自我保护，另一方面也是为了让他们将来投入战场，可以更好地熟练运用武器啊。对于匪类，我们依靠的并非就是军队，让百姓保留武器，并把他们组建成民兵，那土匪还敢作乱吗？"

老卢的提议很对，古往今来，治理国家就像是治水，堵是堵不住的，关键要靠疏。老百姓做不做恶，跟他们手里有没有武器无关，而是跟这个国家的教化有关。你要都是良善百姓，给了武器也不会做坏事，你要本来就是刁民，拿根木棍也能杀人。所以独断独行的周厉王怎么样了，被国人驱逐出了都城，死在荒郊野岭。

老卢说得对，说得对的事情就要被肯定，所以作为徐温未来最有希望的接班人，即我们的主人公徐知诰便很欣然赞同了这一主意，第二年年初就宣布解除了"限武令"。

（3）

当然，徐知诰在废除"限武令"的同时，还趁机敲打了一下军界大佬。这个人叫张崇，负责镇守庐州，之前我曾提过，庐州是杨行密的老家，也算是南吴早期四大重镇之一。所以，张崇虽然在史书上着墨不多，但能镇守这么一处地方，在当时地位肯定也不会低到哪里去。

可是这个张崇却不是什么良善之人，据史书对他的记载是"残暴不仁、苛政害民"。南吴武义二年（920）正月，张崇奉命攻打湖北一带的安州，结果却铩羽而归，于是，徐知诰准备借机发难，好好敲打下那些平日里为非作歹的兵痞。

徐知诰查张崇的由头是张崇在任期间"贪赃枉法、无恶不作"，而负责审理这案件的是御史知事杨廷式。按理说这事情徐知诰如果真想拿来搞张崇，他应该亲自去，可徐知诰也顾及张崇可能会狗急跳墙，所以把包袱甩给了小杨。

这个小杨也是个愣头青，当徐知诰问及如何抓捕张崇时，小杨傻乎乎地回答："直接用枷锁给枷了！"当问及枷完后怎么办时，小杨的回答更让徐知诰惊得目瞪口呆——"送交都统（徐温）处置！"

送给徐温处置？送给徐温还能处置吗？徐知诰可深知自己这位义父，那可是体制里熬资历熬上来的，尤其是又主抓军政。如今自己来这一手，岂不是让义父为难了？知道的明白徐知诰是为了国家好，可徐温要是胡乱一想，怕就怕会误认为徐知诰此时眼里已经没他这个父亲了。

于是徐知诰便和小杨说大可不必如此。但小杨这犟脾气上来了，硬是要怼张崇，顺带怼一下徐温，以此昭示国法不可欺。徐知诰连忙劝阻说："行了，这事情我来吧，就不劳烦你了。"当然，徐知诰说他来，其实最后就不了了之了。因为他知道自己的父亲，虽然一心为了国家，但出身在那，不可能真和整个官僚集团作对的。而小杨铁面无私的处事态度也让他得到了徐知诰的肯定，被拉入自己的那套班底。

那回过头来，我们看这件事的时候，主角杨廷式是否真就是铁面无私？对此我是存疑的，这次的事情他如此坚持，极有可能说明他并非傻得脑子不懂转弯，相反，他比任何人都精明。一查到底，给人一种他"执法如山"的感觉，更让徐知诰开始要争取他这样一个人,但最后居然把皮球踢回给了徐知诰,一箭三雕,不可谓官场的个中高手啊。

当然,武义二年,吴王杨隆演的生命也走向了终点。他在江淮之主的宝座上已经坐了十三年了,这十三年中他从弘农王到吴王,南吴国北拒朱梁,东抗吴越,西阻马楚,南控江西,看似风光无限。可实际上,这些荣耀和他并无半毛钱关系,这都是徐温和徐知诰这对父子所做出的贡献。

作为国家元首,杨隆演就正儿八经地做过两件事,一是称王后加封了自己的几个弟弟,二就是之前提到的"限武令",可这"限武令"还让徐知诰说废就废了。人活到这个份上,也真够郁闷的了,一郁闷就容易生病,一生病在古代也很容易死。很快,杨隆演就一病不起了。

国王要死了,那接班人是谁?其实这个问题全部交由徐温决定,只要他愿意,杨继明、杨濛、杨溥都可以成为下一任吴王(杨浔、杨澈此时已经去世),甚至说,如果他愿意,他自己就可以取而代之!

杨隆演是谁?老百姓不认得,周围的那些虎狼之邻也不认,他们只认可徐温。所以,继任君主究竟立谁,徐温的态度很关键。当年五月,徐温从金陵回到了广陵,召集群臣商议皇储的事情,当时有些人就开始揣摩徐温的意思,便说道:"以前刘备曾经对诸葛亮说过这么一句话,'嗣子不才,君宜自取'。"

这句话一出口,徐温很快领悟了这帮官僚想做什么了,他们是想把自己放在火上烤啊。所以,徐温必须给出一个态度,是继续谦恭为臣,还是取而代之,都得有个准信。于是徐温说道:"老夫如果真想做这个吴王,当初诛杀掉逆贼张颢的时候,完全就可以这么做了,何必等到今天!就算杨家没有男子,有个女儿我都要把她扶上皇位!谁再敢胡说八道,立斩不赦!(吾果有意取之,当在诛张颢之初,岂至今日邪!使杨氏无男,有女亦当立之。敢妄言者斩!)"

徐温的态度很坚决:这南吴王朝的皇帝只能是姓杨的当,谁要想搞阴谋,老夫先搞了他的脑袋!有人会说徐温这么说完全是有沽名钓誉的成分,可是细细想来,徐温哪句话说的不在理?沽名钓誉?当初他用计诓骗李遇的时候,名誉早就抛在脑后了。此时的徐温离那张宝座不过一步之遥了,即使跨过那一步,又如何?之前宋齐梁陈四个开国皇帝不都这么做的吗?他何苦在自己名誉已经受损的情况下还如此吝惜羽毛？

所以，徐温能说出那番话全然是自己的一片赤诚之心，杨行密有重恩于己，这辈子，杨家的天下自己只能保，不能拆。一世为臣，这是徐温对自己的承诺，也是对先主杨行密的承诺。

电视剧《虎啸龙吟》里刻画了一个戏剧版本的司马懿（之所以称之为戏剧版本，是因为与历史上的司马懿性格差异很大），他从最初那个不争输赢，只争对错的书生一步步沦为名利场中的赌徒，最终高平陵之变中窃取国家大权。

里面有处细节处理得很好，即最后一集时，司马懿向曹芳陈述完自己最后的心愿后，黯然从台阶退下，起初几部走得是帝王才能走的中间御道。猛然之间，司马懿回忆起过往，而后淡然一笑，从边侧的台阶走下去了。在最后一刻，他克制住了自己的欲望。

而历史上的徐温，和影视剧中的司马懿极为相似，在人生的暮年，他也克制住了自己的欲望，位极人臣，却没有逾越最后一条底线。"周公恐惧流言日，王莽谦恭下士时。假使当年身便死，一生真伪谁人知？"有人认为，同为权臣，霍光和王莽最终的历史评价不同，是因为时势。殊不知，这其中个人的性格也是极为重要的，徐温就是这类随性格走的权臣。

一切尘埃落定，丹阳公杨溥被立为监国，实际上也确立了他皇储的身份，而杨溥的三哥杨濛则去舒州当团练使了。五月底，在位十三年的吴王杨隆演去世，终年二十四岁，六月十八日，杨溥成了南吴王朝的新吴王。

六、洛州刺史

（1）

"洛州刺史"，这个外号是南汉国皇帝刘龑赠送给刚刚统一北中国的后唐皇帝李存勖的。那么，这个李存勖何以被刘龑蔑称为洛州刺史，而刘龑又有何可恃的资本来贬损李存勖呢？这一切的一切还得从李存勖灭后梁说起。

921年，是杨溥继任新吴王的来年，他改元顺义，南吴王朝的历史又翻开了新篇章。这一年的三月，吴越方面释放了被囚禁八年的南吴名将李涛，这位杨行密时代仅存下来的"三十六英雄"之一，在异国吃了八年牢饭，终于回国了。徐温任命其为右雄武军统帅，但此时无论是徐温还是李涛，都深知昔日的辉煌已经不复存在，如今的李涛只不过是过了气的跑堂式人物，也许还要排在陈璋、柴再用、李德诚这些后起之秀的名位后面。

八月，我们的主人公徐知诰被封为同平章事，兼江州观察使，不久以后又改江州为奉化军，让徐知诰兼任节度使。这边我得顺带解释下，唐朝藩镇割据，这是大家都知道的，但唐朝不是在所有地方都设立节度使的，这一点大家也许并不知晓。就像偌大的四川，也就设立了两个节度使，节度使下面其实还是有行政机构的，只不过他们要受制于节度使。通俗来说，节度使与现在的军区等同，但实际权力又大于军区。

之前徐知诰虽然也做过地方的一把手，却没有资格跻身成为节度使，无法成为节度使就没有兵权，在那个时代没有兵权就是失去爪牙的老虎，看似威风，实则没什么伤害。如今兵权在手，徐知诰接替徐温貌似已经是板上钉钉的事了。当然，凡事都会有些不和谐的小插曲，这边也不例外，但在讲小插曲前，我们把目光跳转到北方，因为北方此刻正在发生一件翻天覆地的大事！

南吴顺义三年（923），后梁走向了他的末日，已经称帝的唐皇李存勖下令全军南下，这一次，他要彻底消灭后梁，成为主宰北中国的霸主。在此之前，他已经兼并掉了赵王王镕和燕王刘仁恭父子，还向北开疆数百里，解除了契丹对于他北方的威胁，这一次，后梁在北方再也没有可以牵制他的力量了。

李存勖目光犀利，他派义兄李嗣源夺取郓州，在梁军的版图侧翼砍了一刀，并扼住了后梁核心统治区与外府的咽喉部位。而后，李存勖再次派人给南吴递交国书，言外之意肯定是要南吴出兵了。李存勖自然不傻，他怕自己要是无法一口吃掉后梁，到时候南吴摘桃子，自己赔了夫人又折兵，尴尬异常，还不如提前就做出姿态，让南吴联合出兵。

徐温是准备出兵的，但这次徐温不会再傻兮兮地出兵河南徒耗兵力了，他准备利用南吴强大的舰队，登陆胶州湾一带，然后看局势下注，最终目标只是掠夺财富和人口，至于土地，不存在的，徐温知道那些地方，自己打下来也未必守得住。

但是，这时候智囊严可求就说了："如果到时候你带着水师去了，梁军让你去支援他，你该如何拒绝？（若梁人邀我登陆为援，何以拒之？）"严可求的意思很明显，战场上胜负难测，你虽说是李存勖喊去的，但如果梁军到时候向你求援，你救援还是不救援。你如果不救援，李存勖要是打赢了还好，要是打输了，这不是引火烧身吗？

是啊，徐温这时候突然醒悟过来，自己当初无锡会战后没有继续讨伐吴越，不就是为了息事宁人吗？自己此刻的举动岂不是违背了初衷？如果战败，李存勖大不了退回太原，可梁军会大举南下淮南，拿自己出气的。而且，联合沙陀人去打汉人，以后写进史书里会遗臭万年的，虽然后梁这个政权也不是个好东西。

徐温听从了严可求的建议，不再出兵助唐。可最后的结果后梁还是被灭了，当年十月，唐军保卫后梁首都开封，梁末帝朱友贞想自尽不敢，就让随从杀死自己，后梁宣告灭亡。这位弑兄的帝王在坐了十年天子后，迎来了他的末路。纵观朱梁王朝，两代三帝，都是些不仁不义之徒，坏事做尽，断绝人伦，朱温扒灰在前，朱友珪弑父随后，是一个窃取了黄巢起义果实诞生的王朝，真是生时卑鄙，死时耻辱。

后梁被灭了，那剩下昔日后梁的仆从国和敌对国对于这个新生的后唐政权又是怎样的态度呢？先说北方，契丹对后唐的态度可以说不温不火，被李存勖教训过，但依照此时契丹的吨位，也不是李存勖可以轻轻松松能吞并的，所以犯不着巴结这个李亚子。而此时契丹正值耶律阿保机在位，刚刚创造出契丹文字，内政也算搞得风生水起，并准备东征，消灭当时东北亚文化、政治最先进的渤海国。

再看另外一个未能跻身进十国，但也曾阔过的岐王李茂贞，这些年他被王建的前蜀国揍得不轻，此时还打着"唐朝"这块破招牌，如今李存勖重新打出了这块招牌，他也就顺势投降了，并给自己美其名曰"归唐"。李存勖对他不薄，改封其为秦王，来年去世。

介绍完北方这些政权，就该来说说南方诸国了。先从朱梁那几个狗腿子小弟说起吧，令人震惊的是，这些平日里唯后梁马首是瞻的小弟，得知老大被人灭了后，竟然不约而同地选择了归顺。首先是湖南的马殷，这厮是最㞞的，他派儿子马希范入朝，并缴纳了洪州、鄂州行营都统印信，还献上楚国将吏名册。这种行动后世有个名词叫“纳土归降”，也就是说，只要李存勖愿意，这湖南大地马殷愿意如数奉上，也就是他国也不要了，就想和李茂贞一样，做个新朝廷的藩王。而且，胆小如鼠的马殷这段时间由于摸不准李存勖态度，为避免得罪他，朝也不上了，躲到山里去了，怎一个“㞞”字了得。

说完马殷，就该说说那个后梁时期高度自治的荆南节度使高季兴，其实高季兴本名高季昌，他改名完全是为了避讳李存勖祖父李国昌的名字，态度实在够虔诚了。如今看到马殷遣子入朝李存勖，高季兴知道自己的版图夹在这两家之间，于是赶忙也准备入朝事宜，为了显示得比马殷更虔诚，高季兴竟然准备亲自前往。这个时候，作为高季兴的智囊梁震老先生就发话了：“李存勖不比朱友贞，他是要并吞天下的，现在的你即使命令部队据守以待都未必能幸免，怎么想到要入朝归附的？你和岐王李茂贞不同，你可是朱温的旧部啊，当初可没站在‘反梁复唐’这边。”然而高季兴并没有听他的，还是入朝了。

其实细细想来，高季兴的选择也不能说错，毕竟如今马楚归附已经造成了后唐势力可以轻而易举拿下湖南大地，自己这块小政权夹在中间还不是死路一条？倒不如早点归降，说不定还能也让李存勖封个王呢？秦王不有了吗，楚王可还缺呢，得和马殷争一争这个楚王。

再来说说钱镠，钱镠对后梁恭敬万分，虽然被朱友贞认作干爹，但干爹对儿子可谓孝敬至极，如今后梁被李存勖灭了，钱镠也赶紧抱大腿，求取吴越国的册封。而同样对中原很恭敬的闽越国主王审知也选择了和钱镠一样的做法，遣使表示归顺。但吴越、闽越两国的态度很模棱两可，虽然表示归顺，但却并没有“纳土归降”的打算，毕竟隔着南吴，想纳土也不切实际嘛。

（2）

当然，并不是南方诸国都像这些狗腿子一样骨气全无，在这个时候，有三家跳出来叫板李存勖。首先是最早脱离“反梁复唐”联盟的前蜀，当初李茂贞、李克用、杨行密、王建可是一起盟誓要反朱温的，可王建估摸着自己有蜀中天堑，别人也奈何自己不得，便关起门来自己称帝了，唐朝的旗号早就丢了。

如今，李存勖打着"唐朝"的旗号，自然要对这个背盟的来点教训，而当下前蜀国是王建的儿子王宗衍执政，这皮小子骄奢淫逸也就罢了，对于平日里自己老父是否开罪过李存勖可谓是一点数都没有。于是，李存勖就派李严（不是三国那位）访问前蜀，王宗衍与李严在上清宫会见，成都的士庶男女，成群结队，夹道欢迎。李严看到前蜀人富物丰，但王宗衍骄奢淫逸，于是归国以后向后唐庄宗献策攻蜀。

王宗衍用自己的亲身实践告诉我们这么一个道理：膘肥体壮是狮子的权利，如果这转嫁到猪身上，那就离死不远了。

和王宗衍一样没个数的还有两广一带的南汉国。这个时候南汉的国君是刘龑，这个刘龑很像历史上的孙权，并不是说他能力能和孙大帝媲美哈。而是他继位方式和自大的心理和孙权很像。南汉得以建立全仰仗于刘龑的父亲刘谦（不是魔术师刘谦），刘龑的父亲刘谦属于倒插门，娶了当时唐朝宰相韦宙的女儿。

但是，刘龑却是庶出的，这就很尴尬了，本来这继承权落不到他身上，但后来韦氏出于嫉妒，杀了刘龑的生母，本来还想杀刘龑的，但惊讶于刘龑的相貌异于常人，最后只得作罢，还亲自抚养。

后来薛王李知柔（之前提的徐知诰另一位疑似父亲）坐镇广州，刘龑的父亲刘谦通过帮助平定叛乱，成为广州地区军界一把手（崛起的路径很像陈霸先）。不过刘谦壮年而逝，未能一展宏图，刘家的大业交到了刘龑哥哥刘隐的手上。刘隐的军事才能不亚于其父刘谦，如果说刘谦只是让刘家在广州立了足，那刘隐基本是完成了刘家对广东地区的控制（很像孙策有没有？）。当然，刘隐却像孙策一样壮年而逝，刘家的担子落到了刘龑的身上。

南吴天祐八年（911），刘隐去世，由于刘隐膝下无子，只有两个女儿，刘龑顺利接班。刘龑的老东家后梁随即册封其为清海军节度使、南平王。到了梁末帝继位后，刘龑又摇身一变，成了南海王。当然，这是后梁方面的册封，此时，刘龑在自家地界早已独立建国了，国号大越，改元乾亨，定都番禺。而后追尊祖父刘安仁为文皇帝，其父刘谦为圣武皇帝，其兄刘隐为襄皇帝，建立三庙。在朝中设置百官，以杨洞潜为兵部侍郎，李衡为礼部侍郎，倪曙为工部侍郎，赵光胤为兵部尚书，都委以平章事。

南吴天祐十五年（918），刘䶮又觉得自己这个大越国听着不霸气，感觉像是蛮夷之邦，考虑到自己姓刘，于是改国号为"汉"，史称南汉。当然，这里得提一下，刘䶮这个名字都是他自己改的，原来他的名字是刘岩，取这个名字暗合"飞龙在天"的意思。其实刘䶮名字虽然改得霸气，但做出来的事情让人感觉他不是飞龙，而是蛟蜃。因为刘䶮生性非常苛酷，他亲自炮制了刀锯、肢解、刳剔等残酷的刑罚，每次亲眼观看杀人的时候，他都喜不自胜，都像享受口福之乐一样，口水直落下。

一国之君，这般丧心病狂，也就北齐的高洋、前秦的苻生、后赵的石虎可以媲美了。但是，刘䶮对于治国还是有两把刷子的，改国号"汉"的第二年，他就开始从内部改组政治体系，将一个军事集团迅速改造成国家政权的规模。这一方面，他虽然落下了吴越很多年，却基本赶上了南吴、闽越和前蜀。

到了南吴顺义三年（923），中原发生剧变，李存勖成了天下之主。刘䶮眼瞅着昔日的老东家没了，心里很恐惧，于是派宫苑使何词出使后唐，注意下，刘䶮这个举措并不是为了准备投降或者归附事宜，其实是窥探后唐虚实。毕竟当初自己称臣后梁都能堂而皇之地在朱友贞眼皮子底下称帝，如今老东家早已不复存在，李存勖又算个啥？于是称大汉国主致书大唐皇帝。

刘䶮虽然狂妄，但还是怕触怒了李存勖，因为毕竟马楚、荆南都准备投降了，一旦他们两家投降，那南汉可就真的和后唐李存勖接壤了，所以刘䶮的外交辞令只称国主，不称皇帝。但何词出使后，李存勖并没有存心刁难使臣，何词回国后告知刘䶮说后唐必生内乱，不足为虑，于是刘䶮大喜。当他得知李存勖目前也不过就是霸占着北中国而已（也许刘䶮地理知识不好，认为北中国加起来也不过广东那么大），于是自称祖上是长安的贵族，耻于接受蛮夷（指沙陀族的李存勖）的封王，并且称后唐皇帝为"洛州刺史"。

这么一来，刘䶮算是正儿八经开始了怼中原政权的政治生涯了。说完了前蜀和南汉，就该说说南吴了，前蜀有蜀道天堑、南汉和后唐不接壤，这两家嚣张也算是有嚣张的条件，但南吴呢，江淮防线？徐温对此还是有些打怵的，因为一旦真正和后唐交战，那面对的可就不是后唐一家，还有吴越、马楚、荆南这三条沙陀人豢养的恶狗。

正在徐温踌躇期间，后唐的使者也来了。关键时刻，严可求再次给徐温打气了，他说："我早听闻李存勖得中原之后便目中无人，成天和戏子泡在一块，还贪天功为己有，驭下无法。看着吧，照他那副样子，别说一统天下了，他这伪唐用不了几年就得完。我们只要不卑不亢，让他找不到由头也贪不到便宜，慢慢坐视他亡国吧！"

然后戏剧化的一幕出现了，后唐的使者在吴国大殿上喊道："吴王接旨！"杨溥一点反应都没有。喊谁呢？老子又不是你的藩王。当然，杨溥这么硬气也全是徐温给他的胆子。后唐使臣一看南吴大殿上一干臣僚怒气冲冲，大有把自己活剐了的架势，于是只能说"大唐皇帝致书于吴国国主殿下"。这个规格基本参照了后唐对南汉，为什么不称杨溥为皇帝呢？一来，杨溥确实也就称王，想尊称他一声皇帝都不行。二来，承认了人家皇帝，那就承认了天下有二主，"两个中华"这样的政治错误使臣肯定不能犯。

见后唐方面让步了，南吴这边也就借坡下驴了，毕竟真惹恼了李存勖，人家脑子一热，就和你怼上了，那徐温这大半辈子苦心经营的江东只怕要成为历史了。而后，在回复李存勖的时候，南吴方面致书"大吴国主上书大唐皇帝"，一个"上"字一下子抬高了李存勖的地位，这让李存勖很受用。所以下定决心不搞你南吴了，准备开搞西边的前蜀。当然，作为一名政客，李存勖绝对不会单单因为一份谦卑而放弃原有的计划，尽管此时他已经利令智昏。能让后唐改变战略，针对前蜀，最根本的原因就是这些年徐温主政南吴搞出来的业绩。此时的南吴无论从哪方面比较实力都是南方NO.1，真要和这位南方霸主较量，李存勖还得好好掂量掂量。

七、前蜀覆灭的教训

（1）

那么，看到这里，我们不由得产生了一个疑惑：为何已经灭掉了后梁，整合了整个北中国的后唐，却一点都无法让南方诸国看到统一的希望呢？刘龑目中无人称李存勖为"洛州刺史"，我们姑且算作是他个人的狂妄，可吴越、闽越的旁观态度作何解释？更不必说高季兴幕僚梁震、刘龑幕僚何词、徐温幕僚严可求都一语道出李存勖的统治长不了！

那么，凡事都有原因，我们就来看看李存勖无法给人希望的原因出在哪里？首先，李存勖在打下开封后，竟然大言不惭地说能进这开封城都是自己的能力所致，与将士浴血奋战、舍生忘死没半毛钱关系，赏赐臣下也是少得可怜，这一下子寒了将士的心。

其次，在面对南方诸国摆出的不同态度时，李存勖也是频频操作失误。先说马楚，马殷遣子入朝，并愿意"纳土归降"了。可李存勖却把马殷晾着，似乎并没有要迅速吞下湖南大地的想法。而另一个跑来投靠的高季兴入朝之后受到李存勖身边伶人的勒索，日子越过越紧缩，于是就提议说要回荆南地区继续替后唐看守南大门。这么容易被识破的一招"纵虎归山"李存勖居然允了，还封高季兴为南平王。

而成功逃回的高季兴喜滋滋地说了一句话："这次入朝他与我都犯了一个错误，我错在不该入朝，他错在不该放我回来。"而后，只怕是打死高季兴都不可能入朝了，而李存勖册封自己为南平王，这下子连国号都有了，建国"南平"。

两湖地区的得而复失不可谓不是李存勖所犯的最大失误，须知一旦拿下两湖地区，那么后唐的实力及版图不亚于赤壁之战前的曹操，而那个时候蜀中的王宗衍还不如刘璋，南吴、吴越共分一个破碎的江东更遑论媲美孙吴了。那龟缩在两广大地的刘龑更比不得当年交州士燮了。所以失去这么个大好机会，李存勖真应了那句话"竖子不足与谋"。

另外，他对刘龑公开在外交辞令上叫板平起平坐充耳不闻，对钱镠索要只有帝王才能佩戴的玉带也是慷慨给予，这一切将本可能早来的统一大业又推迟了，当然，就李存勖沙陀人的身份有没有资格统一还需要商榷。

除了战略上的失误，李存勖本人也开始骄奢淫逸，各种享受，之前就提到了，他非常喜欢唱戏，整天和伶人厮混在一起，时不时搞个鸡奸，还给自己取了个艺名——"李天下"。

但是，最能暴露后唐"金玉其外，败絮其中"的事情莫过于灭前蜀之战。其实灭前蜀本是件伟事，可把伟事办成丧事的，也就李存勖一人了。其中前因后果如何，请听我慢慢道来。

南吴顺义五年（925）九月，李存勖方面以魏王李继岌（李存勖长子）、枢密使郭崇韬率大军越秦岭南下灭蜀。

而面对沙陀人大军压境，不知死活的王宗衍竟然还想去秦州王承休那玩玩，当然，最主要目的还是想一睹王承休美颜娇妻严氏的风采。当时王宗衍的老妈似乎也预感到有事情要发生，便劝阻王宗衍不要前去秦州，结果王宗衍愣是不听。

沙陀人大举入侵的消息传来之时，王宗衍一行刚刚到达利州（今四川广元），王宗衍吓得要往回撤。而这时前蜀的权臣王宗弼（王建义子）就安慰他说："陛下，怕个甚，我蜀军十万精兵在此，足够灭掉沙陀军了。陛下你扼守险要，他郭崇韬又为之奈何？"王宗衍于是以王宗勋、王宗俨、王宗昱领兵三万击唐军，自己则坐镇利州等着大军胜利的消息。

然而，此时前蜀的内部矛盾一下子在外力的催化下爆发出来了，沙陀人刚抵达兴州（今陕西略阳），蜀国的兴州刺史王承鉴就弃城逃了。而后，沙陀军前锋李绍琛部又在三泉（今陕西宁强西北）遭遇蜀军王宗勋等部，沙陀人嗜血成性，一战之下，蜀军死伤无数，王宗衍那三万大军和三位宗室膏粱子弟也各自奔散逃命。

失利消息传来，王宗衍哪还有心情去秦州啊，让王宗弼处置前方丢弃阵地的三王，自己则直接逃回了成都。这个时候，蜀中的文臣武将对于接下来该怎么办竟然意见出奇地一致，他们没有当初蜀汉和成汉那种拼死一战的想法，想的就是投降沙陀人，求富贵。蜀武德军留后宋光葆献辖下五州，武定军节度使王承肇献三州，山南西道节度使王宗威献五州。沙陀人一路冲杀过来。天雄军节度副使安重霸早就想投靠李存勖，设计把王承休骗回成都，然后献出天雄军。

这个时候，回到成都的王宗衍还一本正经地上朝向群臣求取意见。结果大臣们意见自然出奇地一致——投降。另一方面，受王宗衍皇命，前去诛杀临阵脱逃三王的王宗弼此时也起了异心，他兼并了三王的军队后，便东去沙陀军营中投诚了。然后，这厮带着沙陀兵及自己本部人马，一马当先杀入成都城中，先是将王宗衍平日里宠幸的宦官群小给杀了，又将王宗衍及母亲和姨母一同囚禁在了皇宫内，等待着魏王李继岌入成都。而趁此期间，王宗弼洗劫了前蜀的国库，这些财富他以后要用来打点新朝廷用。

而这个时候，沙陀兵另一支部队也攻克了绵州（今四川绵竹），至此，王宗衍只能向沙陀人乞降了。南吴顺义五年（925）十一月，十国中第一个建国的前蜀国宣告灭亡，历二主十八年，想来真是讽刺，面对沙陀兵大举入侵，它只抵抗了两个月不到。

郭崇韬灭蜀前后仅用两个月，堪称一个军事史上的奇迹。（我在《三国之神州陆沉》一书中分析过历史上九次中原王朝入蜀事件，其中把这次战争列为最优，感兴趣的可以去对照该书查阅下）当然，造成奇迹的要素有很多，或者换个说法，究竟前蜀因为什么问题，引发了沙陀兵可以如此轻而易举地将其消灭这个奇迹？

那么，我觉得分析王宗衍耽于美色、不务朝政、驭下无道也没什么意思，毕竟这些是亡国之君的通病，我们不妨从前蜀的创建者王建身上查找一下，究竟他的一系列做法在前蜀开国时期埋下怎样的祸根！

（2）

我认为，王建的错误至少有五：首要点路线错误。路线这个东西很重要，一步走错，身败名裂不说，还有可能家破人亡。王建这个人可能是知识素养不高，所以路线问题还属于拎不清的情况。当初朱温篡位，王建选择和杨行密、李克用、李茂贞站在一起，宣誓"反梁复唐"，这路线错了吗？并没有，因为其中的杨行密和李克用后人分别一南一北建立起两个霸权国家。

但是，王建在坚持这条路线没多久，就脑子发蒙，自己建国称帝了。当时他是紧接着朱温第二个称帝的诸侯，朱温篡了唐朝，称帝无可厚非，可王建那地盘不过是四川一省，也能堂而皇之地称帝？李克用那段时间被朱温压着打，没办法，咱先不说，可说说同样在南边的杨家吧，那时候杨行密已死，徐温和张颢刚刚废了杨渥，而那个时候的江淮政权已经是横跨今天苏、皖、赣三省的大国了，人家不还顶着"弘农王"的蹩脚封号过了若干年？

同样是不识字的大老粗，徐温这点就比王建明白多了，"高筑墙、广积粮、缓称王"，朱元璋这套其实就是偷师徐温的。人家徐温辅佐幼主那是"看菜下饭"，"弘农王"——"吴藩王"——"吴国王"，一步步走得有条不紊，即使今日的南吴已经成为南方霸主了，人家国君还没称帝！而对比王建火急火燎地称帝，水平高得不是一星半点儿。

王建的第二点错误就是战略错误，我们来审视下前蜀这个政权，对照以往川中政权要想立足，那必然是要向云贵地区要纵深的，蜀汉、成汉莫不如是，谯纵夺下蜀地就无法向云贵高原拓展，所以最终成了刘裕的盘中餐。而这个王建也不知道又是哪根筋搭错了，放弃了南下云贵高原要纵深的战略构想，反倒是和另一位"反梁复唐"的同盟军岐王李茂贞掐个你死我活。李茂贞虽然后来不景气了，可瘦死的骆驼比马大，王建还一时灭不掉他，最后白白把精力浪费在甘陇一带。当然，有人要说了，那时候云南已经有统一的政权了，继南诏之后，大长和成了这块地皮的新主人（大长和即大理国前身）。可是从前蜀和大长和的边境战争来看，前蜀完全是把大长和压着打，而且贵州地区当时也是完全可以渗透的地方。结果王建却丝毫看不到，最后反倒是便宜了马楚政权，将势力拓展到贵州一带。

王建的第三个错误那就是内政错误，我们还是以蜀汉和成汉两个政权为例，这两个政权虽然都是外来势力在蜀中建立的。但统治者都很注意拉拢蜀中本土势力，如刘备手下以李严为首的"川蜀派系"以及李雄开国就拉出来装门面的范长生。可王建却不这么干，他是外来户，同时依靠自己所收的诸多义子把控各个山头，像一张大网一样网住了整个蜀中。其实，十国之中像王建这样外来户占据一个山头建国称王的并不少，甚至说只有南吴和吴越算是本地人守备本土。而南汉的刘䶮虽然出生在广州，可祖父辈也还是北方人。

但是，人家政权就做到了外来人与本土派的和谐共荣啊，尤其是闽越的王审知，他做的一切算是把自己深深扎根在福建人心目中了，即使到了今天，福建人都能想起"开闽三王"的丰功伟绩。反观前蜀之于四川，似乎除了留下一些陵墓再无任何遗迹了。

王建的第四个错误那就是用人错误。其实，王建如果能用好那些个义子，也足以把控好川蜀大地，可是坐稳江山后的他就开始提防这些义子了。结果他晚年就像是张献忠一样疯狂，唆使张三杀李四，然后再唆使王五杀张三，这样杀来杀去，清洗了不少能征善战的义子，甚至连他起先的太子也死在大清洗之中。而那个权臣王宗弼恰恰就是在这斗争中见风使舵，活到了最后。

王建的第五个错误那就是作风错误。王建这种早年贫寒的人，阔了之后腐败是很正常的，毕竟要让他再像徐温那样节俭也很难为他了，可结果他却"临老入花丛"，栽在了女人身上。这个女人姓徐，王建的淑妃，史书中给了她一个"花蕊夫人"的称号。但是怪就怪在后来后蜀孟昶时期又出了一个"花蕊夫人"费氏，而那个费氏的名气很大，"十四万人齐解甲，更无一个是男儿"的名句就出自她之手，而且和赵大（宋太祖）、赵二（宋太宗）绯闻闹得很大，所以后世提起"花蕊夫人"多半就是指的后蜀那个了。

回过头来，我们姑且就把王建那位称作"徐花蕊"吧，这位"徐花蕊"不仅长得漂亮，还很有才情，王建晚年钟爱于她，但是"徐花蕊"却没能给王建添个儿子。好在"徐花蕊"的亲姐姐也侍奉王建，并为王建生下了小儿子王宗衍，按理说小儿子是很难有机会继承皇位的，可由于"徐花蕊"这层缘故，皇位顺利传到了王宗衍手里。

说到这里，我不禁又得感慨一句：徐温真是太了不起了啊。像他到那个地位的时候，什么样的女人没有？其中也不乏"花蕊夫人"一样的绝色佳人，可他却抵住了诱惑，没有走错一步。试想一下，如果徐温晚年也宠幸个美人，弄出个"骊姬之乱"，那南吴的烈祖该如何？江东的基业又该如何？对比五代十国那些开国之君，虽然徐温不是那么的耀眼，可在这些人中，他却已然堪比圣人了，他甚至断绝了一切喜好，一心装着国家和人民。

所以，综合来看，前蜀灭亡的种子似乎在王建时代便早已种下，亡于王宗衍倒也无可厚非。而我们的王宗衍还在傻乎乎地幻想自己能和蜀汉后主刘禅，成汉末帝李势一样混个寿终正寝，却不料在路途中等来了李存勖的一道"王宗衍一族满门抄斩"的圣旨。

王宗衍哭得死去活来，而王宗衍的母亲徐太后则破口大骂："我儿愚昧，举国归降沙陀贼，落得如此下场也是活该。可李存勖这个蛮夷出尔反尔，背弃优待我们的约定，痛下杀手，他会遭报应的！"不过，此时说再多也无济于事了。南吴顺义六年（926）三月，王宗衍一族被悉数杀死在长安外围的秦川驿。

其实，说到底王宗衍一族被诛杀的凄惨下场，固然与李存勖"夷狄无信"的品质有关，但当时形势的转变也起了催化作用。因为就在王宗衍一行北上的时候，李存勖的义兄李嗣源已经在魏博镇被乱兵拥护为帝，杀向洛阳夺皇位了。而李存勖恰恰担心这个王宗衍一行会不会在这动荡的时局中闹出什么幺蛾子，所以先下手为强了。可正如徐太后死前的诅咒一样，李存勖下场也不怎么好，在王宗衍一族被灭后仅一个月，不可一世的李存勖本人也死在了兴教门之变中，时年四十二岁。

前蜀灭了，李存勖也死了，此时川蜀大地和北中国的历史都翻起了新篇章。李存勖姐夫孟知祥在前蜀的基础上割据四川，重新建立起后蜀。而李存勖的义兄李嗣源则成了后唐的新皇帝。

八、世子争夺战

（1）

门外李存勖和王宗衍打得热闹，这几年江东地面上也不太平，徐温的年纪已经越来越大了，接班人的问题牵动着每个南吴官员的心。

其实，由于南吴这个政权的特殊性，人们对于徐温接班人的注意力远高于皇帝的接班人，杨隆演到杨溥基本没引发什么热议，但要涉及徐温的接替者，那可关系到太多人的利益了。

自从徐知训死后，徐温的顺位继承人基本上都属意徐知诰了，可这两年随着徐温次子徐知询踏入政场，让南吴政坛的风向又有所激荡。作为徐温几十年风雨同舟的革命伙伴严可求，他可是一意孤行要撺掇着徐温迎立徐知询做接班人。人家给出的理由很客观啊：知询是你亲儿子，哪有放着亲儿子不立，去立一个捡来的娃呢？

也正因为严可求的态度，所以之前徐知诰和宋齐丘才摆了他一道，差点将其外放楚州了。可或许如此一来，双方结下的梁子更深了。为了缓和徐知诰和严可求之间的关系，徐温还让两人结了亲家（有点差辈啊），可即使如此，严可求对徐知诰的印象却依然没有改观。除了严可求，徐温另一位心腹陈彦谦和徐知诰也不对付，尽管如今扬州的庙堂上三分之二的人都站在徐知诰这一边。

但严可求和陈彦谦这边也不是虚的，因为他们知道，虽然徐知诰已经有了一套自己的班底，可是他没有兵权啊，前不久才刚刚捞了一个节度使，手里那点兵马掀不起什么大浪的。如果他敢逆势而为，兵戎相见，那徐温会一根手指头捏死他，毕竟金陵的铁甲雄师还攥在老头子徐温或者说是陈彦谦手中。

所以一方掌握了朝政，得了士大夫之心（徐知诰这边），一方又控住了军权，收揽了兵头的意愿（徐知询这边），双方的争斗还真没呈现出一边倒的情况。可是徐温年纪已经越来越大了，尤其是多年征战让他晚年备受疾病摧残，继承人若是再定不下来，他怕是死都不瞑目啊。其实徐温的心里早已经打算好了让徐知诰接班了，他现在唯一的问题是怎么样消磨掉严可求和陈彦谦对徐知诰的敌视，只要这个敌视不存在，什么徐知询的支持者，不存在的！自己生的儿子几斤几两，自己还不清楚？

当然，在徐温晚年的时候，平时表现优异的徐知诰不知道怎么也给徐温添起堵来，虽然是两件小事，但也不由得让徐温质疑起其能力来。

第一件事情是"崔太初枉法案"，这个崔太初在地方上胡作非为，丑事传到徐温耳朵里，徐温准备法办他。徐知诰给出的建议是：崔太初的辖区在寿州，寿州靠近边境线了，咱们要办他万一他狗急跳墙造反怎么办？不如以吴王召见的名义骗他来京后拿下。徐知诰这么说没错啊，当初杨行密时期，朱延寿在寿州准备谋反，杨行密不也是诈病将他骗来杀掉的吗？而且这主意还是徐温和严可求出的呢！

但徐温却破口大骂了一句："你小子连个崔太初都不敢动，还敢制服其他人？（一崔太初不能制，如他人何！）"而后徐温强行征调崔太初为右雄武大将军，崔太初也没敢怎样，老老实实地听从安排了。

那我们不禁要犯迷糊了，徐温为什么要生气？根据徐知诰所说，这么操作也没什么不妥啊，何故惹来徐温的愤怒。有人分析认为徐温有种"恨铁不成钢"的心思，认为这个徐知诰都做了自己顺位继承人了，做事情还这么畏首畏尾，以后怎么服人？还有人认为徐温是想通过这件事敲打一下徐知诰，告诉他，只要自己活着，就收起这份不安分的心思，骄横如崔太初我也能法办了他！

但其实这里都想多了，也许是过分解读了徐温说这番话的意思，说不定人家正巧就病着呢，心情不好火气大，随处就发出来了。当然，我觉得，可能徐温是要给徐知诰再上一堂课：藏器于身。徐温老了，所以无锡之战时心软了，没能乘胜灭了吴越，可徐知诰年轻啊（其实也不年轻了，都奔四的人了），他不希望自己的接班人接过自己手里的摊子就变得暮气沉沉，他需要徐知诰心里时刻藏着一柄剑，关键时刻挥舞出来便能杀人！

那"崔太初事件"徐温教会了徐知诰藏器于身，而接下来发生的另一件事，徐温又该教会徐知诰什么呢？

崔太初离开寿州后，钟泰章接替了他寿州团练一职，结果钟泰章上任没多久，就被人状告侵占官马。如果说之前崔太初那只是风纪问题，现在的钟泰章可是政治问题啊，这涉及很大的处罚。徐知诰二话不说，授意吴王派出钦差大臣王稔，以巡查霍丘的名义接替了钟泰章的职务，而钟泰章则被贬为饶州刺史，去江西劳改去了。

钟泰章这个人我们之前提到过，诛杀张颢可多亏了他出力啊，后来徐温赏赐不足，有人举报他背地里埋怨徐温，徐温二话不说给人家加官晋爵。可以说，徐温对他有大恩，他对徐温亦如是。那么徐知诰这次贬谪钟泰章，徐温是什么反应呢？徐温并没有直接说驳回徐知诰的命令而是把钟泰章叫来了金陵，一方面，不给自己继承人掣肘是徐温遵守的准则。二来，他也确实得确定钟泰章是被冤枉的，因为即使要顾念旧情也不能胡来不是吗？

于是陈彦谦受徐温的旨意代为询问钟泰章，看看他是真做了还是说别人诬告。结果陈彦谦怎么问他，他都默不作声。可事后别人问他为什么不辩解，他就说了："有什么好说的！当初我带着三百勇士打退了吴越十万大军呢！周本的命就是我救下的，我要真侵占官马，就凭姓王的区区一个钦差就能把我扫地出门了？我早把寿州城武装起来了。我自己吃点亏没事，但是我不能给政府添堵不是吗？护国公对我好，我记得的，如今少东家虽说是把我贬了，但好歹还是外放的刺史啊。我要是上诉了，这不是摆明了政府处事不公吗？护国公就难做了。"

徐温是个重感情的人，一听昔日的老伙计钟泰章这么说，眼泪就哗哗地流下来了。而这个时候，钟泰章这番话也传到徐知诰耳朵里去了，让徐知诰隐约觉得这老钟头是在离间自己父子关系啊。于是，徐知诰委派官员前去金陵拘捕钟泰章。

这一回，徐温再一次暴怒了："当初若不是钟泰章舍命除奸，我满门性命都将被张颢屠杀殆尽，又岂会有今日的富贵！？没良心的东西，你这就翻脸不认人了！？"

（2）

徐温很生气，后果很严重，而这件事的后果就是徐知诰八岁的长子徐景通（即李璟）与钟泰章的女儿联姻，徐知诰和钟泰章成了亲家。徐温算是把钟泰章和自己这个义子绑一块了，毕竟有这么一层姻亲关系隔着，徐知诰也不好意思再对钟泰章下手脚了吧？

我们之前说过"崔太初事件"，徐温告诉了徐知诰一件事——藏器于身，那么，"钟泰章事件"徐温又告诉徐知诰怎样的一个道理呢？我认为也是四个字——常怀感恩。钟泰章是老实人，他两次遭受不公正对待，却丝毫没有怨言，因为他本身是一个懂得感恩的人，徐温对他的好他都记得。徐温希望徐知诰也成为一个懂得感恩的人，毕竟，"自古无情帝王家"，虽然自己不是皇帝，可如今这个家族也已然身处于权力旋涡之中，若徐知诰是个不懂得感恩的人，那一旦自己死去，剩下那几个亲生儿子该怎么办？

这两件事，徐温无形中给了徐知诰一柄剑和一个钵，剑是对外的，在这个虎狼环伺的乱世，你没有剑，你便守护不住任何你在意的东西。钵是向内的，你要牢记在这生命中曾经给过你帮助的人，懂得感恩，你才能真正让人心服。不懂感恩的李存勖，身死国灭，为天下笑，足以为戒！

说到李存勖，这边还得提一下，此时是南吴顺义三年（923），这年年底，南吴派遣使臣卢苹对后唐进行了国事回访。严可求这个智囊居然把李存勖可能问的都想到了，结果卢苹与李存勖的对话中，李存勖基本是被老卢带着走的，摸不清南吴的状况，所以在后年，这位戏子皇帝选择了先对前蜀开枪。

南吴顺义四年（924）十月，吴王杨溥到达白沙镇观摩楼船，于是白沙镇因为国王的莅临有了一个新的名字——迎銮镇，当然，今天我们把这地方叫仪征，属南京和扬州交界地带。此时身在金陵的徐温听闻吴王出巡，也是带了仆从从金陵城中赶来迎銮。但是，在与吴王交谈过程中徐温发现这么一个问题，吴王总说"水啊""水啊"，但又不是很口渴的样子。

不明就里的徐温便又问起来缘由，吴王就说本来他是想说"雨"的，但要避翟虔父亲的名讳，所以只能换成"水"了。翟虔是徐温安排在广陵城的吴王监护人，首都的武备都归他管，包括吴王起居。徐温的原意只是想安排个人捎带监视下这位小皇帝，但没成想这狗奴才竟然大胆到如此地步：老夫尚且没让人避讳，你一个腌臜下人居然让一国之君给你避讳？就是我那个逆子徐知训在世时也不敢如此啊！

徐温当时就一下子跪了下来，磕头请旨说要杀了这个目无天子的奴才。不过杨溥也是个良善之人，杀人那就玩大了，他说："护国公对我杨家的忠诚，我是知道的，只是这个翟虔太过分了，肆意克扣宫中和宗室需要的东西。但是杀他未免又过头了，要不外放吧？（公之忠诚，我所知也，然翟虔无礼，宫中及宗室所须多不获。斩则太过，远徙可也。）"就这样，翟虔被徐温流放去了抚州，好好劳改反省去了。

此时徐温也已经是六旬老翁了，但对于继承人虽然他私底下已经属意徐知诰接班了，可却一直没把这层窗户纸捅破。结果这捂久了捂出事情来了，顺义五年（925）六月，时任镇海军节度判官，徐温的一大心腹陈彦谦病重。这个时候，平时与陈彦谦并不对付的徐知诰开始频频献殷勤，又是送礼送药，又是派人问询。其实，关切说真不真，说假也不假，但徐知诰知道陈彦谦死前肯定有一些遗言要交代给徐温，而这些话很可能引发"一言以兴邦，一言以丧邦"的炸弹效应。

可是，面对徐知诰送来的殷勤，陈彦谦却始终一言不发，直到他死后，交了一封密信给徐温。而密信的内容后来被披露出来了：废掉徐知诰的继承人地位，改立徐知询。其实陈彦谦自己心里也清楚，徐温是早就下定主意了，但是自己的操守不能改，他仍希望自己死后的这封信能让徐温起改弦更张的决心。当然，作为涉事人的徐知诰真是"哑巴吃黄连，有苦说不出"啊。

但是，直到这个时候，徐温却依然没有任何举措，徐知诰惶恐之余也就只能继续等待，等待着徐温把所有的事情都挑明的那一天。也许，徐温迟迟不把事情挑明，也是有另外的考验去等待着徐知诰吧。

该年年底，后唐李存勖册封钱镠为吴越王的消息传到了吴国国内，这一刻徐温算是彻底明白了：身边这头钱江狼是铁了心要做沙陀人的走狗了，与他同仇敌忾，共拒北人已经是不可能了。于是，南吴政府对吴越发出了正式通牒：两国断交，自此吴越国的使臣及商客都不得进入吴国境内。

但是，徐温前脚断交，后脚又传来钱镠病危的消息，这让徐温很是尴尬。因为钱镠的态度是钱镠的态度，若新君继位后能翻然悔悟，与吴国建立统一战线，也不失为一桩美事啊。于是徐温只能拉下老脸，派人以私人的名义去慰问钱镠病情。当然，主要是看看这老东西是不是真要死了，继承人出来了吗？

可钱镠这个老贼太狡猾，再一次地以"小人之心度君子之腹"，故作没事，起来接见吴国的来客。然后接见完毕等吴国客人走后，钱镠又病倒了。事后别人问他原因，他反倒说："徐温狼子野心，他名为探病，实为试探。我若一旦让他看出我身体虚弱，他便会发兵攻打我吴越。"

我只能说钱镠这个老头子真能想，把别人想得和他一样龌龊，之前人家徐温好意要求他也称王，他拒绝后还把人损一顿，这边又这副姿态。当然，徐温确实也有试探的成分，可如果南吴真要打吴越，需要非等到你钱镠病入膏肓后才下手吗？当年无锡大战后又不是没有机会能灭你！究竟是护国公（徐温）拿不动刀了，还是你海龙王（钱镠）飘了？

当然，最终的结果是两国继续保持冷战，"破冰工作"只能留待后人了。这一年已经是南吴顺义六年（926）了，这一年西边前蜀亡国，北边后唐换主，王宗衍和李存勖这两个官二代一前一后都去地府报到了。而徐温和钱镠这两个军一代还在拼谁能活得再长一些呢，当然，徐知诰也郁闷，这一年，他三十七岁了。

转眼到了南吴顺义七年（927）正月，这一年南吴王朝的庙堂又有了新的变化。左仆射徐知诰晋升为侍中，右仆射严可求则兼领了门下侍郎，而马军指挥使柴再用被调回了中央。只是柴再用做了一件很出格的事情，他是朝服没换，直接着戎装进了广陵城，此举全城哗然。而这个时候，徐知诰前去吴王杨溥面前弹劾自己，说是自己管控无能，才出了柴再用这件事。然后基本就是把柴再用的事情揽自己身上了，那徐知诰揽自己身上，又能承担多大责任呢，只是罚一个月俸禄。

柴再用为何被调进中央，而一贯比较低调的他为何这次这么跋扈，由于史书中没有给出答案，后人只能凭借自己的揣测。有人认为，这是徐温为徐知诰准备的一个后手，徐知诰第一次经历阵仗便是和柴再用配合，按徐知诰的性子，只怕柴再用早已是他的人了。所以徐温给徐知诰拉来了外援，以备自己走得突然。但我觉得，这事情更有可能是徐知诰的私意为之，否则他何必要替柴再用出这个头？

（3）

烛火摇曳，江风徐徐，徐温的府邸之中，严可求正襟危坐，面有忧色地望着徐温。徐温伛偻着身躯，喘着气说道："彼黍离离，彼稷之穗。行迈靡靡，中心如醉。知我者，谓我心忧，不知我者，谓我何求。你来此想说些什么，其实我都懂，说真的，我实在不知道为何在你眼中永远都不看好正伦啊？"

严可求长叹一声道："明公难道忘了陈彦谦最后的遗言了吗？"徐温没有说话，只是反问："可求，在你眼中，我是吴国的忠臣，权臣，还是逆臣？"严可求淡淡地说道："明公是忠臣还是逆臣，不在生前，而在身后。今日他柴再用敢提兵入朝，若他日国之权柄落入徐知诰之手，怕是他转手就要篡位啊！"

"那知询就能做吴国一世的忠臣？"徐温反问道。严可求叹了口气道："知询要的，我知道，但徐知诰所求，我给不了，哪怕整个吴国，也给不了。"徐温长叹一声道："我懂了，你去吧，容我再三思一下吧。"

时渐初秋，远在金陵的徐温突然召见徐知诰，此时或许徐知诰心中也有所了解。望着信笺，宋齐丘会心一笑，说道："主公，天下大势，在此一击了，正好可以堵住一些人的聒噪。"徐知诰瞥了他一眼，说道："这是我喊了三十年的父亲，他是江东的支柱，不管结果如何，我都只有顺从！"

徐知诰到达了金陵城，此时的徐温病情已经愈加恶化了。推门进入后，这位携手相伴近三十年的父子再一次对望。徐温似乎是对自己，又似乎是对着徐知诰说道："年轻的时候，我也容易生病。那个时候啊，我所生的那些个儿子都不见踪影，唯有你在床前侍奉汤药，我当时就在想，我这个义子比亲生的都好！可是后来啊，我才发觉你这是故意为之，你为了让人看到，你比其他人都孝顺。"

徐知诰变了脸色，说道："父亲，您在说什么啊？"徐温："今夏高季兴称臣，你和宋齐丘便喜笑颜开。是啊，手下收了藩邦确实长脸啊，可是你知不知道，收一个高季兴，便结怨于马殷、李嗣源两人，楚地一旦出事，鞭长莫及。你就那么好虚名吗？"

徐知诰忙说："父亲，您今天是怎么了？何故说出这样的话，收服高季兴，是制衡荆襄的关键一步啊。南方的吴越不好打，可我吴国要想生存下去，就必须在西边开疆啊。当年入主江西您不也力排众议吗？"

"那你能保证南平不被沙陀人吞并吗！？"徐温怒吼道，"治国要务实，须知一个举措便是一国之兴亡。接受南平投降这不是荣誉，更是责任，欲带其冠，必载其重。如果你接受了高季兴的臣服却无法避免他的灭亡，那于己于人，都是一件羞愧的事！"

徐温叹了口气道："我平生不爱落泪，只在三种情况下流过泪，一是我听不得穷人的哭声，看到他们受苦，我忍不住要掉眼泪。二是跟过我的旧部，我舍不得他们离世。有时候他们走了，我难过得掉眼泪。三是我那个孽子知训，当我知道他身首异处，死在扬州时，我当时就泣不成声了。可是，严可求却说，你在事变后入东都，可是一脸笑意啊！"

徐知诰急忙辩白道："父亲，严可求平日里便嫉恨我，他这是对我的中伤啊！""那陈彦谦呢，陈彦谦为何去世前也留信于我，说你立不得？！"徐温回应道。徐知诰哽咽许久，说道："父亲，言重了。"

徐温此时倚靠在床上，带着哭腔说道："这么多年，我自认为把你当亲儿子看待，甚至早已默许你为我的继承人了。可你何苦那么急躁，那么迫不及待呢？！"徐知诰此时也泪流满面，他说道："我十岁便被父亲收养，也许在外人眼中是那么的风光无限。可是，大哥几次三番欲置我于死地，若不是四弟帮衬，我或许早就死了。如果我死了，父亲您会如何处置大哥？打骂一番而已，必不会为之下狠手，可易地而处，我或许就要偿命了吧？我也曾对自己说，父亲您是最无私的，可如今却为了几句捕风捉影的话要降罪于我。这一路走来，我的艰辛，外人又如何知晓？"

"您说我急，说我躁，可是我不急，我不躁，那当初属于我的一切怕是都要给了别人了吧？父亲，您说呢？"徐知诰连声反问。"不要喊我父亲！你爹是李荣——不是我。"此时徐温也大声地吼了出来，而后，气力渐竭的他倒在了床上，随即背过身去，不再看徐知诰。

徐知诰哭着跪拜在徐温床前，而后说道："这一声'父亲'我喊了三十年，可这一声'父皇'，我……我不知道这辈子还是否有机会喊出口啊。"见徐温没有回复，徐知诰又磕了个头，说道："明日我便上表吴王，请求外放为洪州节度使，那些本不属于我的，我也不会痴心妄想了。"

听着徐知诰的脚步声渐行渐远，背过身去的徐温轻声一叹。

南吴顺义七年（927）十月，一生为奴却像慈父一般庇佑着江东的吴国丞相徐温去世，终年六十六岁。在他掌权的二十年中，吴国从一个脆弱的军事联盟蜕变为一个雄霸东南的大国，可以说他是这个国家当之无愧的无冕之王。当他接手吴国的时候，那是一个只能披着"复唐"外衣存活的政体，而当他撒手人寰之际，吴国已经拥有和统一整个中国北方的后唐分庭抗礼的实力！

徐温去世后，南吴王朝举国致哀，吴王亲自追封其为齐王，谥忠武。想当初杨行密去世时，唐朝追谥为"武忠"，如今徐温得了"忠武"，或许这两个字也足以说明他的贡献了吧。然而，美中不足的是，徐温离世前却仍然未能将继承人这个模糊事件明确，以至于徐知诰只能自请为洪州节度使做退让。这一切的一切无疑加剧了南吴王朝新旧交接时期的不稳定状态，那么，徐知诰又能否击败徐知询，成为整个江东大地新的护国主呢？

第肆章

掀起易鼎的大幕

一、大权在握

（1）

徐温的突然离世，让原本扑朔迷离的世子争夺战显得更让人雾里看花。不过，从另一方面，徐温的突然离世，也极大地推动了这场夺权战争的落幕。因为，这位主宰南吴政坛近三十年的护国主不在了，也就意味着再也没有人可以压得住徐知诰了。严可求或许有两把刷子，可也架不住徐知询这样的无能废物。

既然提到了徐知询，那我们就来说说他的反应吧。徐温死后，徐知询立刻从扬州赶回了金陵，而目的便是夺下徐温留守在金陵的兵权，在他眼中，也许金陵的兵权远高于广陵的政权吧。

那有好事的人就要问了：为什么徐知询会这么想？那我们就不得不就当时的大环境说下了。"天子宁有种邪？兵强马壮者为之耳！"——这句话的创始人名叫安重荣，五代十国一个微不足道的军阀，但他绝不知道，他的这句话竟然被五代十国各国政要奉为座右铭。北方的梁、唐、晋、汉、周，南方的闽、越、汉、蜀、楚莫不如是。

所以大环境如此，不由得徐知询不循着大家的步子去走。但是，注意我要说但是了，在五代十国这样一个混乱污浊的大环境下，南吴却是一个特例。也许曾经的它也是一个军人政府，但是在徐温的努力之下，它已经蜕变为一个高度文明的政权了。生活在这片土地上的人不会因为谁握住了枪杆子，谁就是他们合法的领导人，相反，他们会记住谁才是真正为国为民的人，谁才是真正把惠民工程落到实处的。宋齐丘的税法改革做得很对，百姓能从中得利，他们没理由不支持徐知诰集团。

徐知询看不透这一点，但徐知诰却看得深切，所以面对徐知询这种盲目抓军权的人，他反而更为淡定了。当然，徐知诰也有相对应的举措，徐温去世后不到一个月，吴王杨溥摇身一变，登基称帝了。

其实按照南吴今日的成就，作为国家元首的杨溥早就该称帝了。可考虑到南吴大权一直被徐温把持，所以称不称帝对他这样的虚位元首意义不大。但是，中国人做事向来讲究一个名正言顺，既然都已经建国了，这不称帝似乎说不过去啊，而此时吴王称帝已经上升成为南吴王朝全体人民的集体意志了。南吴统治下的百姓迫切需要这个国家以一个完全独立的姿态傲立于南方，与北方沙陀政权对垒，为了遵从人民的意愿，徐温死前就计划着吴王杨溥的登基称帝事宜，而因为突如其来的病故使得这件事情被搁置了。

那么，促成吴王杨溥称帝一来完成徐温生前遗愿，这是孝，二来顺应民意，有益国家，这是忠。同时，徐知诰刚刚全盘接过南吴的行政之权便辅佐了杨溥登基称帝，一下子便扬名于天下，可比徐知询傻兮兮地抱着兵权不撒手更能邀买人心。两人这一来一回间，高下可见了。

于是，南吴顺义七年（927）十一月初三日，杨溥驾临文明殿即皇帝位，追尊父亲杨行密为武皇帝，哥哥杨渥为景皇帝、杨隆演为宣皇帝。十一月十七日，大赦境内，改年号为乾贞。十一月二十九日，尊母太妃王氏为皇太后。而后，以徐知诰为太尉兼侍中，拜徐温的儿子徐知询为辅国大将军、金陵尹，治理徐温旧镇。十二月，杨溥封哥哥庐江公杨濛为常山王、兄子南昌公杨珙（杨濛的儿子）为建安王。次年，再封儿子杨琏为江都王，杨璘为江夏王，杨璆为宜春王，封已故吴王杨隆演的儿子杨继明为南阳王。

927年，这一年标志着南吴王朝又进入了历史新时期——吴帝国时期。从弘农王的江淮政权到吴藩国时期，再从吴藩国时期到吴王国时期，最后又到了吴帝国时期，南吴这一步步走得很是稳健，再次诠释了"高筑墙，广积粮，缓称王"的必要性。当你实力不足时，你贸然称帝就是作死，可当你实力已经足够之时，你就算不想称帝，别人也会推着你称帝，王建倒是唐朝一灭就心急火燎称帝了，可如今前蜀国何在？所以，名副其实说的一点都不错，狮子从来不介意自己膘肥体壮，可如果换成一头猪，那就离死不远了。

那既然提到了称帝，我在这边就岔开讲一下吧，虽然与五代同期并存了十个国家，但事实上这些政权并非全部都称帝了，因为称帝毕竟是个技术活，既要考虑实力，也要考虑时机。比如吴越和马楚这两个国家的领导人终身只称王，未曾称帝。而北汉和闽越这两个国家虽然有几位国君称帝了，但称帝的同时却给中原王朝或契丹称臣，所以这种山寨皇帝也不能算。那么，真正拾掇　下，十国中称帝的只有四个王朝——三个整的，两个半的。其中三个整的是前后蜀，分别历二世二帝，还有一个奇葩的南汉王朝。那两个半的就是南吴的后半截和南唐的前半截，共有杨溥、徐知诰、李璟三位皇帝（李璟后期取消了帝号，称臣后周）。

我们从这次杨溥的封赏来看，徐知诰的地位已经呈现全方位压制徐知询了，徐知诰是太尉兼侍中，众所周知太尉是管兵的，实际上默许了以后徐知诰可以合法吞并徐知询的兵马。而徐知询只是捞了个金陵尹的官职，等于说已经将他外放出中央了，你再厉害撑死也就是一个直辖市市长。

当然，徐知诰劝进杨溥称帝一事，也可谓是"智者千虑必有一失"，虽然在国内给他带来了名利双收，可在国外却引发了一场外交纠纷。当时北方沙陀政权已经是后唐明宗主政了，而唐明宗李嗣源有个宠幸的重臣名叫安重诲，他直接以吴国擅自称帝为由，和南吴单方面宣布断交了。

这一方面看出是称帝事件带来的一个不好的弊病，另一方面却也说明了南吴国力确实今非昔比了，否则搁以前，南吴要敢称帝，人家沙陀兵直接杀过来了，哪还用得着跟你断交？既然已经称帝了，也是时候该向外界展示下吴国的"肌肉"了。

乾贞二年（928）四月，南吴派遣右雄武军使苗璘、静江统军王彦章率领水军万人进攻马楚岳州，双方在君山（看过金庸小说的一定不会忘记"丐帮君山大会"一节）一带展开激战，马楚派出的是老牌战将右丞相许德勋。

（2）

由于这次南吴方面派出的并非是荆楚克星——陈璋，所以战前许德勋很是得意地说："吴军还以为我们没什么准备呢,看到我这边大军以待,必然害怕逃走。（吴人掩吾不备,见大军,必惧而走。）"而后,许德勋秘密将舰队埋伏在角子湖,而后派部下王环带了一支三百艘战舰的队伍,悄悄绕道杨林浦,阻断吴军归路。等到来日天亮,吴军的部队准备汇合了南平方面派来助阵的客军,一道攻克岳州。可就在吴军途经道人矶的时候,遭遇了许德勋前锋詹信所部,猝不及防的吴军被许德勋困在阵中,前后夹击,最后吴军大败,部众损失很重,苗璘和王彦章都成了楚军俘虏。

关于这次战斗,南吴方面为何没有派遣与楚军作战经验丰富的陈璋统军,对此我也是很不解。由于陈璋在南吴及南唐的相关史料中并未有个人传记,所以对他的了解只在旁人的一些记录中获取,所以,此刻也许这位南吴的后起之秀已经悄然辞世了。

不管如何,此次战争对于南吴来说可谓是莫大的耻辱,败给吴越不丢人,但输给马楚就是把脸丢到姥姥家了。可是这两位为国出征的将士却不能放弃,否则寒了国人的心,于是徐知诰派人通过外交方式请求停战,并支付赎金来换回这两位将领。

好在马殷也是有自知之明的人,他知道虽然徐温不在了,可徐知诰统治下的南吴却不会因为徐温的辞世而一落千丈,所以他欣然地接受了求和,并派许德勋亲自为这两个战俘钱行。而许德勋在给两人送别之时却说了一段意味深长的话:"楚国虽然国土狭小（其实也不小了）,但我们这些老臣和旧将还在朝中出力,希望吴国不要把我们作为开疆目标。日后等着这些小马驹（马殷的几个儿子）争槽而食,才是谋取我国的最佳时期。"

许德勋为何要说出这番话,我们已经无从知晓了,但他却一语成谶,精准地预言了马殷死后马家几个兄弟"五马争槽"的内讧局面和最终亡于南吴后继者南唐的凄惨结果。

虽然这次南吴向西开拓疆土的行为以失败告终,但却引发了"失之东隅收之桑榆"的喜剧效果。南吴的举动惊吓了南平王高季兴，让高季兴误以为接下来南吴会陷入对马楚的持久战中，而自己已然是得罪了后唐和马楚，可不能再把南吴也得罪了。于是当年六月，高季兴再次请求给南吴称臣，之前徐知诰本就很想收揽个外藩归附，奈何被徐温阻止，如今再也没人可以阻止徐知诰收小弟了。很快，南吴册封高季兴为秦王（不知道五代十国那帮人册封小弟为何独独对于'秦'这个称号钟爱，李存勖册封李茂贞也是秦王）。

眼见南吴前脚称帝，后脚又收小弟，这明摆着是要和沙陀王朝对着干啊，李嗣源表示很生气。虽然李嗣源之前也讨伐过南平，但居然未能攻克（其实也不是什么丢脸的事情，李嗣源在那段时期还被孟知祥赶出了蜀地呢），于是这次李嗣源以上国的身份命令马殷去打。马殷这次让老将许德勋配合儿子马希范领军，由于缺乏南吴的助阵，高季兴很快便败下阵来，请求讲和。

但是高季兴称臣归称臣，真正打起来却不含糊，这次被马楚按在地上打，心里很不爽，三个月后，高季兴在白田击败楚军，还活捉了马楚的岳州刺史李廷规，并给吴国献俘。这样一来，事情就比较尴尬了，小弟被揍老大不吭声，小弟揍了别人还给老大进贡，那久而久之别人该怎么看你这个老大？

乾贞二年（929）十二月，高季兴也感觉到身体被掏空，离大限之期不远了（其实也活够本了，他比徐温还大四岁呢），于是命其子行军司马、忠义节度使、同平章事高从诲权知军府事；不久，高季兴亡故。乾贞三年（930）初，南吴皇帝杨溥加封高从诲为荆南节度使兼侍中。然而，此时的高从诲似乎起了改立山头的想法，一来之前南平被马楚打南吴也不帮架，二来，南吴封赏的官职也太吝啬了吧？荆南节度使，秦王呢？于是高从诲再次请求归附后唐。当年七月，后唐给高从诲的封赏下来了——荆南节度使兼侍中，当然比吴国多一样，追谥高季兴为楚王。"待价而沽"你也得有价，如今的南平国高从诲只值这个价。

那么，到这边我们似乎有疑问了，何以南吴接纳了南平的称臣却未能做出半点应援措施呢？其实，这个时候南吴的决策层出现了分歧，徐知诰控制广陵、徐知询坐镇金陵，双方互不买账，以至于南吴的中心工作都在内部争权上了。

当年八月，南吴武昌节度使兼侍中的李简称身患疾病请求回扬州。这个李简我们之前提到过一些，也算是个老臣了，但还有层关系我们之前没提到，他是徐知询的岳丈。所以此次李简回京很可能是受到了徐知询的请求，邀老岳丈入京帮自己撑场子。但很可惜，当李简途经采石矶的时候就病故了（也许李简是真的患病了，也许是另有缘由）。

李简病故了，这对徐知询来说不啻于一个重大打击，徐知询深刻明白到自己的外援此时又少了一个。面对这个突发事件，徐知询迅速作出了两个相当正确的决策，一是将李简随从的二千亲兵接收纳入金陵牙军体系中，二是上表朝廷由李简的儿子李彦忠代替父亲镇守鄂州。这两个做法可以说并无失措的地方，但可惜徐知询当初走错了第一步，放弃在扬州把持朝政的机会而来金陵掌握兵权，这样一来等于把朝中大权拱手让给了徐知诰，此时再上书吴王又有何用？

所以很快朝廷的任命诏书下来了，龙武统军柴再用接替李简担任武昌节度使。不用想也知道这是徐知诰的意思，可又如何反抗得了呢？徐知询只能愤愤地说："刘崇俊（老将刘金的孙子）是仲兄（徐知诰）的亲信，结果祖孙三代世袭濠州，而我的妻舅李彦忠却独独不能接替他父亲掌管鄂州！"自然，这第二轮交锋，徐知询又败了。

其实回顾这两轮交锋，徐知询已经表现得很不错了，只可惜他遇上了百年一遇的卓越政治家徐知诰，所以"不错"这个词对于徐知询来说是远远不够的。他抢先捞军权，结果徐知诰顺势就接过了行政大权，而后"奉天子以法不臣"，直接就把徐知询踢出中央，做地方官去了。而徐知询想拉外援，反倒被徐知诰抄了老底，连仅有的外藩势力都被连根拔除。此时已经到了徐知诰的收网时刻了，徐知诰的谋臣内枢密使王令谋建议道："主公辅政时日越来越久，奉天子以法不臣，谁敢不从！？徐知询年纪轻轻，恩信都没汇集于众人，做不了什么的。"言下之意就是劝徐知诰早点动手。

而这个时候，曾经和严可求一道力挺徐知询的大臣徐玠也跳反了，转过头来归附徐知诰，并打小报告说徐知询私下里接受钱镠送来的礼物，这些礼物可了不得，上面都是有龙纹图的。龙纹图饰品，不用说，僭越大罪是逃不了的了。

这下子徐知询算是明白了，是时候该和这位义兄摊牌了，他让心腹周廷望带着礼物入朝结交各路达官显贵，并以此探听朝中虚实。周廷望用重金贿赂了徐知诰的一个亲信叫周宗的（李后主大小周后的生身父亲），而后探听出来发现果然徐知诰准备动手了，于是周廷望便让徐知询以"给徐温治丧"为由，诓他来金陵。

（3）

徐知诰何许人啊，直接一句"吴帝让我不要离开京师"便堵回去了。不过既然徐知询想到这么一招，那么徐知诰也不介意陪他玩玩，"以彼之道还施彼身"嘛。于是，徐知诰反过来让周宗给周廷望放烟幕弹，大意是：徐知询如果能来京，那么进中央妥妥的，如果不来京，吴王可得怪罪了，割据独立是没有前途的，全国人民会唾弃你的。不要以为攥住老父的嫡系人马就可以妄图对抗中央，我们这是代表全吴人民集体利益的政府，不再是以往的军人政府！

连哄带吓，徐知询这回怕是不敢再搞幺蛾子了，只能乖乖入朝。有些事后诸葛亮总要分析说他如果不入朝该多好。可他不入朝又该走向何方？朝中基本为徐知诰所控，外援也被替换掉，他可以走的唯一一条路便是起兵造反。可是，一旦起兵造反，以他的力量只有归附钱镠一条路可走。但请别忘了，这支部队是徐温带出来的，一旦徐知询敢带着人马投降吴越，那三军将士人人可杀此叛国之人！

所以，入朝的结果自然是悲剧的。乾贞二年（929）十一月，徐知询入朝，旋即以改任统军的理由被扣押，节度使也仅仅给他留了一个镇海节度使意思意思，其他官职基本被扒光了。徐知诰委派右雄武都指挥使柯厚去金陵收编了徐知询的部队，并带回了扬州，南吴国政至此全部归于徐知诰。

徐知询眼见被这位义兄给骗了，仍不依不饶地斥责道："先王（徐温）辞世，你作为儿子的，不去奔丧，说得过去吗？"徐知诰只是嘿嘿一笑道："你拿着利剑等我去，我还敢去？你作为臣子，私藏逾越自己规格的器物，说得过去吗？"徐知询此时还想推脱，便说这都是周廷望教他的。徐知诰也不和他啰嗦：周廷望教你的对吧，那我就把他杀了。于是徐知诰下令将周廷望诛杀。

为了庆贺扳倒徐知询这一大喜之事，徐知诰直接上表吴帝杨溥加尊号睿圣文明光孝皇帝，而后大赦天下，改元大和。这里需要岔开解释下，皇帝生前给自己加封的叫尊号，这一般在一些重大事件发生后。比如，后来的清太祖努尔哈赤在统一女真后就给自己加尊号为抚育列国英明汗，而死后加封的那些就是谥号了，这些大家都了解，就不扯开说了。

关于徐知询的下场如何，史书中有过不同的记载。《资治通鉴》中是这么说的，当年年底，徐知诰进封中书令，同时领了原本属于徐知询的宁国节度使一职。徐知诰便以此事招来徐知询一起宴饮，还以金盅取美酒赐予徐知询，并说："此酒预祝弟弟寿延千岁。"徐知询感觉不对劲，听着这话觉得瘆得慌，于是又拿来了一只杯子，饮了一半，递给徐知诰，说："愿意分五百岁和哥哥一起共享。"然后徐知诰脸色都变了，左顾右盼就是不肯接受。徐知询一看这还了得，明摆了就是下毒了，那就更不能喝了，于是继续把酒杯端在徐知诰面前。周围的人一看这俩主子好像神仙打架了，也不敢上前去劝，倒是一个平素被徐知诰宠幸的戏子申渐高跳出来了，嬉皮笑脸地将两杯酒拿过来一起喝下，带着酒杯就走了。

申渐高给徐知诰解了围，徐知诰也派人赶快去送解药，哪知道根本来不及了，此时的申渐高早已经脑浆崩裂而死。此事之后，徐知诰再也没敢动杀心对付徐知询，只是把他外放为虚职。

看完这个故事，我们或许会有所困惑，即徐知诰一击不中，真就会就此收手？按照政治家的一贯作风，要么不做，要么就做绝，既然已经起了杀心，何故还手下留情？第二点就是十一月徐知询来金陵，十二月徐知诰就准备搞死他，这么做会不会太急了啊？作为一个成熟的政治家怎么可能这么容易授人以柄呢？

但这个故事在《南唐书》中有了另一个版本，故事的主人公换成了南吴老将周本，因为周本威望太高，难以控制，却就只辅佐吴王杨溥，碍了徐知诰的眼，徐知诰想诛杀之。徐知诰后来邀请了大臣周本喝酒，并不是徐知询，而事情发生时间在杨溥哥哥杨濛撺掇周本击杀徐知诰之后。事情败露，徐知诰想斩草除根，这在逻辑上也说得通，虽然"鸩"杀周本不成，但不久之后周本还是因为"岂能复事二姓乎"愤懑而死了。他在愤懑什么？按理说你和杨濛搞事情要弄死徐知诰，该愤懑的也应该是徐知诰啊，可周本却愤懑而亡，唯一的解释只能是徐知诰使了阴招，这让一介武夫周本实在气不过，愤懑而亡。

而对比两本史书的作者，《资治通鉴》作者司马光是北宋人，出于标榜本朝政治正确的惯性，黑一把南唐也是无可厚非的。而陆游生活的年代虽然距离南唐比较远，但由于马令的《南唐书》在前，陆游立场又相对中立，所以反而记载能更贴近史实。但不管怎样，此时的徐知诰已经势不可当了。

大和二年（930）初，吴帝杨溥立儿子杨琏为太子，其实明眼人都知道，这个太子只不过是个花把式。这一年南吴交替发生了两件小事，算是对刚刚全面接管南吴大权的徐知诰的一个考验吧。

首先是南平王高从诲派使者前来南吴告知自己祖坟都在中原，又担心哪天沙陀人来打自己了，而南吴来不及救援，所以咱们的臣属关系就此一笔勾销吧，我还是认沙陀人做大哥。徐知诰听完了心中有一万只羊驼奔腾而过，立刻派兵征讨，当然，这次依旧是无果而终。

此次征战算是一次小的战役，南吴也并非是真正要启动对南平的灭国之战，所以影响并不是很大。而不久之后，团练使陈宣准备回朝，徐知诰本打算用素来威望颇高的海州都指挥使王传拯替代他，但后来不知道什么情况，反而是把王传拯召回了扬州城，反倒是把陈宣派遣去了海州。

然后老王心里不乐意了：我在海州待得好好的，怎么就入朝为官了？他怀疑是陈宣故意诋毁他，于是在和陈宣换任之际，派兵杀了陈宣，然后带领部众五千余人烧了海州城，北上投靠沙陀人去了。徐知诰只能长叹一声："这是我的过错啊。"然后大度地释放了王传拯在国内的妻子，并以涟水制置使王岩带兵进入了海州，接替王传拯镇守海州，封为威卫大将军。

但是老王不知道感恩，还写信劝说他在光州的叔父王舆也来投靠沙陀人，结果王舆直接把王传拯派来的使者绑了交给徐知诰，并上书请求调离外镇。徐知诰表彰了王舆这种行为，并拉入中央任控鹤都虞侯。

二、南齐的诞生

（1）

　　秋风萧瑟，扬州城郊的菊花开得格外肃穆，虽然已经过去了近五十年，可当年那位写下"冲天香阵透长安，满城尽带黄金甲"的诗人掀起的那场波澜壮阔的争斗依然让世人不寒而栗。在南吴的偏殿之上，徐知诰正在会晤着那个曾经改变整个徐氏家族命运的人物——严可求。

　　"没想到吧，你一心想保徐知询，可他还是败于我手中。"徐知诰似乎有些得意地说道。严可求摇了摇头，说道："护国公此生听得进我提的任何意见，可唯独一事，我百般进言他都无动于衷，这是就非要立你为嗣啊！"

　　徐知诰反驳道："我对父亲忠顺有年，可他却在生命弥留之际要废我。父子情薄如此，还有什么可说的呢？我能走到今天，可以说谁都没靠，我靠的全是我自己！"

　　严可求轻蔑地一笑，徐知诰不解地问道："你在笑什么？"严可求淡淡地说道："如果最后时刻，护国公真心要换下你，你还会有今日？知道护国公最后是怎么对我说的吗？"徐知诰没有应答，严可求继续说道："他说，我这几个亲生的儿子，都不是个东西，唯独我养大的那个，他是个种啊！江山只有交到他手里，才踏实、稳妥。我又问，难道明公心中就真不怀一片私心？或说是日后，此子所做之事背离了明公的主张，又该如何？"

　　严可求这般说着，徐知诰却有些触动，他并不了解徐温死前究竟是怎么想的，如今只能寄希望于他人的口中。严可求顿了顿说道："可护国公说啊，可求，人做到我们这个份上，心里装的便不能再是自己的私利了，国家的安危才是第一位，而国家如何能够太平，只希望在其位者能够心怀百姓，这点，正伦绝对可以做到的。至于你说的后一点，哎，一代人只能做一代人的事情。你我能恪守臣节，可你我之后呢？天下此刻在我们手中，却不可能永远在我们手中啊，后人的事就交由他们后人去处理吧。"

严可求说着，缓缓地向殿外走去："如今的你确实已经是胜利者了，可是徐知诰啊徐知诰，你扪心自问，你有今日的成就，真的是因为你能力超绝呢？还是说，仅仅因为你是，徐温的儿子啊……一尺布，尚可缝；一斗粟，犹可舂，兄弟二人不相容啊。"望着严可求渐行渐远的背影，徐知诰陷入了深深的思考。

严可求晚年见诸史料的笔墨并不多，甚至说在徐温死后，徐知诰和徐知询争权的两年中并没被提及。我们已经无法得知，在这场兄弟阋墙的争权中，他是以何种身份或态度介入的。或许，自从徐温死后，他的心也已经死了，南吴国的走向如何，都与之无关了。又或许，他能感受到南吴的走向已经与他心中的大道背道而驰了，但他却依然坚守着自己的这份初衷，坚守着当初濠州城下那个粥棚边自己与徐温的誓言。

每个时代或许都有一个时代的殉道者，而严可求便是徐温时代的殉道者，他与徐知诰理念的不同注定了两者无法再并立前行，尽管徐温一直试图调和他们。但无论如何，像严可求这样有信仰的人，历经千年也依旧棱角分明，他与徐知诰走的路不同，但绝非胜败、对错这些俗人的标准可以衡量的。

在徐温去世后三年，南吴左仆射、同平章事严可求也走到了生命的终点，卒于大和三年。徐知诰随后以长子大将军徐景通为兵部尚书、参政事留守扬州，宋齐丘负责辅佐，自己则出镇金陵，又一个新的时代开启了。

最后，让我们对这位在乱世中仍能坚持着自己一份初心的谋士报以崇高的敬意，一敬他这个人，二敬他的信仰，三敬他的坚持……

转眼到了南吴大和四年（932），这一年初，沙陀朝廷加封高从诲为渤海王，算是认可了他的再次投诚。而徐知诰也同样被吴帝加封为东海王，继承了徐温的爵位。而后，徐知诰又在金陵城修建了礼贤院，用来收藏图书，延揽宾客，在这群幕僚中就有后来相对出名的孙晟和陈觉。同时，徐知诰又加强了对金陵城的修筑，金陵城外围扩建二十里。

同样是在这一年，号称五代十国第一"长者"的海龙王钱镠终于死了，他的儿子钱传瓘，此时已经改名为钱元瓘。

说起这个钱镠，我们再次岔开话题来说一说，此人生于唐大中六年（852），这一年可谓是煞星齐聚的一年，因为这一年还分别诞生了后梁太祖朱温，南吴太祖杨行密，马楚开国之君马殷。这其中最悲催的要数杨行密，可谓是"出师未捷身先死"，唐朝灭亡前夕就挂了。而后朱温在篡梁之后又活了些许年头。马殷和钱镠算是老寿星了，马殷比钱镠早死了一年多，甚至死得比小他十岁的王审知和徐温都要晚（两人都是862年出生的），而钱镠寿命超过了八十岁，算是从唐末黄巢起义中活过来的"活化石"了。

钱镠死后第二年，即南吴大和五年（933）初，吴帝再次加封徐知诰为大丞相、太师、德胜节度使，徐知诰拒绝了前两个官职，只是领了德胜节度使一职。同时，宋齐丘建议徐知诰将南吴都城搬迁到金陵来，方便把控朝政，毕竟徐景通还是嫩了些。徐知诰于是便开始在金陵修建皇城。

如果说过去的一年伐南平失利以及引发王传拯投敌事件是因为徐知诰刚刚全面操盘南吴国政而引发的失误，那么这一年，徐知诰所作所为都稳当多了。这一年沙陀使臣张文宝出使吴越的时候，途经南吴领海遇到海事，生存者不过五人。徐知诰热情款待一番后，还依旧护送他们前去吴越。

徐知诰如此举动大概是想借此机会，利用这些使团的牵线，既和吴越恢复邦交关系，又和后唐恢复邦交关系吧。而后，徐知诰还以国中水旱灾害频繁为由，遣散了不少乐妓，终止了一些奢靡的享受之物。这一切的一切，莫不是像前任首相徐温靠拢。

这一年还有件大事值得一提，这件事情是由于南吴的邻邦闽越国动荡引发的。闽越国自从第一代领导人王审知死后，国家就陷入了内讧模式。首先是王审知的长子王延翰继承王位，王延翰即位之后便开始排挤义弟王延禀和亲二弟王延钧，最后两人勾结在一起，推翻了王延翰的统治，王延钧顺利即位，并改名叫王鏻。王延钧是927年上台的，也就是徐温去世的那一年，而后因为分赃不均，王延钧和义兄王延禀发生火拼并杀死了义兄。

南吴大和四年（932），盲目自大的王延钧公开称帝，改元龙启，定国号大闽，立五庙，置百官，以福州为都，名长乐府。比较奇葩的是，虽然王延钧已经称帝了，可他依旧还是臣服于北方沙陀王朝，这皇帝当得够可笑的。

（2）

那么回归主题，王延钧称帝后，更是横征暴敛、掘地三尺地要把百姓的财富都收揽于己。他宠幸一个叫薛文杰的人，这个人敛财可谓是一把好手，为王延钧积累了不少财富，当然，也得罪了不少的人。

闽国建州有个叫吴光的土豪算是比较富有的，薛文杰便准备抄了他家没收财产。结果这么一逼迫吴光是彻底怒了，他带着手下上万部众就去了南吴（果然是土豪，手下人不少啊）。吴光去南吴不光是避难的，他甚至是向南吴建议，发兵攻打闽越，说不定可以一举灭之。

与建州毗邻的南吴信州刺史蒋延徽不愿放弃这个千载难逢的契机，于是还没等到朝廷方面的诏令便带着所部人马会同吴光的兵马一块攻打建州，平日里嚣张跋扈的王延钧一下子慌了神，连忙向邻国吴越求援。

南吴大和六年（934）正月，南吴军在蒋延徽的带领下败闽国部队于浦城，不久兵围建州。王延钧于是派上将军张彦柔、骠骑大将军王延宗领兵万人救建州。而王延宗在行军途中突然遇到了士兵哗变，不愿前进的状况。士兵们纷纷喊道说："不杀薛文杰，我们就不讨贼。"说得在理啊，要不是薛文杰刮地三尺怎么会引发这次的兵祸？但归根究底还是王延钧自己的责任。于是王延宗便把前方的情况火速汇报给王延钧，事已至此还能怎么办，只能牺牲薛文杰了。

于是，王延钧的儿子王继鹏趁着薛文杰下朝的时机，用笏板敲晕了他，而后直接送上囚车押赴前线，路上的百姓看到这个"薛扒皮"都恨极了，纷纷拿石块砸他。不过"薛扒皮"不惧，在囚车上还淡定地和士卒说："我精通占卜啊，我卜出来不出三日皇上必然改主意，你们慢点走，到时候我官复原职有重赏。"士兵们平日里就憎恨他，一听他这么说日夜兼程，仅仅两天就把他送到了前线。

前线的士兵一看到薛文杰就像是狼看到羊，纷纷上前把他割肉分食，当然，薛文杰也猜得没错，王延钧要赦免他的诏书也在第三天抵达了。而蒋延徽这边几乎已经要攻下建州了，却意外收到徐知诰要他班师回朝的消息。

原来，此时的徐知诰正在忙着南吴迁都的事情，根本就没做好和闽越全面开战的准备，蒋延徽的擅自行动让他很不爽，更主要的是，蒋延徽是杨行密的女婿，和临川王杨濛平日里交好。徐知诰担心蒋延徽一旦攻下建州会把此地打造为"反徐复杨"的据点，拥杨濛自立。这一点是徐知诰无法忍受的，于是他诏令蒋延徽速速返回。蒋延徽这边在得知吴越国也介入进来的消息后知道自己是讨不到什么便宜的，便撤围回信州。结果在撤军途中遭到闽越部队的追击，蒋延徽部众损失颇多，而蒋延徽却把罪责全部推给都虞侯张重进，并斩杀了他。

徐知诰对蒋延徽事前擅自行动，事后又推卸责任的行为自然很不满，便将其贬为右威卫将军，而后遣使求好于闽。有人据此认为，徐知诰因为自己的利益而错失消灭闽越的良好契机，是无耻的行为。对此我持怀疑意见，且不说单蒋延徽一部是否能于刚刚起内讧不久的闽越国中取利并一举灭之，单就当时南吴的国力吞并闽越后能否完美消化这就是一个值得怀疑的问题，征易服难啊！

除了在闽越碰了钉子，迁都一事上，南吴内部也出现了分歧。南吴大和六年（934）二月，都押牙周宗便给徐知诰汇报说吴国百姓对迁都的反对意见很大，而且他还指出，吴帝如果来了金陵，你就得去广陵，这样一来耗资无数，还开罪于百姓，多划不来。

这边要解释下，为何杨溥来了金陵，徐知诰必须去广陵。因为徐知诰的本意是把杨溥拉来金陵方便掌控，但事实上如此操作要遇到很大的现实问题。扬州城毕竟作为南吴（及前身淮南政权）的都城已经近半个世纪了，军政商各界要员盘根错节，如果东海王徐知诰和吴帝杨溥都去了金陵，那扬州就会出现一个权力真空，到时候极容易出乱子的。

那么，其实这种尴尬的局面完全是南吴王朝二元制的奇葩政体触发的。要解决这个问题办法不是没有，那就是徐知诰自己做皇帝，集权于一身，而事实上徐知诰也是这么想的。此时，吴帝也派了宋齐丘来金陵传达自己的意思：不要迁都。难得杨溥硬气一回自主做了一个决定，徐知诰也不好意思拂他的面子。

《资治通鉴》里关于此刻徐知诰的心态有这么一段描述：

先是，知诰久有传禅之志，以吴主无失德，恐众心不悦，欲待嗣君；宋齐丘亦以为然。一旦，知诰临镜镊白髭，叹曰："国家安而吾老矣，奈何？"周宗知其意，请如江都，微以传禅讽吴主，且告齐丘。齐丘以宗先己，心疾之，遣使驰诣金陵，手书切谏，以为天时人事未可；知诰愕然。后数日，齐丘至，请斩宗以谢吴主，乃黜宗为池州副使。久之，节度副使李建勋、行军司马徐玠等屡陈知诰功业，宜早从民望，召宗复为都押牙。知诰由是疏齐丘。

这里面说徐知诰早有取代吴帝的意思，但因为杨溥没什么差错，所以只能留待嗣君。这里就有一个疑问了，嗣君到底指的是谁？是徐知诰儿子徐景通还是杨溥的儿子？如果是杨溥儿子，那说明徐知诰还是希望自己能够再坚持南吴的忠臣几十年的，等到杨溥死了再说。如果嗣君指的是徐景通，那么徐知诰此时算是把自己想成了司马懿，定了后代篡权的基调。

但紧接着又有徐知诰拔白头发那段，还感慨自己太老了。显然徐知诰也并非想做司马懿，他似乎并不看好儿子到时候取代南吴，而是想学刘裕，把该做的事情生前一肩挑了。但是杨溥行事都还过得去，自己苦于没有理由啊。然后这里面提到周宗想积极表现，做一个劝进之臣，而宋齐丘劝阻了。宋齐丘劝阻并非是他真的忠于南吴杨家，而是不想被周宗抢了头功。从这件事最后的结果来看：周宗先被外放，而后又被破格提拔，其他幕僚也劝进，宋齐丘被疏远，这一连串的变故似乎说明，此时徐知诰已经很急切地想得到那九五之尊的位置了。

此时，由于吴帝取消了迁都，所以之前腾出来的皇家别院被杨溥赏赐给了徐知诰，等于默认了他享有皇帝的待遇。而紧接着金陵城接连起了两次大火，这让徐知诰开始频繁调动兵马，以备不时之需。

同时，对于临川王杨濛，徐知诰也加强了打压力度，于是派人举报杨濛圈养死士，擅造兵器，将其降封为历阳公，囚禁在和州，又派了控鹤军使王宏（之前与窜逃的侄子王传拯划清界限那位）带兵数百看护他。而对于宋齐丘，徐知诰把他调来了金陵，任命为诸道都统判官兼司空。而司空这个官职很多时候都是虚职，所以这么一来宋齐丘被排除出了决策层。也许是因为对之前宋齐丘的反对而衔恨，也许是因为其他什么原因，总之徐知诰和宋齐丘之间的关系开始恶化。而宋齐丘也似乎觉察到了这点，便多次上表要退居二线，徐知诰便顺势给他赏赐了一个南园，让他暂时性地隐退了。

而周宗被徐知诰塞到扬州后很快便交出了一份满意的答卷：吴帝杨溥下诏加封徐知诰为大丞相、尚父、嗣齐王，还顺带给加了九锡。这意味着徐知诰不仅接替了徐温生前的所有头衔，还被吴帝杨溥拜为尚父（徐知诰和杨溥是儿女亲家，如今却成为义父，这辈分乱的……），甚至连徐温生前都未能享受到的殊礼——九锡都赐给他了。

突然间这么一连串荣誉给了徐知诰，徐知诰自己都有些错愕了，感到确实是太快了，于是推辞不受。但他自己不受，却将两个儿子的官职又分别提拔了下。长子徐景通原本是司徒兼同平章事，徐知诰将其调来金陵，加封镇海、宁国节度副大使、诸道副都统、判中外诸军事；基本是徐知诰涉及军政方面的官职都让徐景通做了二把手。而徐知诰特别钟爱的次子徐景迁则顶替了长兄在扬州的一系列职务，由最初的牙内马步都指挥使、海州团练使一跃成为左右军都军使、左仆射、参政事，可以说是扬州城内名副其实的二把手。

（3）

南吴大和六年（934）的徐知诰在执政时显得颇为急躁，可能是出于对自己垂垂老矣的一种担忧，急切想登上那九五之尊，以至于对外与闽越边衅走火而不闻，对内与老友宋齐丘生隙而不查。

当然，担忧引发的急躁情绪可能还与徐知询的离世有关，也是在这一年，南吴镇南节度使、中书令东海康王徐知询卒。试想下，与自己斗了这么多年的弟弟突然之间就亡故了，任何人心里都不可能不有所触动，或因为恩，或因为怨，而徐知询年纪比自己还小几岁呢。而在徐知询之前，徐温另外两个亲生儿子徐知海和徐知谏也先一步去了，尤其是徐知谏，平素与徐知诰关系最好，几个弟弟的相继离世或多或少地牵动着徐知诰的内心。

就在徐知诰的急躁与彷徨中，历史的年轮迈进了935年，这一年杨溥改元天祚，一提起"天祚"，浮现在我们脑海中的必然是辽国末代皇帝天祚帝耶律延禧，杨溥的这个年号似乎也在预示着南吴王朝的历史将在他手中走向终结。

这年三月，徐知诰次子徐景迁升任同平章事、知左右军事；徐知诰令尚书郎陈觉辅佐他，并对陈觉说："我年轻的时候和宋齐丘在一起讨论事务，经常争吵不同，要么是我撇下他回家，要么是他撇下我回家。宋齐丘那时候经常背着包袱赌气要离我而去，而我也多次闭门不见他。如今我虽然老迈，但仍然不能识尽天下大事，何况景迁现在年纪轻轻就主持国政，所以只能委屈你多教教他了。"

这里得提一下，陈觉是宋齐丘的弟子，宋齐丘除了搞经济有一手，教人也不差，但只可惜教出来的那些个弟子有才无德，最终令国人唾骂。徐知诰如今忆当年，回想自己和宋齐丘插科打诨的青葱岁月其实内心也希望，陈觉能成为他次子的宋齐丘，一方面是器重陈觉，一方面也是看好自己这个次子，感觉比老大更堪大任。

这年六月，南吴德胜节度使兼中书令柴再用病逝了。作为替徐知诰保驾护航的南吴军界后期的台柱子，他立下了赫赫战功，可被史官问起功勋时，他仅仅留下一句："鹰犬微效，皆社稷之灵，再用何功之有！"是啊，像柴再用这样不贪功绩，默默付出的将才，真的太少了！

这一年末，吴帝杨溥再次加封徐知诰为尚父、太师、大丞相、大元帅、齐王，加九锡，并划出升、润、宣、池、歙、常、江、饶、信、海十州为齐国封地；如此一来，徐知诰已经位极人臣了。而徐知诰接纳了封国和王爵，对于丞相、尚父及九锡殊礼他还是拒绝了。

南吴天祚二年（936）正月，徐知诰开始修建大元帅府，以幕职分判吏、户、礼、兵、刑、工部及盐铁。当年三月，徐景通升为太尉、副元帅，闲职在家的都统判官宋齐丘再次被起用，与行军司马徐玠分别为元帅府左、右司马。这时候，之前改换门庭的南平高从诲也派人前来送信给徐知诰，信的大致意思就是劝徐知诰早日称帝吧。而吴帝杨溥更是做出姿态：以金陵府为南吴国西都，徐知诰有权力设置百官，等于是默认了"二帝并尊"这个态势。

但徐知诰肯定不会接受"二帝并尊"这个让步啊，只不过高从诲的推戴无足轻重，他更希望当时南吴的另两位实权派——荆南节度使、太尉兼中书令李德诚和德胜节度使兼中书令周本带领百官推戴。

哪知道周本并没这想法，还说："我早年受到杨行密恩惠，自从徐温父子弄权以来，经常痛恨自己不能解救杨家的危难，如今又让我做这种事，可以吗？！"周本也真能装清高，当初他可是第一批归附徐温的杨行密旧将啊。结果他儿子周弘祚一劝他就带着李德诚率百官去扬州逼宫了。这时候不由得想起了鲁迅笔下那位祥林嫂，活脱脱地像极了周本啊——祥林嫂，那时你怎么肯依的呢？

而宋齐丘对着李德诚的儿子李建勋却说了一句似有深意的话："尊公，太祖元勋，今日扫地矣。"是在夸赞李德诚改换门庭做得正确还是在讽刺他不守臣节？

转眼到了南吴天祚三年（937），此时离南吴灭亡已经是计日而待了。当年年初，南吴太子杨琏娶了徐知诰的女儿为妃。而徐知诰也开始按照皇帝的规格改组周边陈设，立太庙，改金陵为江宁府，牙城曰宫城，厅堂曰殿；以左、右司马宋齐丘、徐玠为左、右丞相，马步判官周宗、内枢判官黟人周廷玉为内枢使，卢文进为宣武节度使，兼侍中。

一切都按照南吴的官职制度和宫廷礼节来，而徐知诰又册立自己长子徐景通为王太子，但徐景通拒绝了，可能是他也知道自己父亲更中意二弟徐景迁吧。而已故的徐温被追尊为太祖武皇帝，徐知诰的义母李氏为武王后。徐知诰本人则改名徐诰（以下还是统称徐知诰），或许是为了和两个弟弟区分避讳吧。

此时的徐知诰已经具备了和司马昭一样的地位了，对于皇位就只差一步了。可就在这节骨眼上又闹出了两个小插曲。六月，南吴诸道副都统徐景迁病逝，这让徐知诰很伤心，白发人送黑发人已然是肝肠寸断了，更何况还是自己最喜欢的儿子。但徐知诰的不幸恰恰是徐景通的大幸，因为终于没人和他抢继承权了。

而与此同时，南吴皇帝杨溥的哥哥历阳公杨濛眼见江山要易主，再也坐不住了，杀了看守他的王宏，并收编了他手下的人马，派人去周本那劝说反正，希望这位杨行密时代的老将能帮他一把。

周本这人一听杨濛派人来了热血又上涌了，决定去帮杨濛，结果周本儿子弘祚劝阻老爹不要做傻事，周本狗脾气上来了，骂道："我家主人来了，为什么不让我见！"周弘祚寻思着：他是你哪门子主人啊，你不早就劝进徐知诰认了新主人了吗？于是周弘祚不仅不让周本去见来使，还让人去把杨濛捉了，绑缚扬州。

突发如此情况，徐知诰也不等杨溥审议了，直接让人把杨濛杀死在采石矶，追废为悖逆庶人，注销属籍。这时候侍卫军使郭惊为了邀功，便把杨濛在和州的家小都杀了，徐知诰正愁没法和吴帝交代呢，如今有背锅侠送上门来，可不得利用好？于是责任都推给郭崇，将其流放池州。而周本的下场之前也交代过了，愤懑而死，在此就不复赘述了。

当年九月，和宋齐丘同列徐知诰左膀右臂的老臣王令谋病逝，他死前三次劝说徐知诰登基称帝，但都被回绝了，可以说他生命弥留之际最大的遗憾就是未能看到徐知诰龙登九五那天啊。

想想也真没意思了，同僚、爱子、敌手、老臣相继辞世，而下一刻还不知道会发生什么，徐知诰不想再等了。九月末，吴帝杨溥派儿子江夏王杨璘奉玉玺禅位于徐知诰。事不过三，这都第三回了，徐知诰也就顺势接过了。当年十月，齐王徐知诰正式在金陵即皇帝位，大赦天下，改元升元，定国号齐。而后，派遣右丞相徐玠奉册尊吴帝杨溥为高尚思玄弘古让皇帝，宫室、乘舆、服御皆如故，宗庙、正朔、徽章、服色悉从吴制。而故太子杨琏领平卢节度使、兼中书令，封弘农公。

自此，南吴的历史正式宣告终结，由于徐知诰两年后把国号从"齐"又改成了"唐"，所以一般南齐这个国号不载入十国之列。司马光在编纂《资治通鉴》的时候则更是直接把这一年定为南唐升元元年，自此以后，徐知诰出现于史册中都以唐主相称（此时北方后唐已经灭亡，后晋取代后唐成为北中国新的主人）。

三、"李唐苗裔"

（1）

南吴灭亡，南齐建立，徐知诰终于从一个四处漂泊的孤儿一跃成为帝国的君主，这一路的艰辛或许只有他自己才能明白吧。而对于徐温，此刻的他心中应该还是满怀感激的吧。徐知诰登基称帝的时候，徐温所生六子只有老五徐知证和老六徐知谔还在世。于是徐知证被封为江王，徐知谔被封为饶王。

徐知诰对这两个义弟还是蛮不错的，当初老六徐知谔在润州做团练使的时候，整日与宵小厮混，进而荒废政务，还学人上街摆摊卖东西。徐知诰听说了，便叫来徐知谔的手下厉声喝问，徐知谔心里很害怕。这时别人就对徐知诰说："忠武王（徐温）平生最喜欢这个小儿子，却把后事托付给了您。当初徐知询被废，民间的议论现在还没平息。假如徐知谔治理地方真的一丝不苟，练兵养民，那对您又有什么好处呢？"言外之意就是得亏徐知谔没心没肺，不然您这来路还真得被人说是得位不正啊。徐知诰一听是这么回事啊，于是更加厚待徐知谔了。

开国登基自然是件喜事，所以徐知诰在天泉阁摆下宴席，款待朝中各位大臣。如今的南齐朝堂，自徐知诰以下又形成了新的派系，以李德诚为首的老臣派和以宋齐丘为首的新臣派，所以两派之间为取得参政大权也是互相使绊子。李德诚就在席间说道："陛下您做皇帝，是顺天应人的事，可唯独宋齐丘不赞同。"

李德诚这么说也是确有其事的，当初周本死后，李德诚带来朝臣进行第三次劝进时，就宋齐丘没有在请愿书上画押签字，这让李德诚找到了把柄。话说回来，宋齐丘为何没有和其他人一起联名上书呢？仅仅是为了赌之前赋闲在家的气，还是说他已经蜕变成和严可求一样的忠臣了，还是其他什么原因？反正今天我们肯定是不知道了。结果徐知诰只是淡淡地说道："我和宋齐丘三十年相交了，他的人我信得过，不会有负于我的。"宋齐丘当时也是跪拜表示道歉。

但场面上徐知诰是这么说的，可私底下真的不记恨吗？此时的宋齐丘官拜大司徒，又一肩挑了左丞相，可也是表面风光，实际上根本无法干预政务。而当来使宣读拜官制书时，提到宋齐丘徐知诰用了"布衣之交"这个词，一下子让宋齐丘来了火气，他吼道："去他喵的布衣之交，老子做布衣的时候皇帝你还不过是一介刺史。好啊，如今做了皇帝了，可以不需要我了。"说完官也不做了，回家去了。徐知诰听说了，出于三十年朋友的情义给他写了封亲笔信道歉，但之前的任命却并没有更改。

可以说徐知诰公私分得很清楚，私人关系永远不可能逾越到国家层面上来。也从另一方面看出，徐知诰和宋齐丘之间的裂痕也在不断加大。没过多久，宋齐丘又来事了，他瞄上了南吴的末代皇帝杨溥了。之前杨溥禅位后，徐知诰让他学之前的淮南一把手高骈那般修仙学道去了。杨溥当时被放到了润州，然后身穿羽衣，钻研八卦谶纬相关的东西，活脱脱一个茅山道士。

按理说人家皇帝落到这种地步已经算有些凄惨了，可宋齐丘觉得还不够，还建议把杨溥流放到远一点的州郡，而徐知诰嫁给杨溥儿子杨琏的女儿，也必须要离婚。这点让徐知诰很火大啊，朝政插不上如今却来管起自己的家事了。一旦真这么做了，坊间百姓还不得说自己太刻薄啊？于是徐知诰没有听从，而对宋齐丘更是显得厌恶了。这里提到杨琏了，就不得不说说徐知诰嫁给他的女儿永兴公主。永兴公主和丈夫的感情相当之好，徐知诰登基称帝后，女儿由原南吴国的太子妃一跃成为南齐国的永兴公主，所以外间都称呼她公主，而永兴公主每每听到，就痛哭流涕（和隋文帝女儿杨丽华有些像啊）。而后来明朝小说家冯梦龙更是在他《情史》一书中详细创作了关于永兴公主的故事，感兴趣的朋友们可以去了解下。

说到这，我们基本可以看到，南齐初年的两派——李德诚派和宋齐丘派在较量中，宋派落于下风，而徐知诰也在疏远着这位老朋友。不过不必担心，因为很快宋齐丘的"徒子徒孙"们会撑起师傅这杆大旗，在南齐后面的南唐庙堂拨云弄雨，搞得一团乌烟瘴气。

升元元年（937）十一月，徐知诰立继室宋氏为皇后，长子徐景通改名为徐璟，加封为诸道副元帅、判六军诸卫事、太尉、尚书令、吴王。三子徐景遂封为吉王，领侍中、东都留守、江都尹，戍守东都扬州，四子徐景达加封为寿阳公。

升元二年（938）四月，刚刚成立了才半年的南齐政府又开始闹腾起来。当然，斗争中心还是围绕着宋齐丘与李德诚两人为首的派系展开，斗争目标依旧是与南吴让皇帝杨溥、南齐的国政以及南齐未来的走向相关。

首先，坐冷板凳的宋齐丘又不甘寂寞了，他上书徐知诰，说丞相不应该不涉政务，而徐知诰给他的回复是"省署未备"，意思就是朝廷的整套班子还没正式组建起来。不久之后，南吴让皇帝杨溥又再次请求辞官，并自愿去别的地方外放，而李德诚等臣僚也一致附和。不必想，这自然是李德诚的主意了。

当年五月，徐知诰派李德诚的儿子李建勋为迎奉让皇使，准备让寄居在润州牙城即如今的丹杨宫内的杨真人杨溥挪地方。这个时候，宋齐丘不满了：有没有搞错啊，当初是我先提议让这个前朝逊帝挪地方的，也是你一票否决的。合着搞了半天李德诚老调重弹，你居然就点头同意了，我看你分明是在刁难我宋某人嘛！

于是，宋齐丘又管不住他的大嘴巴了，他上书徐知诰，说有人在离间你我之间的关系，你莫要上当啊。徐知诰这回算是火大了，直接让宋齐丘回家中白衣待罪。而这时候，有人就对徐知诰进言了，说："宋齐丘是老臣啦，不能因为这点小过错就把他给废了。"那从说话者的立场来看，我们基本也能猜出这八成是朝中的宋派人员。

徐知诰也是气头上，便说道："老宋有才是有才，但也确实是不识大体啊。"但转念一想，毕竟也算是几十年老朋友了，徐知诰心一软又派长子吴王徐璟带着诏书去恢复宋齐丘职务了。但恢复归恢复，想要参政议政，抱歉，没门。

升元二年（938）六月，有人给徐知诰进献了一道毒酒方子。徐知诰正色地说道："触犯我法律的自有对应的刑法，哪里需要这些！？"徐知诰不喜欢使毒？显然从史书的记载来看并非如此，周本（一说徐知询）事件不就提到了毒酒吗？

那么，在这我就姑且推测，这边进献毒酒方子的时候省略了一个对象，即当时别人给徐知诰献毒酒方是为了悄无声息地杀掉某人。而徐知诰却认为不能如此或说是不愿如此做，所以严词拒绝。那么问题来了，这边针对的对象究竟是谁？我认为可能性有二人，一是吴逊帝杨溥、二是宋齐丘。

针对杨溥很正常，毕竟自刘宋开始，前朝末代皇帝鲜有寿终正寝的，宽仁远怀如陈霸先，也是杀死了萧方智以绝后患的。徐知诰虽然也心胸开阔，但前朝的事例摆在那呢，不由他不时时做个对比。那么，针对宋齐丘又怎么解释呢？那必然是李德诚一派见宋齐丘不被徐知诰待见，所以想落井下石，趁机弄死宋齐丘，然而徐知诰心里也清楚，所以断然拒绝。

那无论是针对杨溥还是针对宋齐丘，徐知诰都没有把事情做绝，所以平心而论，他还是一个情义兼顾的君主的。在当月，他又拒绝了臣下提议把国中府寺州县名字涉及"吴"或者"杨"的更改他名的提议。身处高位，做事还能不求利益，只讲对错，就这点，我们就该给这位皇帝点个赞。

可是，在该年的十一月，南吴逊帝杨溥还是死了。而且紧接着不久，前吴太子杨琏，也就是徐知诰的女婿也在调任途中莫名病逝。是徐知诰做的，还是另有其人？如今我们也已经不得而知了，但对照前朝旧例，就算真是徐知诰做的，也在情理之中。如果不是他做的,那只能说因为历史的灰色幽默,他也只得背这个锅了。毕竟新朝皇帝对前朝末帝,不杀是情分,杀掉是本分,更多的人身处乱世还是选择做自己该做的事,恪守本分!

(2)

升元三年(939)正月,吴王徐璟被册封为齐王。也是在这一年,南齐王朝的历史就将走入终结,十国中幅员最辽阔,国力最强盛的南唐王朝即将闪亮登场。

因为徐知诰早年是姓李的,在中国这个宗族观念很深重的社会中,认祖归宗一直是中华儿女的潜意识行为,所以如今做了皇帝的徐知诰便有了改回自己原来姓氏的想法。而改姓绝非就认回亲爹李荣那么简单,还得找一个名气当当响的祖宗,毕竟现在自己是皇帝了嘛。所以在上一年,太府卿赵可封就上表奏请徐知诰复姓李,立唐宗庙。

立唐宗庙等于是认李唐王朝为祖宗,那这不光是脸上有光,还有了北伐统一中国的借口了:毕竟这江山就是李家的,如今我姓李,我不该拿回原本我家的东西吗?但是改立宗庙又是一件大事,这意味着以前祭拜徐温,现在有可能就不拜了,那义父留下的这些过往嫡系人马该怎么应付。更重要的是,自己是沾了义父的光才有今日的成就,一旦自己主动改认祖宗,那天下人又该怎么看自己?

其实对于第一点,徐知诰一点都不慌,所谓徐温嫡系人马,经过和徐知询的较量及十年秉政岁月,凡是和徐知诰不同心的基本都被扫出庙堂了。唯独这第二点,让徐知诰很头疼,需知帝王的一举一动都要做给天下人看的,不能让人非议。于是徐知诰便把自己的这一想法偷偷透露给徐温还在世的两个儿子——江王和饶王。

结果这两个义弟一点就通,当月江王徐知证就率群臣上书请徐知诰复原姓李,立唐宗庙。见有人劝进,这回徐知诰没有犹豫,当下同意了。而后群臣又请徐知诰给自己上尊号(就是杨溥称帝后上的那种),而徐知诰似乎对尊号并不感兴趣,事实上他也看穿了那不过是皇帝和臣子的自娱自乐,所以以"尊号虚美,且非古"的理由回绝了。徐知诰不只自己不上尊号,还立下祖训,以后子孙也不得上尊号（假如他知道自己的江山只传了三世，又会作何感想呢？）。同时，勒令后世外戚无辅政之权，宦官不得干政。这一点对比于十国中其他政权，可谓是真知灼见啊。因为后来吴越、闽越受制于外戚，南汉、后蜀糜烂于宦官。

话说回来，既然认回了原姓，这名字就得换换了，而祖宗也得找找了。所以先来说名字，徐知诰本来想用"李昂"这个名字的，可是与唐文宗李昂重名了，既然认了李唐为祖宗，那得避讳啊。所以徐知诰又想用"李晃"这个名字，可结果更恶心了，朱温这乱臣贼子篡权后就改名叫朱晃，所以选来选去，最后选定了"李昪"这个名字。

自此，徐知诰正式更名为李昪，虽然这个名字在他一生中仅仅用了三五年，但他却是以这个名字载入史册了。原因无他，因为他建立了南唐，南唐因李后主而闻名，所以世人只知南唐宗室李姓，而不会去管李昪曾经用"徐知诰"这个名字活了大半辈子。

那看到这里，大家是否会好奇，为何李昪改来改去非要在自己名字里加个"日"字头呢？事实上，不光是李昪，五代十国很多皇帝都热衷于自己名字中带个"日"。比如后梁太祖朱晃（朱温）、唐明宗李亶（李嗣源）、后汉高祖刘暠（刘知远）、南汉中宗刘晟（刘洪熙）、闽景宗王曦（王延羲）等，包括后来的宋太宗赵炅（赵光义）。

事实上，任何事物存在都是有其存在的因由，那么这些人改名的因由又是什么？这就涉及一本奇书《推背图》。据说此书是唐太宗时神人袁天罡和李淳风所写，记载了自唐太宗往后二千八百年间的历史，以预言精准为后世惊叹。且不说预言到近代以来的"太平天国""侵华战争""紫薇圣人"等，单就唐朝，便已经预言出了"安史之乱"和"黄巢起义"这样的大事件。所以不由得人们不信。

而到了五代十国，《推背图》更是展现了其惊人预见能力，预言了朱温篡唐，预言了李存勖死于戏子之手，当然，也预言了结束五代十国乱世的人。关于这人，《推背图》是这么描述的，"谶曰：天有日月，地有山川。海内纷纷，父后子前。还顺带一首解释的诗：战事中原迄未休，几人高枕卧金戈。寰中自有真天子，扫见群妖见日头。"

谶纬太深奥大家看不懂正常，不过这首诗还是能明白的。大致意思就是说啊：这中原的战事没那么快结束，领导睡得安稳那是因为枕戈待旦，手里有兵。这天下肯定是有真龙天子的，到时候这个真龙天子会扫光这群野狐禅。"见日头"这三个字可让五代十国各位领导人为之疯狂啊，所以名字都带个"日"，说不定真龙天子降临到自己身上了。

好了，扯远了，回过头来。李昇名字有了，接下来就该考虑认谁为祖宗了。《旧五代史》里说李昇认的是唐玄宗六子永王李璘的后裔，当年安史之乱，唐玄宗逃到蜀中，然后下诏让永王任山南、岭南、黔中、江南四道节度使，率兵平叛。结果永王到了广陵后，招兵买马，大有割据江东的意思，结果最终被他三哥唐肃宗李亨所击败，死在了大庾岭北。顺带说一下，我们的大诗仙李白不知何故也参与到了永王的作乱行动中，被逮捕。可以说永王这是一个后人不知所踪的主，所以认他做祖宗不怕查。《旧五代史》于是便堂而皇之地给李昇安排了一个唐朝祖宗——永王李璘，细细思索，一个作乱被杀的王爷后裔，天知道这是捧李昇还是黑李昇啊。

《新五代史》这里则说李昇自称是唐宪宗儿子建王李恪的后裔，李恪生子李超，李超生子李志，官拜徐州判司，而李志则生子李荣，就是李昇正儿八经的亲爹，所以李昇是建王的四世孙。而后立七庙，分别为：唐高祖李渊、唐太宗李世民、唐定宗四世祖孝静皇帝李恪、唐成宗曾祖父孝平皇帝李超、唐惠宗祖父孝安皇帝李志、唐庆宗父亲孝德皇帝李荣，最后加上养父义祖徐温，合为七庙。

《资治通鉴》则继续承继黑李昇的套路，说他原本想认吴王李恪做祖宗（唐太宗儿子那个李恪），结果有人就说："李恪是犯罪被诛杀的，不如认郑王来得安全无隐患。"于是李昇又派人查了下这两王的后代，认为吴王的孙子李祎功业更大，因为李祎的儿子李岘曾官拜宰相，于是认了吴王李恪为祖宗，李岘之后传了五代然后到了自己爹李荣这边。至于这五代人名字叫什么，自然会有人帮他敲定，用不着他担心。不过又说李昇觉得李唐自太宗以后出了十九位皇帝，近三百年，自己从李恪那算起才十代人，会不会太少啊。所以帮忙编纂的人员安慰他说："三十年一代，陛下你别忘了，你可是生在文德年间，到如今也都五十多了。"于是李昇觉得说得蛮对，便遵从了。

《资治通鉴》这段关于李昪认祖可谓描绘得比小说还要生动形象，堂堂南方上邦之君被刻画成一个认祖宗都怕出娄子的小人姿态，司马光真是为了所谓的政治正确把李昪黑到家了。当然，李昪认祖的版本还有其他几种，我在本书的开头第一章就提到了，在此就不复赘述了。

升元三年（939）二月，李昪改徐温庙号太祖为义祖，所以徐温从南齐的太祖武皇帝一跃成为南唐的义祖武皇帝。但在排座次的时候又遇到问题了，因为之前提到一共要排七庙，也就是七个祖宗，李昪便让朝臣商议这个排序问题。宋齐丘进言说道："义祖的宗庙应该排在祖庙的东侧，相对间隔开来。"

而李昪的做法是怎样的呢？不搞特殊化，祖宗就是祖宗，怎么能厚此薄彼，分开来祭拜呢？唐高祖李渊居宗庙的最前面，而后是唐太宗李世民，而后就是南唐义祖徐温了，徐温这一下子都排到了李昪认的祖宗建王李恪前面去了。

然后群臣分别进言，说："义祖徐温不过是诸侯，怎么可以和唐高祖、唐太宗排一块儿呢？应该在太庙的正殿以外再建宗庙祭祀。"看见没，看见没？这就是封建制度下官僚的嘴脸，徐温在世时，这群鳖孙官员他们敢说这种话吗？！"人一走，茶就凉"，见风使舵、溜须拍马、随时调转队伍，这股子官场卑劣和无耻的行径绵延了数千年，留存至今！

但是徐知诰却是那个乱世中少有的圣明之君，所谓圣明之君，不是说拿一些文治武功装点门面就可以了，而是如我前文所讲，在他眼中，做一件事，除了利益，还分对错！李昪是这么回复群臣的："吾自幼托身义祖，向非义祖有功于吴，朕安能启此中兴之业？"一言以蔽之：我李昪能有今日登基称帝，君临天下的福分，不是因为我个人很优秀，虽然个人能力也有一部分（比如和徐知询争权的时候），但最关键，最具有决定性因素的是——我是徐温的儿子！如果我不是南唐护国公徐温的儿子，这辈子我再怎么努力，也不过是一介草民！

决不忘本，这便是李昪抛开利益，只讲对错所坚持的。打天下为武，让天下为义，徐温这个义祖武皇帝的追谥，包含了李昪内心多少感情啊！李昪这么说，群臣再也不敢说什么了。然而，徐温两个不争气的儿子，江王徐知证和饶王徐知谔居然还上表奏请跟着李昪一块姓李，再续兄弟之情。显然，李昪的良苦用心他俩是压根就没明白啊，为了给义父留后，李昪果断回绝了这两个弟弟的上书。

当年三月，李昪下诏：自即日起，国家大事全部委托给齐王李璟裁决，唯军政方面的事情交由自己过问。而后祭祀南郊、大赦天下，改封三子吉王李景遂为寿王、寿阳公李景达晋升为宣城王。三月底，南唐镇海节度使兼中书令、李昪的义弟、徐温最小的儿子梁怀王徐知谔病逝。

四、"慈父孝子"

（1）

"慈父德光，孝子敬瑭"，如果说要用一句话来概括南吴、南唐易代这段时期中原发生的事情，这句话应该是最正确不过了吧。

在这段时间里，雄极一时的后唐崩塌了，传承了一千多年的和氏璧消失了，燕云十六州被割让给了辽国，从此成为两宋三百年难以名状的隐痛。而引发这一切的，则是后晋的开国皇帝，人称"儿皇帝"的石敬瑭。

石敬瑭，后唐明宗李嗣源的女婿，关于这个人历来争议颇多，首先最大的争议只怕是其自身的民族属性。关于五代史曾有过一个学术性名词——"沙陀三朝"，即李存勖所建的后唐、石敬瑭所建的后晋、刘知远所建的后汉，因开国皇帝都为沙陀族人而得名。

但因为一些特殊原因，李存勖和刘知远是沙陀人无疑，可石敬瑭的出身却出现了汉族说。薛居正的《旧五代史》中称石敬瑭是汉景帝时丞相石奋的后人，汉朝大乱，石奋的一支后裔流落西夷。而欧阳修的《新五代史》则坚持石敬瑭本身就出自西夷（极有可能是"昭武九姓"中的杂胡石姓）。

那么，何以两本著作之间的记载误差如此之大，甚至说连一个人的民族都无法确定呢？那我们就得透过现象看本质，看看石敬瑭这个人做了什么，然后再回过头来辨析下他到底是汉人还是沙陀人。

石敬瑭早年间曾任职后唐庄宗李存勖的亲卫马军，史书记载他熟读兵书，仰慕李牧、周亚夫的用兵之道。而一出场就能担任皇帝帐下的近卫军，那无疑说明两点：一、出身好。二、婚姻好。

哎，有人肯定有疑问了，不是应该能力强吗？不不不，封建时代，无论是太平盛世还是乱世，能力强绝不是决定性因素，杨行密没遇上高骈，钱镠没遇上董昌，王建没认田令孜当爹，后世谁又有机会能感慨他们的霸业啊？"拼爹"绝非是当下的调侃性词语，而是由来已久。

先来说第一点，石敬瑭出身好，石敬瑭有个不错的爹，名叫石绍雍（胡人名字叫臬捩吉），在李克用时代就担任一方大将了，所以石敬瑭入伍绝对有老父帮衬。但他老父也只能帮他在军中谋个职位，你要想再往上爬，攀龙附凤可不是那么简单的。当然，在李存勖时代，你学好另一项技能也能青云直上——唱戏，原因就不解释了，大家都懂。

那接下来就该说说石敬瑭的第二点优势了：嫁得好，石敬瑭娶的是唐明宗李嗣源的女儿，而当时李嗣源是李存勖的义兄，这等于一下子就把自己拉入了后唐国戚圈子。而不久之后，李嗣源自己做了皇帝，石敬瑭摇身一变成了当朝驸马了。

李嗣源晚年昏聩，迟迟不立太子，引发东宫动荡，次子李从荣铤而走险发动兵变被废，而李嗣源也在痛心和惊吓中病故。李嗣源死后儿子李从厚继位，但是可惜的是李嗣源在世时还收了一个王家孩子做义子，更名为李从珂。

李从珂是个很有野心的人，他见李从厚新君继位根基不稳，便发动兵变，驱逐了李从厚，自己做了皇帝。而败逃的李从厚便逃到了卫州——石敬瑭的地盘，石敬瑭本来想拥立李从厚，而后攻打李从珂的，哪知道手下都不看好这位落魄皇帝，于是石敬瑭索性就杀了李从厚，向李从珂效忠。

李从珂觉得石敬瑭这种人脑后有反骨，留着迟早是祸害，便开始打压石敬瑭。而石敬瑭索性一不做，二不休，于南吴天祚二年（936）五月，在太原正式起兵，打着"拥护李嗣源幼子李从益登基"的旗号，发兵洛阳。

而李从珂也不示弱，他派遣晋州刺史张敬达为帅，督军讨伐石敬瑭，张敬达会合张彦琪、杨光远、高行周等部合围太原。虽说石敬瑭能力不逊于李从珂，但毕竟双方实力相差悬殊。太原虽说是个大城，但奈何不了唐军人数太多，好几次都差点被唐军攻破。石敬瑭派桑维翰火速去找契丹主耶律德光，请求发兵支援。

而这一次求援便引发了我们前文提到的一件事——"认贼作父"。本来借兵成事，自古有之，事成之后牺牲玉帛也是无可厚非的。可石敬瑭或许一来是怕极了，二来是本就无廉耻之心，他给耶律德光的信件中竟然提到将卢龙至雁门以北十六州土地尽数割让给契丹，并愿意认比自己小十一岁的耶律德光做义父。

而这时候，石敬瑭部下刘知远（后来的后汉太祖）跳出来反对道："主公你疯了吗？请契丹人出兵，给点钱也就罢了，何必要割让土地，还是这么险要的地方。何况你比耶律德光大十一岁呢，怎么能认耶律德光为爹呢？"

哪知道石敬瑭勃然大怒："混账东西，如今唐军包围太原城，能不能活下来还两说，认个爹怎么了？城外的唐军除了契丹人谁能抵挡得了？你能抵挡得了？！"石敬瑭罔顾刘知远劝谏，依然让桑维翰去送信。耶律德光正愁没机会南下捞一笔呢，如今接到这封信，可以名正言顺进兵了，他仰天大笑道："真是天助我也！"于是让桑维翰连夜赶回晋阳，告诉石敬瑭再坚守几日，八月十五那天他就率大军赶到，石敬瑭大喜。

而这边唐军昼夜攻打太原城却依然无法破城，石敬瑭苦巴巴地等着契丹人南下，一直等到九月初才见太原城东北角隐约出现了契丹人的铁骑。石敬瑭当即打开城门，与契丹军会师，迎战唐军。

连续数月的围城已经让唐军筋疲力尽了，哪里还抵挡得住晋军和契丹军的联合攻击，登时大败，张敬达等人逃往晋安（今太原南）。石敬瑭见唐军败了，兴致勃发地出城拜见义父耶律德光，见到耶律德光，石敬瑭跪拜行礼，磕头喊爹。耶律德光虽然是第一次见石敬瑭，但对石敬瑭的热情很满意，说自己收这么个儿子有福啊。

当然，认爹认子那是场面套路，接下来就该谈谈实质性的东西了：耶律德光帮石敬瑭做中原的皇帝，石敬瑭割让燕云十六州。于是在宴席上，耶律德光便说道："孝子敬瑭啊，为父看你面相富贵，无论气量还是才干远胜于洛阳城中的李从珂，你不为中原主真是中原百姓的损失啊。我择日就登坛册封你为中原皇帝，而后带兵北归。"

南吴天祚二年（936）十一月，契丹主耶律德光在晋阳外柳林设坛，正式册封义子石敬瑭为中原皇帝，国号大晋，改元天福。石敬瑭为了感谢耶律德光对自己的大恩大德，也正式将幽州（今北京市）、檀州（今北京密云）、顺州（今北京顺义）、蓟州（今河北蓟县）、瀛州（今河北河间）、莫州（今河北任丘）、涿州（今河北涿县）、新州（今河北涿鹿）、妫州（今河北怀来）、儒州（今北京延庆）、武州（今河北宣化）、云州（今山西大同）、应州（今山西应县）、朔州（今山西朔县）、寰州（今山西朔县西北）、蔚州（今山西灵丘）共计十六州割让给契丹国，并许诺每年向契丹父皇帝纳贡三十万匹帛。

（2）

自此中原政权已经失去天然屏障的长城防线，即今天内蒙古、山西和河北北部的山区。相对于广袤的华北平原来说，长城一带的军事防御价值是不可估量的。北方游牧民族政权则可以利用军事地理上的优势进可取中原，退可守大漠，但对中原的农耕民族政权来说，失去北部山区，致使中原腹地无险可用，这是一个长达近四百年噩梦的开始，而其始作俑者，就是"儿皇帝"石敬瑭。

然而，值得一说的是，此时石敬瑭允诺的十六州土地起码有五分之三不在自己手中，纯粹是拿着别人的东西乱慷慨，而十六州土地的最大持有比重者名叫赵德钧，接下来会提到。另外还得说的是，这十六州土地后来在后周柴荣执政期间夺回了其中三州，到宋朝建立起来后，契丹所掌控的只有十二州。

石敬瑭割让燕云十六州的秘密协议估计当时没立刻公开，所以此时燕云地区实际占有比重最大的卢龙节度使赵德钧也想依附契丹，进而南下夺取中原，他派儿子赵延寿去面见耶律德光，希望耶律德光放弃石敬瑭，改立自己为中原皇帝。

赵德钧开出的条件是：事成后约为兄弟之国，契丹主的干儿子石敬瑭（认爹一事估计当时公开了）则可以继续担任河东节度使，自成一国都行。耶律德光心想：我有儿子，干吗还得认你这个兄弟？何况，你能割地吗？但考虑到这十六州绝大多数在赵德钧的手中，便也没立刻回绝，而是晾着他。

石敬瑭一看形势不对啊，刚认的爹怎么转脸抛弃儿子了？于是他忙派桑维翰再次去见耶律德光。桑维翰好说歹说才让耶律德光公开回绝了赵德钧的请求。而后耶律德光火速带兵南下，趁着赵德钧还没做出应急措施便强行灭掉了他，收归了原本石敬瑭划给耶律德光但被赵德钧实际占有的地盘（关系有点乱啊）。而后，契丹军和石敬瑭的部队再次会师，重创了晋安乡的唐军张敬达部，部将杨光远劝他投降契丹，不失富贵。张敬达宁死不降，结果被杨光远杀死，投降契丹。

至此，河东一带周边唐军都已经被耶律德光肃清，接下来就该南下消灭洛阳城中的李从珂了。但此时契丹高层劝阻耶律德光南下蹚中原大战的浑水，劝耶律德光早日回国。耶律德光便在潞州让一部分主力先回国，自己待在潞州休息一段时间，并让大将迪离毕带着五千骑兵跟随石敬瑭入洛。

当得知主力部队在河东一带被石敬瑭肃清后，后唐这边也是人心浮动，河阳节度使苌从简也倒戈投降了石敬瑭。河阳是洛阳黄河北岸的门户，河阳一失，洛阳城中大乱。而石敬瑭又派兵驻守渑池，堵住了李从珂逃窜关中的出路，事到如今，李从珂也只有死路一条了。

南吴天祚二年（936）十一月底，李从珂召集太后曹氏、皇后刘氏、皇子李重美等人登玄武楼自焚，与之一同消失的，还有传承了上千年的传国玉玺。就在李从珂自尽的当天夜里，晋军攻下洛阳，后唐灭亡，历经四帝，共十三年。

而驻扎在潞州的契丹主耶律德光见"干儿子"大事已成，便班师北归了，根据协定，契丹有权力收回燕云十六州。但比较尴尬的是，虽然石敬瑭点了头，可是驻守这些藩镇的将领却并不买账，纷纷起兵反抗。耶律德光路过云州时，大同节度判官吴峦闭门不纳，耶律德光大骂："你们皇帝早把云州给我了，你们为谁守城？！"而后挥军攻城，可云州的汉军很能扛，契丹军打了半年也没得手，同时吴峦派人向石敬瑭求救。

这个时候，如果石敬瑭背弃前约，洗心革面重新去支援被割让地区的守将抵抗契丹人，说不定虽食言却能名垂青史，可是啊，这个时候石敬瑭居然"讲信用"起来。他勒令燕云地区的汉军将领都回到内地，把土地让给契丹人，契丹主耶律德光是自己的爹，儿子不能不孝。

石敬瑭的故事我们暂且告一段落了，现在就回到开篇之前，石敬瑭的民族属性——汉人还是沙陀人。

其实啊，中国的历史很多都是为政治服务的，虽然说"在齐太史简，在晋董狐笔"，但真正能做到秉笔直书的史家还是少之又少。司马迁的《史记》影响力大吧，但王允就直言不讳地说汉武帝留了此人一条狗命，结果却成就了一部秽史。那其他就更别提诸如《魏书》《北史》这种下三滥史书了。

那么，历史上记载石敬瑭是汉人的政治出发点是什么？记载石敬瑭是沙陀人的政治出发点又是什么？其实，记载石敬瑭为汉人，只是为了坐实他是"汉奸"的这个污点，因为他是汉人，然后他割让了我们汉人的土地，所以他是汉奸。但假如他不是汉人呢？他是沙陀人呢？作为一个沙陀人，他割让了汉人的土地，那他还是"汉奸"吗？

当然啦，有人又要说了，沙陀人融入了汉族，沙陀人汉化程度很高，沙陀人也属于汉族一部分，云云。这类自行脑补的史实已经看得太多了，所以在此正本清源一下，沙陀人到底是什么人。

一、沙陀族源流：原名处月（朱邪），西突厥别部。处月分布在金娑山（今新疆博格多山，一说为尼赤金山）南，蒲类海（今新疆东北部巴里坤湖）东，名为"沙陀"的大沙漠一带，因此号称沙陀突厥，简称沙陀。沙陀族是突厥后裔，众所周知，突厥可是和隋唐打了几百年的仗，几次被灭，几次复国，一直到13世纪，突厥作为一个独立民族还没被消化，西突厥一支西征到中东地区，建立起奥斯曼土耳其帝国。你说源自突厥的沙陀族是汉人，估计土耳其人不会答应，历史也不会答应，人家突厥人是有属于自己的文字和语言的，他们是一个独立于汉文化圈的另一文化体系。

二、沙陀族汉化：有人说沙陀族在长期与汉民族交融中逐渐汉化，最后融入到汉族，云云，那么我想请问了，这个长期是指多长的时间段？沙陀族最早是作为雇佣兵被唐朝人用作镇压内部叛乱的，唐朝是个开放的国度嘛，所以用点外族雇佣兵也是无可厚非的，唐人还起用高句丽人呢，难道朝鲜族也是汉族？沙陀人真正和汉族历史有交集不过百年，从入主中原算，五十年都不到，怎么就长期交流汉化了？宋末蒙古族人还统治中国八九十年呢，也没说汉化啊？

三、占领不等于同化：很多人觉得沙陀人属于汉人，最大的根本原因还是在于沙陀人进入了中原，还经历了好几个朝代，所以就是汉人了。那么，不知是否可以弄清楚"侵略者"一说？日本人占据台湾半个世纪，这可比沙陀三朝入主中原的时间还长啊，那日本人就是台湾的主人了吗？当然，又有人要说两者对待百姓有区别，真的吗？真是看不出有丝毫差异。后梁的赋税是五代最轻的，后唐入主中原后就变着法子地加重税收，后晋更是割让了"燕云十六州"给契丹人，真是崽卖爷田心不疼。后汉更别说了，靠着发国难财起家，才坐了四年江山。末了跑去山西建立北汉国去了，开国皇帝更是自称"侄皇帝"，勾结契丹入寇中原。这，就是沙陀三朝对于中原汉族的"丰功伟绩"，日本人殖民台湾期间也不过如此吧。

归根结底，沙陀人根本就不是汉人的一部分，所以，不要再因为跟随五代史家为政治服务而称其为汉人了，宋人欧阳修已经很明确地在书中指出他是沙陀人了！也不要再因为沙陀人石敬瑭"割地称子"而强行把他归结于汉人从而自虐！他，石敬瑭，认贼作父，割地称臣，贻害两宋，骂名千载，他是，沙陀人！

第伍章

南唐岁月

一、内修政理

（1）

当然，由于石敬瑭甘当儿皇帝的无耻行径让天下人侧目，随即引发了原后唐故土上的一连串节度使频繁起兵造反的连锁效应，其中就有我们之前提到过的名言编纂者——安重荣。不过石敬瑭并非我们的主角，所以略带交代下他就该回归我们的主线人物了。

自从徐知诰更名李昇，南齐改名南唐后，李昇对于自己的这个帝国也有了新的目标，新的规划。

治理国家，文臣武将缺一不可，新君替代旧君则更需要兼顾老一辈人的利益。而徐知诰目前的状态就是，既要提拔一些自己的人马，又要照顾到当年徐温留下来的一批官员，所以南唐初年的政治斗争并不少见，甚至说"党争"这个问题一直困扰着南唐，直至灭亡。虽然南唐没有出现"外戚弄权，宦官揽政"的污秽局面，但"党争"的扩大化也让南唐后期发展无力，闽越、荆湘两个战场深陷其中，国家最后走向颠覆。

那么，既然有这么大一个客观存在的问题，徐知诰如何设计安排官员就相当具有考验性了。而李昇基本做到了"稳住实权派、笼络归附派、满足逍遥派"的正确原则。

首先实权派不难理解，李德诚和宋齐丘这俩大佬，以前还有个王令谋，只可惜死在了李昪称帝之前。当然，当初徐知询阵营又跳槽过来一个骨干，即徐玠。宋齐丘和李德诚的主要矛盾构成了南唐李昪执政时期的一大"党争"。

宋齐丘我们已经基本介绍过了，关于这个李德诚，这里有必要再岔开来介绍下。李德诚，起先曾是宣州节度使赵锽的手下，当年杨行密实行战略大转移，进攻宣州之际，李德诚在赵锽战败后，仍誓死相随。这一股子忠义之心感动了杨行密，后来杨行密将其收入帐下，南征北战，屡立军功。

李德诚的成名之战是围剿安仁义，当时奉命去围剿安仁义的都对其破口大骂，可唯独李德诚没有。最后，安仁义城破被俘，他对李德诚说："那些个孙子平日里对我毕恭毕敬，如今却在城下大肆骂我，唯有你不骂我，是个人才，以后必然富贵无限。"

南吴王朝末期，李德诚和周本两个已然可以称得上是南吴老臣里面的台柱子了，而我之前也提到，带领百官劝进李昪取代南吴政权的就是这位。于是，南齐建立后，李昪便将这位佐命元戎加封为太师、南平王。要知道，太师这个属于名誉职称里顶级待遇了，而五代时期虽然礼崩乐坏，异姓封王已经算不得什么大新闻了。可是，在大江对岸的十国，或者说是南吴、南唐政权，秦汉以来不封异姓王的规矩还是遵守得很不错的，而这李德诚则是南齐乃至南唐一朝封的唯一一个异姓王。（当然，如果非要深究的话，那么徐知诰改名李昪后，和李德诚也算是同姓了，异姓王时期也就南齐那两年。）

南齐建国那年，李德诚七十七岁，那个年纪在那个时代已经算是长者了，虽然朝廷中的一大批官员唯他马首是瞻，但在李昪面前，李德诚还是低调如一。而李昪，也是一如既往地尊重着这位长者，当李德诚从江西返回金陵觐见李昪时，李昪下令后宫妃嫔全部出城相迎，百官则在皇宫外列队等候，像拜见皇帝一样拜见这位南平王。等到南齐改名为南唐后，李德诚更是被封为赵王，一字并肩，显赫至极。

当然，李德诚年事已高，在南唐立国的第二年，也就是升元四年（940）便撒手西归，享年七十八岁。李德诚死后，两个儿子李建勋和李建封分别做了宰相和将军，一文一武挑起了李德诚的政治班底。但毕竟是后生晚辈，李建勋为首的新李党显得有些后继无力，好在前段时间李昪也在不断打压宋齐丘，导致宋党也一时间闹不起风浪。但这只是一时间，李德诚的早逝确实是给了宋齐丘翻身的机会，并最终影响了南唐的继承权，乃至南唐的整个国家命运。

那顺带说下徐玠，徐玠原本是徐知询的亲信，因为种种原因，早先徐知诰并不待见他，但后来他转换阵营、弃暗投明后，宽仁远怀的徐知诰还是接纳了他。并在王令谋死后，徐玠一定程度上肩挑了王令谋的部分职务，还顺带接管了徐知询的若干职务，当时徐玠的官职是宁国、镇南两军节度使兼中书令。后来南唐建国后，徐玠又升级做了司徒兼右丞相，不过徐知诰虽然让他高官得做，厚禄能拿，却不让其涉及实权，说白了也是花架子。可徐玠年纪越大人越贪婪，当官那些俸禄他觉得不够，还干起倒卖朱砂这样破坏市场行情的丑行，被天下人耻笑。不过这个徐玠也很能活，一直活到李璟做了皇帝那年才去世，享年七十六岁。

实权派的李德诚和宋齐丘都介绍过了，接下来说说归附派，其实归附派很多又都是宋齐丘提拔起来的。我们如果将归附派分个类，那基本是两大类——侨帮和赣帮，也就是江北帮和江西帮。

有人一定会有疑问，为什么是这两帮？其实，南吴王朝时代，朝廷是江北帮和安徽帮的天下，毕竟杨行密是安徽人，带着这帮小弟都是乡里拼杀出来的。但到了南吴后期，乃至南齐、南唐时代，江西帮开始异军突起了。首先，江西大地作为南吴的新附地，面积占到了一半，地盘大，产能也必然大。其次，作为江西人的宋齐丘掌权后，结党营私，开始往朝廷内安插自己人，所以进来一大批江西人也不足为奇。那么何故江北帮又一直成为南吴（南唐）政权的中坚力量呢？因为那个时代北方对南方还是有些许优势的，高等人才还是北方多一些，所以要引进中原豪杰，而那些怀揣抱负且不甘屈身侍奉夷狄的北方人，就是所谓的中原豪杰。而那时候，江南被吴越和南吴所分割，所以在其他时期活跃于历史舞台的江南帮，此刻却显得势单力孤。

那交代了这两个归附帮派，我们就来好好看看，他们都是由哪些人组成。先说江西帮，陈省躬，江西南昌人，时任庐陵永新县令，在任期间，陈省躬明察体理，使得下面的官员都不敢有所欺瞒。在断案方面，陈省躬势必做到亲力亲为，而不是随随便便委任下属。因为陈省躬太能干了，有点恃才傲物的他甚至还开始操办起郡里的事情。为此，这个愣头青没少得罪地方上的同僚和上司。

周彬，庐陵禾川人，年轻时不事产业，不尝农耕，一门心思苦读书。徐知诰坐镇金陵的时候，周彬便带着自己的诗文前往拜见。南唐建立后，重新开设了科举取士，周彬便得以扶摇而上，位列诸卫巡官。李璟登基后，周彬更是成了其御用文人。

孙鲂世，江西南昌人，早年拜师于都官郎郑谷门下，而后杨行密占据江淮之际，孙鲂世前去投奔，授州郡从事，为李德诚儿子李建勋所延揽，在徐知诰受禅登基那年去世。

（2）

粗略介绍完了南唐政坛的江西帮，我们再来看看江北帮，北方过来的中原豪杰首推两人，一为孙晟，一为韩熙载。《韩熙载夜宴图》如今已是名画，主人公韩熙载对于我们来说相对熟悉些，就先介绍韩熙载啦。

韩熙载早先是山东高密人，当年中原后梁灭亡，沙陀人成了北方的领主，韩熙载作为大好汉家男儿自然不愿屈身侍奉沙陀人，再加上自己的父亲因牵连政治案被李嗣源所杀，于是便愤然投奔南方的吴国。

当时韩熙载有个叫李谷的朋友是汝阴人，韩熙载便假道河南，进入南吴的淮北地区。当时和李谷分别时，李谷还是执意挽留的，大致意思是说："老韩啊，南方佬不行的，你去那边会被排挤的。北方如今虽然被沙陀人霸占，但总归是暂时的，哪天汉人重掌江山皇恩浩荡给你就平反了呢？"

当时韩熙载气得就把杯子摔了，义愤填膺地说道："我此次南下，吴国如果拜我为相，他日我必然提劲旅长驱以定中原！"李谷这时候也是牛脾气上来了，夸口说："哪天中原政权拜我为相，我灭吴国如同探囊取物！"得了，话不投机半句多，两人就此分别，韩熙载南下吴国，开启了一幕"十国版伍子胥奔吴记"。这边岔开说下，后来后周结束了沙陀人的统治后，柴荣果然任用李谷为相，李谷便谄媚周世宗，撺掇其夺取了南唐的江北十四州。但是，韩熙载在南唐却混得很不得志，有人据此便认为说韩熙载夸夸其谈，而李谷才是实干兴邦。

可事实真的就能用成败来衡量吗？真要把李谷放到南国，料想他混得还不如韩熙载呢。

回过头来说韩熙载，韩熙载在顺义六年（926）的时候到达南吴，当时是杨溥在位，于是韩熙载给杨溥写了个《行止状》，这个《行止状》写得是气势磅礴，鲸吞天下。但是，韩熙载貌似来吴国前没弄清楚状况，此时南吴的大权是在徐知诰手中的，而不是那个傀儡杨溥，所以韩熙载可谓是找错人了。而他浮夸的个性又让徐知诰对他印象很差，所以终徐知诰一朝，韩熙载也不过是混到一个秘书郎的职位。好在当时秘书郎这个职位和李璟走得比较近，这为韩熙载在李璟朝得到重用做了铺垫。

另一位孙晟也是山东人，籍贯是齐郡，不巧这位孙先生从小家贫，自然无法和韩熙载这种官二代比了。但是孙晟从小刻苦读书，在后梁时期也考中了进士，但考虑到自己家世不显，而当时李存勖正在河北招揽人才，与朱梁分庭抗礼，所以孙晟就去李存勖帐下碰碰运气，结果被任命为著作郎，做文职一类的工作。后来李嗣源做了皇帝，把当初李存勖的一个宠臣朱守殷外放到汴州，而孙晟作为判官随他一同上任。结果老朱对李嗣源一肚子气，孙晟干脆撺掇他直接造反，当然，造反是有风险的，老朱的造反就是送上了自己的人头，而孙晟则吓得剃了头跑去庙里当和尚躲避。

后来孙晟觉得庙里也不安全，便想到了流亡南吴。徐知诰对于北方逃难来的中原豪杰一向慷慨，于是孙晟就被收揽在门下，优容礼问。久而久之，徐知诰觉得这是个文化人，于是在坐镇金陵的时候把他带在了身边，而徐知诰改朝换代的相关事宜，也都是孙晟和徐玠一起策划的。南唐建立后，孙晟被拜为翰林学士、知制诰。不久又升任中书侍郎。而这个孙晟因为出众的口才及绝妙的文笔，也算是宋齐丘所忌惮的一号人物。

当然，徐知诰收揽的北人还有不少，举这俩人主要是后面还得提及以及名气较大。有人会问了，这江西帮和江北帮的人物看个人生平似乎都有一个通病——有个性，爱表现自己，那这两拨人绑一块不会斗起来吗？

斗，那是肯定的，不然也就不会有所谓"党争"了。毛爷爷说的一句话可谓是至理名言："党外无党，帝王思想；党内无派，千奇百怪。"所以毛爷爷给出的方法是："承认山头，解决山头。"有"党争"我们不怕，解决"党争"就好了嘛。所以正视矛盾，解决矛盾远比那些粉饰太平，无视客观事实的庸人要强一万倍。毛爷爷是这么说也是这么做的，一千年前的徐知诰也是如此，终徐知诰一朝虽有"党争"，但终究未能成为引发政治旋涡的关键。捂住耳朵，铃依然在响；闭上眼睛，天终究要亮。先人的智慧如果不能引导后人，那我们读史知兴替的意义何在？

那对于这类归附派，徐知诰自然是加以拉拢并根据其才能放置到合适的位置上。说完了实权派和归附派，就该说说逍遥派了。这逍遥派历朝历代都有，我们将其称为隐士，"野无遗贤"即使到了今天也都只是个美好的愿望，所以呢，挖掘出草野的贤明就是统治者面临的一大难题。为何？发掘是一方面，能让其为自己所用那就是另一回事了，很多野外的贤者都是有脾气的，不愿意做官。所以，满足其精神需求远比高官厚禄更能打动他们。不想做官怎么办？好，那就在身边做个幕僚吧，平时写写诗，吟吟曲，关键时刻出个主意也不错。

周彬和孙鲂世都算是半个逍遥派，而最有特征的逍遥派即是我之前提到的那个沈彬，徐知诰早年延揽的人才之一。徐温死后，沈彬算是比较早给徐知诰劝进的，不过他那个劝进又和别人不同，文化人的事嘛，能露骨吗？他是给徐知诰送去了一幅《观画山水图诗》，上面提笔写了一句："须知手笔安排定，不怕山河整顿难。"意思再明显不过了，这南吴的江山于明公你不是手到擒来的事吗？所以，徐知诰登基后，也把他封为秘书郎，但既然是逍遥派，人家自然不屑于这个俗职了，于是请求告老还乡（事实上人家那时也确实快八十高龄了）。

韩熙载一定意义上可以说还是顶这位沈老先生的空缺，而后来李璟做了皇帝后，巡游南昌，这位老先生还能一人划船去相见。当然，见肯定是有目的的，做惯了逍遥派可也得吃饭啊，尤其是年纪这么大了，所以沈彬和李璟说明了下情况，李璟便给他赏赐了不少财物。这位平日里视金钱如粪土的高尚之士没想到临老还是对俗物折腰了，不过这也能理解。沈彬的儿子沈廷瑞后来随沈彬，也是悟道修身，还喜好饮酒，达官显贵见了也不由得尊称其一声"沈道长"。不过也有些没眼力见儿的官员想戏弄他，便开玩笑说："沈道长你何日得道成仙啊？"结果沈廷瑞信手吟诗一首作为回敬，"何顺问我道成时，紫府清都自有期。手握药苗人不识，体含仙骨俗争知"。意思是，别问我何时得道成仙，道家自有定数，你们肉眼凡胎我就算现在已经是仙肌道骨，也怕看不出吧？

（3）

沈廷瑞和他父亲一样，也是不屑做官，想做个逍遥的隐士，所以一生贫苦，只能穿单衣遮体。寒冬腊月的时候有人怜悯他穿得少，便赠予他一些衣服，他也转手送给贫寒之人。后来沈廷瑞死在玉笥山，下葬那天却有人看到他泛舟江上而去了，结果坟墓内空空如也，或许，他真的得到成仙了吧？其实，成不成仙并不重要，沈廷瑞一生贫苦却依然能坚持自己的想法，那便是已经追求到他那所谓的"道"了。

和沈彬父子一样，江梦孙也是一个潜心儒道的世外之人。江梦孙早在他祖父那时候开始便有了家族不考科举不做官的节操。而到了江梦孙这一代，儒道经典基本研习得很透彻了，吸纳了不少信徒。据说他的弟子跨市区慕名而来的就不下百人，如此大的影响力自然引起了徐知诰的注意。拗不过徐知诰一连四次的诚心相邀，江梦孙也就勉为其难地答应给他做一段时间幕僚试试。

做了一段时间幕僚的江梦孙突然要求徐知诰将其放到地方去做县令，徐知诰搞不清楚这位老道长在想些什么，拗不过只能将其派去做了天长令。做了县令之后的江梦孙还真一板一眼处理起政务来了，先是搞定了之前的府衙闹鬼，而后又将一桩多年来的无头公案处理掉了。后来江梦孙在地方上染病了，徐知诰出于担心他身体状况，将其调回中央。哪知道江梦孙一个赌气，官也不做了，直接告老回乡了。在老家，江梦孙继续开始了他的讲学生涯，学生也给他送了个外号，叫"搢绅先生"。而江梦孙死的那天，光学生从外地赶来奔丧吊唁的不下千人，如此大的阵仗，这江梦孙当得起一声"先生"！有人会觉得，江梦孙本无心仕途，可为何又想去做县令？既然做了县令，为何后来又回归故里？

其实这事不难理解，在江梦孙心里有条道德准线，即"当官不为民做主，不如回家卖红薯"。待在哪能为民做主？有人会说，在中央更能为民做主啊，其实不然。很多好的决策下放到地方便歪了，反而地方能更切实际地深入到群众之中。乡野隐士也许不服管教，也许脾气古怪，但请记住，"知屋漏者在宇下，知政失者在草野"。无论如何，他们的那颗心永远是和百姓连在一起的！

对于性情古怪的逍遥派，徐知诰做到了最大限度的宽容，也尽自己可能去满足他们，所以，南唐烈祖时期的官场还是基本可以做到各行其是，不互相掣肘的。

搞定了官场，徐知诰才能保证统治集团在不内斗的基础上齐心协力飙经济。今天我们强调一个国家的 GDP，其实自古以来，中国的历代统治者也都在求富。这种心态到了乱世就显得格外强烈，我们之前已经说了，早在杨行密和徐温时代，两人就致力于恢复孙儒大破坏后惨烈的淮南大地。后来，徐知诰又力挺宋齐丘进行旨在"富民"的税制改革，这一下子让淮南的农耕经济有了迅速恢复的基础。史载"即行之。自是不十年间，野无闲田，桑无隙地。自吴变唐，自唐归宋，民到于今受其赐"。

而眼见隔壁海龙王钱镠的水利搞得不错，徐知诰在升元年间也对丹阳湖一带进行了水利治理。因为发展农业离不开灌溉，而丹阳湖自东晋衣冠南渡开始就成为江南地区极具重要地位的湖泊。丹阳湖的水基本辐射了今天宁锡常镇这块江南核心区，搞好这块地区水利，那江南的农业产量自然上来了。而唐末由于战乱，这片地域泥沙淤积，丹阳县令吕延桢奉命主持了疏浚整治练湖工程，他"筑塞环岸，疏凿斗门"，使练湖恢复了水利功能。多雨时节，可吸纳四十八派之水；旱季可溉周围诸县，又灌注江南河，"使命商旅，舟船往来，免役牛牵"。

客观来讲，南唐在水利这块确实不如吴越，非但南唐不如，十国中其他政权乃至五代都不如吴越。浙人得以靠商埠之利繁荣至今，很大程度上要归于吴越打下四通八达的水网体系。不过话说回来了，吴越可以肆无忌惮地兴修水利，也多亏了南唐这位老邻居结束了自杨行密时代起的刀兵相见。否则就南吴与吴越分割太湖的形势来看，吴越想沟通苏南水系，就得先问问南吴方面答不答应了。

由于水利的便利，所以在江南种植的作物也开始全面发展起来，基本形成了以水稻种植为主，麦、桑、茶、麻和水果等多种经营为辅的新格局。而当时南唐的先民也摸索出了嫁接和杂交技术，使得农作物产生了质的飞跃，淮南的光州、扬州、泰州、楚州和泗州等地成了南唐的粮仓，泰州的香粳就是当时开始出名的。北方传统优良品种南渐势头也有增无减，在江南地区，北方的小麦已普遍种植，出现了"极目青青垄麦齐"的景象。桑树栽培遍及江淮，故有"旷土尽辟，桑柘满野，国以富强"之谓。

而既然提到了农作物，那农作物常规的两大分类——粮食作物和经济作物可就缺一不可了，五谷是粮食，而经济作物首推的便是茶叶。我们之前提到的马楚茶马贸易收入颇丰，基本占了国家财政收入的三成。南唐见这方面有利可图，也在着重培养优质茶叶。而说到这就不得不提一提义兴（今宜兴）了。作为六朝时期的一个战略重镇，到了五代十国时，义兴正在经历着一场城市面貌的变革。如果说六朝的义兴城留给人们的印象是刀光剑影，那自五代之后，义兴的形象被文质彬彬的墨客雅士所替代，后来的"院士之乡"也自此始。

给予义兴革命性变化的就是茶叶，当时南唐茶叶江北地区主要看光州、扬州，而江南地区则看常州和润州，当时隶属于常州的义兴县更是产名茶的翘楚。早在三国孙吴时期，"国山茶"这一称谓就让义兴名噪江南了。而到了唐朝，"阳羡茶"直接被定为江淮名品，列入上贡清单。所以名称也开始繁多起来，如"阳羡贡茶""毗陵茶""阳羡紫笋"和"晋陵紫笋"等。唐肃宗年间，列"阳羡紫笋"（阳羡紫笋因鲜芽色紫形似笋而得名）为进贡珍品，茶圣陆羽认为"淮南茶，光州上"，阳羡"芳香冠世产"，可为贡品。常州刺史李栖筠采纳了他的建议，即在鼋画溪旁造起茶舍，每年采制茶叶万两进贡，品饮阳羡茶成为风行的时尚。

当然，对于茶叶的发展史，南唐时期还发生了一件具有划时代意义的大事。后来南唐发兵闽越国，占领了闽西地区，在那里发现产自建州的京铤茶。而后，京铤茶开始取代阳羡茶，而我国的名品产茶区也从江南扩散至闽南，最终有了后世名满天下的"铁观音"问世。当然，此为后话，这边就不展开说了。

一言以蔽之，在南方国家中，南唐对于农业的开发最具力度。其时，皇家府库充盈，"凡积兵器，缯帛七百余万"。国家农桑之盛，前所未有，农业发展的深度与广度，南北无出其右者。

南唐农业之盛不单单盛在各个农作物的产量和获利，更重要的是，它打破了原本农业相对单一地经营粮食作物的壁垒，开启了经济作物与粮食作物并重的新纪元。这于当时或许并不足道，但在中国数千年的农业史上无疑是留下了光辉的一页，是一次彻底的产业变革！

农业是立国之本，这点南唐做得好是无可厚非的，不过次于农业的手工业，南唐也是可圈可点的。我们之前也曾讲过，宋齐丘的税制改革，其中重要的一项就是：用纺织品来抵扣部分税额，这其实从侧面在推动着南吴及南唐纺织业的发展。南唐时期，润州的方纹绫、水波绫，技术高超，名誉四海。而南唐官府里设有作坊，品种众多，数量也很大。史载"升元初，许文武百僚观内藏，随意取金帛，尽重载而去"，可见国库藏量之巨。

后来南唐后主李煜在自己的词作中就多次提到各类丝织品的品种，以及，在李后主时期，与丝织品相关的染色技术也有了革命性的变化。一种名为"天水碧"的青绿色色彩在当时被发明出来，一经出现即引发轰动反响。

(4)

提完了纺织业的织工，那就迈不开说一下南唐的匠人，南唐的匠人集中体现在南唐的造船业和晒盐业。先说造船业，江淮一带的舰船制造术历来就是北方所不能及的。六朝时期由于南北对峙，南方的造船业更是取得了飞跃式的发展，为南吴及南唐留下了相当高的技术基础，隋唐时期，淮安成了国家的造船基地，并多次参与战舰的督造。岔开说下，即使是今天，南京附近的造船厂也是打造远洋战舰的龙头大哥。

唐朝后期，对地方缺乏管理，所以江淮一带的造船业出现疲软状态，不过到了南吴时，造船业又重新崛起，形成了以扬州和金陵为核心的两个辐射圈。之前我们提到，在第二次无锡会战之前，狼山之战中吴越军荡平了南吴方面游弋在长江的主力舰队。可徐温在很短时间内，又鼓捣出一直规模不小的舰队，除了从其他地方征集外，南吴造船厂火速民用改军用，武装出战舰的能力不容小觑。

当然，另一方面，南唐要把江淮地区的盐输送到国内其他地区，也需要利用这一带水网密集的特点，而间接推动了造船业兴起。同时，在对高句丽、契丹等东北亚地区，对天竺、大食等南亚次大陆和西亚地区的远洋贸易，也需要南唐对造船业进行深化创新，打造出可以劈波斩浪的远洋战舰。史书中记载南唐升元二年（938），契丹"持羊三万口，马二百匹来"，交易规模如此之大，可见南唐远洋舰队的吨位不容小觑。

既然提到了盐，那就不得不说一下南唐制盐业的格局。在古代，江淮盐都也有两个中心，一个是扬州（扬州在多个场合出现，得天独厚的区域优势似乎也从侧面说明南吴定都的合理性），一个是楚州。当时的区划和今天区划不同，我们按照今天江苏省的区划来说，扬州盐集中在今天扬州江都区和泰州海陵区这两块地点，楚州盐则集中在今天盐城、淮安涟水等地。而从全国来看，当时的制盐业又得首推江淮、山东一带，毕竟现在产盐爆炸性的西北地区当时还属于待开发地域。

杨吴与南唐立国后，以盐业为重要资本，制盐业成为江淮社会经济的大宗。杨吴在泰州设置海陵制置院，民户田赋，规定每正苗一斛，加收三斗，官给盐一升，谓之"盐米"。南唐升元元年（937），南唐又改置泰州，置海陵监，加强了对盐业的管理。又在楚州设置盐城监，"管盐亭百二十三"。至北宋统一，盐城"岁鬻四十一万七千余石，泰州海陵盐如皋仓，小海场六十五万六千余石"。如此得天独厚的制盐业先天优势，使得南唐国库充盈的同时，也引来了不少狼子野心的觊觎之贼，其中就有后周的柴荣，后面我们会提到。

当然，手工业涵盖范围很大，举的这几个例子都是南唐可以作为当时各国该产业的龙头老大地位说的。而除此之外，南唐在造纸业、金铜锡器业、陶瓷业方面也有不小业绩。比如南唐后主时期在蜀纸的基础上创新出了一款新纸——"澄心堂纸"，这种纸张质地优良却价值千金，是纸张中的香奈儿，后来宋元明清都把这种纸作为宫廷御用。而用不起高端品的人怎么办呢？别急，南唐还创造出了一款适合大众普遍消费的价廉物美产品。如今我们提到的宣纸就是在南唐时期奠定了其文房四宝之一的地位。李后主纸醉金迷的生活也促进了扬州、润州等地金铜锡器锻造技术的跨越式发展。

当然，在此还得提一下义兴城。之前已经说过了，义兴的茶叶名动天下，然而今天的宜兴素有"四绝"之称：茶的绿洲，洞的世界，陶的故都，竹的海洋。喀斯特地貌的溶洞和广袤的南山竹海是大自然馈赠这片土地的丰厚财富，而茶叶和陶瓷则是宜兴人勤劳智慧的结晶。宜兴被誉为全国陶都，和瓷都景德镇齐名，其名气就是南唐时期打响的，而至宋朝渐臻佳境，奠定了紫砂陶瓷界无可撼动的地位。（义兴改名宜兴也是避了宋太宗赵匡义的名讳。）

"市农工商"是封建社会划分社会阶层和属性的一个标准，在了解了南唐官场、农业、手工业后，南唐的商业也是迈不开的话题。五代十国时期，南方诸国林立，多半小国寡民的特征给商业发展提供了极为便利的条件。

我们试想一下其实不难理解：国土小意味着单靠农业养活国民是非常吃力的，需要商业助力，国与国之间的界限又需要商人作为媒介，进行跨国性的物流交易。而令南吴和南唐统治者始料未及的是，在江南农业和各种经济行为商品化过程中，城市功能发生了重大变化，具体表现为政治功能逐渐淡化，经济功能渐渐增强。这一功能的转换，意味着宋朝时的"市民"阶层已经开始陆续登上历史舞台。

由于南唐所处地理位置的特殊性，使得南唐国与南方五个政权接壤（吴越、闽越、南越、马楚、南平），这些国家想要两两进行贸易却因为一系列原因被南唐分割，反倒只能借助于南唐这个"中间人"进行国对国贸易。如此一来，南唐的首都金陵城名副其实地成了全中华的"商业中心"。而似乎南唐的商人们并不满足只把市场定位在国内贸易，还借助南唐当时与海外诸国保持着的友好关系，利用政策便宜，进行广泛的海外贸易。

商业活动给南唐带来了充足的社会财富，直接拉动了经济发展，《钓矶立谈》说"于时，中外寝兵，耕织岁滋，文物彬焕，渐有中朝之丰采"，并非溢美之词。反映在政治上，南唐成为在十国中处于举足轻重地位的南方大国，不仅成为能够与中原抗衡，还有相当的实力进而实现全国的重新统一。纵览五代十国历史，实际上就是一部南唐国与中原政权的对抗史。

而经济的飞速发展也推动着城市化的进程，我们在感慨何以后世两宋能有如此浩大的城市化规模，并领先欧洲资本主义萌芽初始时意大利诸商业气息浓重的城邦四五百年，其实，根就扎在南唐这。

以南唐首都金陵为例，六朝时期的金陵和南唐以后的金陵有着显著差别，六朝时期的金陵城虽然也有胭脂水粉气息，可更多的还是军事和政治性更为浓重。比如，著名的石头城，就是作为一个军事堡垒存在的，可是，徐知诰坐镇金陵的这段时间，拓宽了金陵城的商业区，秦淮河地区正式作为一个繁华的商业区恰恰是从南唐开始，繁衍至今的。而六朝时期的秦淮河经常是叛军和政府军对峙的前沿，作为军事屏障而存在。

而金陵城的变化得益于商业市场的出现，打破了唐朝市坊制下"市坊分离"的壁垒，已经不受到固定地点交易的限制。而唐代出现的夜市发展到南唐时更是成了普遍存在的现象。

当然，凡事都有利弊，南唐商业的飞速发展对于中华的历史无疑是迈出了巨大的一步，但对于南唐这个政权来说，"冲"得太快未必就是完美无瑕的，这点我们后面会提到。

二、挫败的北伐

（1）

南唐的内政暂时先告一段落，是时候讲下南唐的对外战略目标了。自从徐知诰改名李昪，南齐改名南唐起，继承大唐王朝基业，一扫宇内就成了李昪毕生追求的目标。所以杨行密、徐温时代的称霸江淮、坐断东南的方针就显得有些不着调了，所以南唐把自己的对手定位为北边的沙陀"儿皇帝"石敬瑭。

正巧，这个时候石敬瑭虽然做了中原的皇帝，可也是面临四面楚歌的境地，各地起来造他反的节度使此起彼伏。这里要岔开说一下，南唐的军制也是仿照李唐时期的军制设立的，有中央禁军、节度使镇军和各地乡兵之分。

南唐的地方部队，也就是镇军和乡兵，也和周边各政权不同。南唐各州各县都有州县兵，分由刺史、团练使、指挥使等官员统率。因此，南唐不存在方镇军队，节度使统率的镇军，也就是州县兵。乡兵则类似于现在的民兵、预备役。这其实就是南唐鉴于唐中后期藩镇割据的恶劣影响而做的改良，但归根究底还是没有解决掉节度使制度。所以，李昪虽然锐意改革，但还是在很多方面拘泥于旧体制，不得不引为叹息。

禁军兵制，以百人为都，五都为营，五营为军，十军为厢，每厢应为两万五千人，厢最高长官为都指挥使，有正副之分，厢之上设有番号军，每番号军设有左右两厢，番号军归中央统辖。南唐禁军往往冠以雄武、龙武、神武等名号。六军置有统军、副统军、都虞侯等将官，由于地位重要，其将领往往兼领节度使、同平章事、中书令、侍中等职官。而南唐禁军一反包括后周在内的周边各国加强侍卫诸军的做法，它的六部禁军的战斗力反而比侍卫诸军强，其六部禁军的主要作用和大唐时期的神策军相似，负有宿卫和野战的双重任务。

而南唐为了削弱藩镇节度使职权过大，采用的是广设节度使，分散其兵、政的方法。比如，唐朝时在南吴版图所控的区域内总共就设了三个节度使：润州的镇海军、宣州的宁国军和洪州的镇南军，实际上就相当于统筹了苏南、皖南和赣南三个片区的军政大权。南吴立国后，考虑到自己地盘不比唐朝啊，再按照唐朝那种区划设节度使，那也就只能有仨，到时候随便一个节度使都可以拥有对抗中央的实力。于是，南吴在原先苏南地区镇海军的基础上又设立了建康军，首府在金陵，在江西地区又另外增设了江州的奉化军、抚州的昭武军和虔州的百胜军。（其实这些也不是南吴有意增设的，江西地区这三支部队分别是江西彭氏和当初作乱的危全讽、谭全播制下的部队，南吴只是沿袭而已。）

如果把唐朝的节度使辖区比作南京军区这种大军区的话，那南吴的节度使充其量就只能比作苏州军区，两者不可同日而语。到了南唐，节度使的辖区再次被缩小，江淮大地上的各个节度使镇军像雨后春笋般冒出来，江阴只不过是个县，还设立了一支江阴军。当然，节度使辖区被分割小对国家是有好处的，比如南唐对地方节度使掌控力就强了，不会出现石敬瑭那种各地叛乱的景象。而坏处也肯定有，比如接下来要说到的这次大战。

南唐升元四年（940）五月，后晋安远军节度使李金全起兵造反，而后称臣于南唐，乞求王师北上御敌。李金全这个人是吐谷浑人，也就是今天的土族人，往前和鲜卑人拜一个祖宗。早年本是李嗣源的一个奴仆，因为作战勇猛而步入仕途。石敬瑭登基后，各地藩镇许多不服这个"儿皇帝"，起兵反抗的有，互相之间杀来杀去的也有，就是没人把石敬瑭当回事。

　　恰恰那时候安州屯防指挥使王晖杀了安远军节度使周瓌。石敬瑭命李金全率骑兵千人讨伐，但许诺如果王晖投降就赦免其罪，封为唐州刺史，又许诺城破不杀一人，并且告诫李金全："无失吾信。"

　　结果，面对李金全的征讨，王晖弃城准备投奔南唐，而半路遭到了后晋山南东道节度使安从进的伏杀。结果李金全不费吹灰之力就拿下了安州，心里很得意啊，一得意就把石敬瑭的话抛到脑后了，下令士兵放纵劫掠三日，而他自己则是把王晖留下的部下一并诛杀，并私吞财产。王晖部下武克和临死前还在大骂："石敬瑭说了王晖如果投降了依旧做刺史，咱们只是随从，为什么要被杀？假如这不是朝廷的意思，那你李金全早晚要遭报应的！"这事石敬瑭得知后，虽然对李金全有所迁怒，但也不想再生事端。考虑到李金全本就是个贪得无厌之人，于是直接甩手任命其为安远军节度使了。

　　李金全贪财，这已经不是什么新闻了，早在李嗣源时代就因为多次在地方上搜刮财物而被几次罢免节度使职务。如今做了后晋的安远军节度使，李金全也不闲着，继续从事他搜刮民脂民膏的老本行，把政事全部交给了左都押衙明汉荣。

　　当地百姓对此深感不安，而有所耳闻的石敬瑭也派了廉吏贾仁沼前去替换掉明汉荣，代为执掌民政。这事李金全肯定不能干啊，手底下安排个廉吏那自己日后还如何敛财？所以李金全的谋士庞令图给他出主意说："贾仁沼曾经在王宴球手底下当差，当初王宴球去攻打中山的王都，王都在城头上命人射杀王宴球，结果一箭射中了王宴球的头盔。而贾仁沼当时在军中，他随即张弓搭箭回射射箭者，只一箭便结果了那人的性命。王宴球当时便在军中寻觅贾仁沼，要重金封赏，可贾仁沼却默不作声，这可是天下少有的忠臣啊。后来王都兵败，贾仁沼负责前往京师献捷，结果皇帝赏赐的财物他都赠予了故友和亲戚中贫寒之人。这更说明他是个廉洁的人，做人做到他这个份上，如果能收揽麾下那何愁大事不定？不如就舍了这个明汉荣而拉拢贾仁沼。"

　　李金全当时有些犹豫，主要是顾虑这个贾仁沼会不会和自己一条心，结果明汉荣得知这件事了，他可一点都不犹豫，直接派人下毒把贾仁沼给毒死了。但是，纸是包不住火的，在南唐升元四年（940），石敬瑭终于对李金全下达了调任诏书，大将马全节负责代替他成为新的安远军节度使，顺带说下，这位马大将军可是带了兵来的。

而此时，贾仁沼的两个儿子觉得给自己父亲洗刷冤屈报仇的时机到了，便一起到京师去找石敬瑭喊冤，说是明汉荣下毒害死了自己父亲。明汉荣知道这个情况，于是就对李金全说道："之前'儿皇帝'要用贾仁沼替换掉我，是明公您犹豫违诏的。而贾仁沼究竟是怎么死的，我知道，你知道，他的两个儿子更知道。如今他的两个儿子已经把贾仁沼的死因上奏给朝廷了，现在'儿皇帝'派人来替换掉你，明摆着是要拿你下狱了。"

（2）

听完明汉荣的叙述，这个李金全那是越想越不对，越想越觉得后果严重，情急之下就只能铤而走险了。考虑到自己叛乱把握不大，于是李金全想到了南方的李昇，此时南唐刚刚立国一年，而安州毗邻南唐国界，适合南唐援军的到来。

那么，对于这次北伐的大好契机，李昇又是如何把握的呢？史书记载得很简略，乃至说《资治通鉴》里面也只是用简单的话语做了匆匆交代：

癸卯，唐李承裕等引兵至安州。是夕，李金全将麾下数百人诣唐军，妓妾资财皆为承裕所夺，承裕入据安州。甲辰，马全节自应山进军大化镇，与承裕战于城南，大破之。承裕掠安州南走，全节入安州。丙午，安审晖追败唐兵于黄花谷，段处恭战死。丁未，审晖又败唐兵于云梦泽中，虏承裕及其众。唐将张建崇据云梦桥拒战，审晖乃还。马全节斩承裕及其众千五百人于城下，送监军杜光业等五百七人于大梁。上曰："此曹何罪！"皆赐马及器服而归之。初，卢文进之奔吴也，唐主命祖全恩将兵逆之，戒无入安州城，陈于城外。俟文进出，殿之以归，无得剽掠。及李承裕逆李金全，戒之如全恩；承裕贪剽掠，与晋兵战而败，失亡四千人。唐主惋恨累日，自以戒敕之不熟也。杜光业等至唐，唐主以其违命而败，不受，复送于淮北，遗帝书曰："边校贪功，乘便据垒。"又曰："军法朝章，彼此不可。"帝复遣之归，使者将自桐墟济淮，唐主遣战舰拒之，乃还。帝悉授唐诸将官，以其士卒为显义都，命旧将刘康领之。

李承裕是谁？南唐的相关史书对其没有太过详细的描写，基本也只能说是个不入流的将领时任鄂州屯营使（连节度使都算不上）。而他入援李金全之后的举动很奇怪，说他第一时间就把人家妻妾资财给抢了，这事以往只有李金全才做啊，怎么这回"大水冲了龙王庙"了啊。而关于此次李承裕到底带来多少兵马，《资治通鉴》也没给出个交代，从文中"失亡四千人"来看，兵力应该也仅仅五千人左右，最高不过一万人。因为李金全所部有一部分兵力，而两次交战过程中，也没提及死伤多少兵马，阵仗不会太大，战死的段处恭更是个名不见经传的小人物，事后李昇连慰问烈士家属的事情都没记载入史。

而从李昇那句"边校贪功，乘便据垒"来看，他是将这件事定性为一场边界摩擦，既然只是单单的边界摩擦，想来损失也必不会太大。那话又说回来了，这件事真的只是一场单纯的边界摩擦吗？如果是这样，那面对李金全的求援书李昇究竟是处以何种态度？假使说这件事不是边界摩擦，那李昇何以不大队跟进或说是委任能担重任的将领去执行呢？

由于史料的匮乏，我们已经无法还原当初的那场战争原本面貌了。那么，我仅以个人的推断来还原下或可能接近于这场战争原貌的历史经过。

首先，这事情最初确实是李金全致书给李昇，表明自己想投诚的意愿。但是，南唐的决策高层就此事没有达成统一意见，所以呢，此事还处于待议之中。而毗邻安州的李承裕由于占了地利之便，所以便不等号令带着本部人马（五千左右吧）前去接管安州了。而李承裕抢夺李金全财物的举措也就不难理解了，他也在等待朝廷的最终命令，朝廷要打，那自己自然就待在安州配合其他部队夹击马全节了，可朝廷如果不打，那这些财富自己就带着跑路。

结果让李承裕大吃一惊的是，马全节这次带了三万人马来赴任，所以不管朝廷有没有诏令，李承裕也都是只能脚底抹油，趁早开溜了。于是出现了史料记载的那一幕，李承裕在城南被马全节堵住，战败，而后又一败再败，最后成了俘虏。

那这件事就反映出了两个问题：一、地方大员不尊号令，擅自行动的事情还是时有发生，这是节度使制度存在的固有顽疾，虽然李承裕还算不上节度使。二、南唐的节度使辖区被划分的小了，力量变得薄弱，而辖区和辖区之间又缺乏配合。否则，这次迎击马全节，如果李承裕的辖区够大，那兵力足可以一战。

如果南唐各个地方部队配合得默契，那么，在李承裕出动后，周围部队也会整装备战，伺机而动，不至于让李承裕所部被马全节包了饺子。

关于这次战争，司马光还特地在后面批注了一句话："违命者，将也，士卒从将之令者也，又何罪乎！受而戮其将以谢敌，吊士卒而抚之，斯可矣，何必弃民以资敌国乎！"这句话大致就是针对战后李昪拒不接纳李承裕所部被俘虏的士兵，司马光认为李承裕是李承裕，他犯了错诛杀他一人则可，何必要牵连无辜的士兵。

司马光在五代和十国的立场上，基本上是站五代这边的，但由于石敬瑭这个"儿皇帝"民愤太大，所以在后晋一朝，司马光还是略微同情了下南方政权。而从他评价中用"敌国"这样的字眼称呼后晋也可见一斑，事实上这句话司马光并没有说错，拒降卒于国门之外这确实是李昪的错误，既然是错误，我们也应该批判。

前线的失利并没有让李昪一蹶不振，事实上也犯不着，这才折损了多么点人啊，既然要北伐，那以后死的人将会比这多得多。而为了降低今后和北方政权开战的伤亡率，那就得提高自身实力，到时候如秋风扫落叶一般轻松。

南唐升元四年（940）七月，李昪准备册立儿子齐王李璟为太子，兼大元帅，录尚书事。但李璟立刻又请辞太子之位，之前李璟有此举动已经两次了，频繁地请辞似乎说明李昪对于李璟接班是持迟疑态度的，否则立储君这种顺理成章的事情，傻子也不会再三推托。但是似乎也是为了堵住朝臣的悠悠之口，当年九月，李昪虽然没有立李璟为太子，但还是下诏让各地给齐王李璟寄文件时启用太子规格。

正巧当时南唐的一位国家级方士孙智永说天象有变，四星聚斗，分野有灾，请李昪驾临东都扬州避祸。于是李昪便命令齐王李璟监国，自己摆驾去扬州了。也就在李璟监国这段时间，光政副使、太仆少卿陈觉因为私人恩怨弹劾了泰州刺史刘仁规，算是开启了南唐新一波"党争"倾轧的由头。而在当年年底，李昪在扬州待了三个月后，重新返回了金陵。

南唐升元五年（941）四月，陈觉被任命为宣徽副使，李璟时代的"五鬼"集团开始一个个走上台前。而宋齐丘与李德诚"党争"时代的格局也在这两年中走向了终结。之前说过，李德诚死后，其子李建勋承袭了丞相一职，又兼右仆射、中书侍郎、同平章事，而当时宋齐丘赋闲在家，接替宋齐丘的"五鬼"集团还没形成气候，所以反倒成了李建勋一家独大。

李昇自身就是权臣上位的典型，所以他对位高权重的宰相一直很忌讳，之前是瞅宋齐丘不顺眼，如今宋齐丘下去了，李德诚死了，李昇又把目光盯向了李建勋。这个时候，李建勋又做了一件作死的事，他悄悄地改了李昇下达的诏书，这下子给了李昇处置他的理由了，当年七月，李建勋被罢免职务，回家反省。

三、南方诸国的态度

（1）

李建勋被罢相似乎让赋闲已久的宋齐丘又看到了转机，南唐升元六年（942）二月，还挂名左丞相的宋齐丘再次请求参与政事，李昇或许又顾念起旧情来了，将他提入中书省参事，但宋齐丘胃口不小，要求再入尚书省参事。于是李昇干脆做了个官职的大洗牌，原先负责尚书省事务的侍中、寿王李景遂负责兼领中书省、门下省，而尚书省的事务交由宋齐丘。但是在这两人的上头又安排了一个齐王李璟，三省的事务最终拍板权还在李璟手中。

而宋齐丘在参事过程中也是出了一个问题，他的亲信官员夏昌图盗取官钱三千缗，引起李昇勃然大怒，下令将其斩杀。而宋齐丘也预感到这事情会波及自己，便对李昇称病，而李昇也顺手把他尚书省的事务给罢免了。

到了四月，又赋闲在家的宋齐丘将一肚子牢骚话说给了寿王李景遂听，并请求寿王为自己求取去镇守洪州的职位。这时，宋齐丘也算看明白了：自己这辈子估计在李昇执政时期没有进中央的命了。

而李昇果然同意了他的请求，并在宫中设宴为他饯行。酒过三巡，喝高了的宋齐丘再次管不住嘴了，高声说道："陛下啊，您能有今天，都是我的功劳啊，怎么就能把我给忘记了？"李昇也火了，骂道："你当初只不过是我的一介幕僚啊，现在位列三公还不满足？还整天在别人眼前嚼朕的舌根子，说我像勾践一样醍醐，能共患难，不能同享福，有这事吧？"

宋齐丘也火了，说道："没错，这话确实是我说的，那我当时做幕僚的时候，你才什么官职啊？一介偏将，怎么滴，今天是想杀我咯？"

要不说宋齐丘心里确实没个数呢？皇帝都生气了，他还敢继续怼，真不怕李昇一怒之下把他杀了。这场宴席终究是不欢而散了，不过第二天酒醒后，李昇还是心肠一软，又来和宋齐丘和好了，他说："子嵩（宋齐丘的字）啊，朕的脾气你还不知道吗？年轻时我们可没少斗过气啊，年轻时我们气消了还能把手言欢，难道要到老了结怨不成？"于是，李昇当天就签署了任命宋齐丘为镇南节度使的诏书。

李昇和宋齐丘的主动和解也从一方面看出这位九五之尊还是非常具有人情味的，他看重宋齐丘和他昔日的感情，不想失去这位多年来风雨同舟的伙伴。不过，不管怎么说，随着宋齐丘的外放，李建勋的罢相，南唐帝国第一次"党争"算是彻底结束了。在李昇的操盘下，这场"党争"竟然没对国家前行造成重大灾难，而往后的"党争"，对于南唐来说，绝对是灭顶之灾！

好了，这时候让我们将目光再次投向南方大地，因为此时南唐周边的形势都发生了翻天覆地的变化。在李昇掌权到开国的这些年间，吴越、闽越、南越（南汉）、马楚、南平都走马灯似的换起了领导人，而这些国家领导人对南唐的态度也开始较南吴时期有了显著变化。

我们先来说闽越国，这几年闹腾得最欢的就数它了。之前已经提过，闽主王延钧上台后穷奢极欲，倒行逆施，还引发了和南吴的边衅，差点就被南吴给团灭了。好在那个时候李昇正忙着收拾朝中异己势力，没工夫去开疆拓土，于是闽越侥幸逃过一劫。

但是没过多久王延钧还是死了，他是被自己作死的，居然脑子一抽想起了要更换太子的心思，结果太子王继鹏干脆抢先一步下手，弑父登基。弑父登基后的王继鹏较之其父丝毫没有收敛，依旧是掘地三尺地从民间搜刮民脂民膏，而且还不断屠戮宗室手足。

王继鹏在位期间，中原后晋石敬瑭做了皇帝，王继鹏便有心归附，但得知石敬瑭在外的名声后，王继鹏又再一次拒绝了后晋的任命。他声称自己父亲已经自立为帝了，所以自己也是皇帝，完全有资格和中原王朝分庭抗礼。（真是无知无畏啊！）

而目空一切的王继鹏在倒行逆施了四年后，终于触到了雷区——和军界兵头闹了矛盾。南唐升元三年（939）闰七月十二日晚上，宫廷禁卫军头领连重遇伙同拱宸都、控鹤都的兵众焚烧长春宫，袭击王继鹏，并拥立王继鹏叔父王延羲为皇帝，王继鹏和爱妃李春燕等人仓皇逃亡梧桐岭。王延羲派侄子前汀州刺史王继业带兵追赶他们，一直追到村舍。王继鹏平素擅长射术，拉起弓射杀数人。

不多时追兵云集，王继鹏自知不能逃脱，便丢下弓箭对王继业说："你的臣节到哪里去了！"王继业说："皇帝都没有为君之德，臣还有什么臣节！新君是我叔父，你不过我兄弟，尊卑亲疏我还是分得清的。"王继鹏不再说话。王继业同他一起回来，到达陀庄，让王继鹏喝酒，醉后把他勒死。连同李春燕及王继鹏的几个儿子、王继鹏的弟弟王继恭都被杀死。

王延羲做皇帝后，也是个丧心病狂的主，他继承了王延钧、王继鹏两代国主横征暴敛、残害宗室的方针，还特别沉迷酒色，和他饮酒如果不尽兴，他就要胡乱杀人。终于，在这货的高压政策下，他的小弟弟王延政在建州扯旗造反了。闽越国国土狭小，总共就五个州（福州、泉州、漳州、建州、汀州），如今一州作乱，王延羲自然是很头大。所以，继位之初的王延羲很是低调，分别向后晋和南唐（王延羲称帝和南唐建国是同一年）称臣。

要知道，王审知当年可是斩杀了南吴使臣，让徐温丢尽了脸面的，而后又多次干涉南吴在江西地区的内政。如今闽越国来了个180度大转弯，让南唐方面相当欣慰，于是，南唐升元四年（940）五月，李昪派遣使臣尚全恭前往闽越，调停王延羲和弟弟王延政之间的矛盾。按理说，邻国斗得越狠越好，这样才可坐收渔翁之利啊。可李昪却不这么想，老大不是撺掇小弟械斗然后自己得利的，老大就得维持一个地区的和平，兵连祸结的对百姓又有何益？都是中华儿女，我们应该统一立场，合力抗击北方的沙陀强敌啊！当然，五代的君主从来就不具有这样的节操，他们总是希望周边越乱越好，越乱，意味着他们获利的机会越大。

王延羲对于南唐大哥做调停的这个决策，他还是服气的（主要是一年了，还消灭不了王延政），而王延政也不敢开罪南唐，毕竟他的建州就和南唐接壤，得罪了李昪，不用王延羲动手自己就被南唐灭了。于是，当年六月，王延政派遣牙将及女奴持誓书及香炉至福州，与王延羲在宣陵盟誓。但是，明白人都知道，这只是双方内战撑不下去时的暂时休战罢了。

（2）

闽越算是被收服了，加上之前的南平，如今南唐已经有两位小弟臣服了。有人会问，南平不是高季兴死后又向后唐称臣了吗？但是高季兴这个儿子高从诲继承了其父"装孙子"的毛病，干脆向南方接壤的两大国（南唐和马楚）同时称臣，以此换取赏赐，"高赖子"的绰号算是坐实了。

而南方诸国中，高从诲对李昪最上心，李昪还没称帝前，他可是第一个上的劝进表，比南吴朝的那些臣子还积极。南平此时在高从诲的手中，屈辱是屈辱些，但好在也没什么大难发生。

然后就是马楚了，马楚如今和南唐的关系可以用三字概况：不熟悉。早年马殷时代，马楚和南吴没少为了江西的事情而开火，而南吴有着令马楚全国上下瑟瑟发抖的"洞庭苍龙"陈璋，只要是陈璋领兵，基本整个湘潭大地都要抖三抖啊。

但自从陈璋去世后，南吴对马楚的战争开始出现疲软状态，好在那时候马殷也没几年可活了。马殷死后，短短三年间换了两位国王，而与南吴及南唐的关系，却渐行渐远，直至成为路人。南唐开国后，马楚更是把战略重心投向了西南，开始处理湘西、贵州一带的少数民族事务，和后蜀、大理争夺该地区的控制权。此时的马楚是楚王马希范在位，马希范在位十六年，是马楚在位时间最长的国王。

接着就该来说说南汉了，这几年闹腾程度仅次于闽越国的就要数这个国家了。此时的南汉还是开国皇帝刘飞龙（刘龑）当政，之前我就说了嘛，这个刘龑其实就是个弱化版的孙权，孙权是三国中开国皇帝年纪最轻的，刘龑也是。和他同一批的开国之君诸如马殷、钱镠、朱温、王建都已经作古，马楚换了三个国君了，前蜀甚至已经灭亡了，可刘龑还硬朗着。

　　不过这几年，刘龑也确实大不如前了，身体机能在下降，可狂妄自大却在增强。明明自己军事能力并不强，还总想着开疆拓土，在和闽越国发生边境摩擦失败后，刘龑便把目光投放到了南边的越南大地。当时越南北部叫交趾，属于唐朝的版图，但到了刘龑时期便爆发了叛乱，刘龑亲征平叛，结果搭上了一个儿子不说，还让交趾就此脱离了中华版图，并为最终演变成越南王朝埋下了伏笔。

　　可刘龑还不死心，在南唐升元五年（941）的时候，他派遣使者前来南唐，要求与李昪共同瓜分掉马楚，至于怎么分，刘龑没说。李昪觉得这人脑子怕是有病吧，自己和孙权一样，手握十万大军却经常被人打得抱头鼠窜，可就是永远不消停，当然，就刘龑那点家底还不如孙权呢，连当初士燮都不如！所以李昪果断拒绝了南汉的建议，第二年，刘龑去世，被其子追谥为天皇大帝（连谥号都和吴大帝孙权一样）。

　　也就在刘龑遣使来南唐的同一个月，吴越方面也发生了一桩大事。吴越的首都临安城发生了特大火灾，这一把火几乎把宫室府库都烧干净了，吴越王钱元瓘为此还惊讶过度，得了精神病。这个时候我们有必要将吴越这些年的发展进程梳理下了，钱镠死后，钱元瓘便成了新一任的吴越王。与钱镠相同的是，钱元瓘和他一样奉行的是"尊中原政权为主"的政治路线。而与钱镠不同的是，钱元瓘不再似钱镠时期一样，把南唐视作仇敌，动不动就掀起兵灾，他是真正做到了"保境安民"这四个字，而非钱镠那种阳奉阴违。

　　"人敬我一尺，我敬人一丈"，所以李昪在钱元瓘执政时期也没有寻衅滋事，和吴越起刀兵，毕竟在他眼中，北方的沙陀政权才是世仇。但是这次吴越国国都大火，给了南唐一个机会，南唐的臣子们纷纷劝说李昪趁着这次吴越国焦头烂额之际，一股脑将其灭了。而李昪却一句话回绝了他们："怎么可以因天灾而乘人之危呢？！（奈何利人之灾！）"非但没趁火打劫，还送去不少物资赈灾。

　　有人会觉得李昪这是太要面子了，从而坐失天赐良机。但我却认为并非如此，当初第二次无锡会战后，吴越军北方军主力被歼，这是大好的南下时机，那时李昪力谏，而徐温却舍弃了。如今群臣进谏，而李昪却一口回绝，难道是李昪越老志气消磨得越多吗？非也，即使是年迈如刘龑，也想着开疆，即使是豁达如萧衍，还是舍不下侯景的投诚。作为一个统治者，他的字典里从来就不存在"意志消磨"这四个字，之所以不打，那是没把握！

一把大火就能烧掉吴越近三十年基业吗？不可能！没听过"多难兴邦"？此时南唐如果出兵，怕是连苏湖两州也依旧打不下吧！钱元瓘不是傻子（虽然这时候可能精神方面出了问题），他在和李昪入镇升州差不多年纪的时候已经在沙场上冲锋陷阵了，吴越国君的位置上只要坐着的不是暗弱之人，南唐吞并吴越便不可能存在！

李昪送去这份财物赈灾是想告诉钱元瓘：唐末军阀混战的时候，两家也曾兵戎相见；孙儒南下的时候，也曾肝胆相照。后来时过境迁，都成熟了，会来事儿了，表面和和气气，暗地互相算计，谈不上至交，说路人可惜，勉强算是个旧友吧。恰逢如今你国家遭难了，在这个特殊的时候，我送上的这份物资，权且纪念当年合力抵御孙儒时，你父馈赠杨王的那些米粮吧。

我们不知道钱元瓘在接受南唐的赈灾物资时，心中是否也会记起那段峥嵘岁月，然而岁月如梭，上天留给他的时间不多了，当年八月二十四日，钱元瓘逝世，享年五十五岁。

审视着如今的南中国大地，我们突然惊讶地发现，在不知不觉中，南唐已经成了南方诸国的领头羊。闽越、南平向它称臣，吴越、马楚不再刀兵相见，就连目中无人，敢称呼北方天子为"洛州刺史"的刘龑，也在竭力争取南唐对自己的支持，整个南方诸国开始围绕着南唐运转。而这一切，是李昪未动一丝一毫刀兵所实现的，武力并不能使人家屈服，内修政理才是上上策。"远人不服，则修文德以来之"，圣人所说的，概莫于此。所以后来李璟穷兵黩武，四处征伐，换来的只不过是南方诸国的一致鄙夷！

有人会问了，当时在南方，不是还有个后蜀国吗？是的，在这需要说明一下，整个公元10世纪，蜀人都在试图把自己隔绝起来，不参与到南方诸国和北方政权的一切争端中。换言之，整个蜀地那100年中都在想一件事——独立，从前蜀到后蜀，再到王小波、李顺的"川蜀"，都在为着这个目标奋进着。所以这次提及南方诸国，就不再把孟知祥所建立的后蜀国放进来说了。不过值得一提的是，后蜀皇帝孟昶在位三十二年，是十国中在位时间最长的君主。

四、东宫风波

南方诸国的近况就先介绍到这里了，自 940 年开始，又掀起了一波国君驾崩潮，马希声、钱元瓘、王继鹏、刘龑的先后离世也让李昪感觉到英雄迟暮的悲怆与苍凉。南唐的未来交到谁手上，已经成了李昪最为矛盾的问题了。

李璟作为李昪的长子，却始终得不到李昪的待见，李昪承袭徐温爵位的时候，李璟本该被封为世子的，可没有；李昪受禅登基的时候，李璟按规格应该升为太子的，结果也没有；南齐改称南唐后，李璟还是无缘太子之位。那一次次的请辞之下，是李璟的无奈与辛酸。

但是，就"事后诸葛亮"的我们来看，李璟如果不接班，对南唐的历史或许反而会好一些吧。毕竟，这个国家是因为他而走向深渊的。

李昪最初中意的是次子李景迁，之前曾经提过，他对陈觉说过一段类似托孤的话语，其实就已经中意李景迁接班了。而我们再看李昪对李景迁的待遇几乎是诸位儿子中最好的，李景迁娶的是南吴末代皇帝杨溥的女儿上饶公主，刚刚成年恰逢李昪坐镇金陵的时候，带去了李璟，而李景迁便肩负了留守广陵的重责。

宋齐丘正是看到了这股苗头，才力荐弟子陈觉去做李景迁的老师，以此介入到嗣位之争中去。但是很可惜，李景迁十九岁便死了，死在了李昪受禅登基的前夜，也或许是李景迁的死催促了李昪最终下定决心夺位。

李景迁死了，按理说储君应该轮到李璟了吧，但仍然没有，这时候李昪又猛然发现，自己家的老四李景达是个人才。李景达，字雨师，据说出生那年一年大旱，恰巧景达出生那天，天降甘露，所以有了雨师的称谓。而且与李昪诸子文弱相比，李景达却是五代十国难得一见的帅才，精通兵法，行军作战是可以排南唐的前三。当时李景达的头衔是宣城王，对了，有一点还得说一下，李景达的妻子是赵王李德诚的女儿，宰相李建勋的妹妹，这姻亲一下子又给自己加分不少。

南唐升元七年（943）二月，李昪也动了要册立性格开朗并坚强的李景达为嗣主的念头，但据《资治通鉴》称，当时身在洪州的宋齐丘又出来凑热闹了，称呼李景达有贤才，要求立他为太子。当然，按照宋齐丘"挺谁谁死"的霉头，李昪很快以李璟年长打消了这个念头。为此，李璟还迁怒于宋齐丘了。当然，《资治通鉴》在涉及这段时，写得很简略，以至于我们并不能详细地认清楚问题的本质。

李昪绝不可能因为宋齐丘这个霉鬼而轻易更改已经做出的决定，也不会因为李璟年长而作罢。那事情的真相究竟是什么呢？让我们结合《江南野史》等其他资料去一窥究竟。《江南野史》记载了以下这段话：

初先主既封齐王，将受吴禅，有善相者至。先主遂列诸子见之。相者因指齐王景达曰："此虽不及于公，然善持守者也。"先主复令相嗣主，相者曰："只恐不了公家事。"先主不从。

这段话说的是当时有个术士给李昪诸子相面，说李景达的面向虽然不及李昪富贵，但是个守成之君，但相李璟的面时，却说这货是个败家子。但李昪却出人意料地没有遵从，李昪为何没有遵从？看史料我们不能孤立地看，翻看史书，我们发现其实之前也有术士给李景迁相过面，得出的结论是这孩子是李昪诸位儿子中最富贵的，而且也是最长寿的。结果事实呢？截然相反，此后李昪就开始厌恶术士了。所以这段史料，李景达虽然得了术士的好评，但在李昪心中，或许反而起了反作用了吧？虽然，从后来的表现来看，李景达确实是李昪诸多儿子中最优秀的（李景迁早死不作评价）。

当然，还有更为关键的一点，李景达的舅兄是李建勋，岳父是李德诚，可是这爷俩一个去世，一个被废，使得李景达在涉及立储时已经失去了强有力的外援。然而，我们换种角度来看，或许恰恰是李景达背后强大的外戚势力，让李昪有所犹豫，因为他开国时就强调过的，禁止后世"外戚弄权，宦官揽政"。一旦李景达即位后，将重新起用李建勋，南唐的未来将会如何？李昪真的无法想象了，而李璟的岳父不过是钟泰章，一介武夫，没什么大背景的。

当然，李璟也未曾放过为自己造势的机会。史书记载了两件事：一是出自《钓矶立谈》：烈祖一日昼寝，梦一黄龙出殿之西楹，翘首内向，如窥伺状。烈祖惊起，使人侦之，顾见元宗方倚楹而立，遣人候上动静，于是立嫡之意遂决。

　　这种千篇一律的出生异象已经见怪不怪了，并没什么值得说的，倒是下面这件略有稀奇：《九国志拾遗》中记载了一件事，当初徐温从迎銮镇返回金陵途中，船到中途遇到风浪大作，有翻船的危险，随从的人都慌乱不已。徐温则脱了上衣，并找了一块锦帛系在李璟的头上，对大家说："我会游泳，如果船沉了，大家不用管我，全力把这孩子给我保住。"结果话刚一说完，浪就小了。

　　还有就是第二次无锡会战的时候，当时徐温不是正生着病的吗？而刚刚出生，还在襁褓中的李璟也在军中，结果一哭，徐温的病就好了。《江南别录》更是记载李璟"幼为义祖所器，常曰：'诸孙中，此子特贵'"。

　　利用已故的义祖武皇帝打感情牌，不管这事是不是李璟捏造的，都说明李璟会对症下药，吃准了自己父亲的孝顺。

　　当然，李昪在太子继承人上的徘徊不定，也引发了其他人的觊觎。李昪总共有五个儿子，长子李璟、次子李景迁、三子李景遂、四子李景达，还有个小儿子李景惕。李景惕的母亲叫种时光（这名字挺有意思的），是个妓女。大家莫要惊讶，五代十国还是受到李唐遗风影响的，思想开放程度与现在等同，收个妓女做小妾和养个嫩模做小三也没太大差异。

　　就说这个种时光，晚年的李昪非常宠爱她，她也是一个有野心的女人，见李昪在李璟和李景达之间徘徊不定，便说自己的儿子聪慧，可以做太子。结果一向宠爱他的李昪登时勃然大怒，吼道："儿子有过错，父亲督导下令其改正，这是常有的事情。国家大事，岂是你一个女子能干预的！"李昪对种时光的处罚很严厉——命其改嫁。

　　晚年如此宠爱的一个女子，可一涉及储位大事，李昪便予以严厉惩罚，可见他并没有被美色所迷惑。单凭这一点，他就比沉迷花蕊夫人美色的王建强一百倍！

　　转身考虑身后之事，李昪突然发现自己也遇到了和父亲徐温一样的难题，一边摆着的是家族亲情，一边摆着的是江山社稷，如何抉择？又该如何取舍呢？

　　昪元殿内烛光摇曳，正襟危坐的是李昪，台下站着的是李景达。垂垂老矣的李昪突然回忆起十七年前的那一幕，同样是金陵城中，只不过站在那的是自己。李昪轻声说道："吾儿，近前来吧。"

李景达走到李昪面前，行了个礼，说道："父皇，听说你把五弟生母种娘娘改嫁了。"李昪一声叹息道："后宫不得干政我几经强调，可她偏偏要干政，还是涉及储位的大事。吾儿，你还听说了什么？"李景达看着李昪殷切的眼神，沉默了片刻说道："我听说……我听说父皇要在我和大兄中选一个做储君。"

李昪关切地抚摸了一下李景达的头，又问道："那你说说看，如果以后你做了皇帝，你会怎么做？"李景达直言不讳地说道："拜大哥李建勋为相，尊宋齐丘为太师。平吴越、收闽越、降南越，以成孙吴当年的鼎足之业。坐断东南，北击强胡，傲视蜀、楚。""李建勋？"李昪咂巴了下嘴。"是的，大哥说他会帮我的。"李景达又心直口快地说了出来。

李昪若有所思地说了一声："哦"，转而又问："北伐中原和雄踞南国，在你心中更倾向于后者吧？"李景达点了点头。李昪叹气道："你真的很像你祖父啊。"李景达有些困惑，问道："父亲说的是？""义祖武皇帝啊。"李昪说道。李景达忙说："儿子惶恐，怎么敢和先祖皇帝相提并论呢。"

李昪却略带忧虑地说道："可是，我和你祖父却并不相像。他眼中的是江东的铁桶江山，我在意的却是九州的汉室山河啊。务实是好事，可是身处帝王之尊，还得留着些许梦想，不是吗？"李景达似乎不怎么听得懂李昪说的话，还想再问，却听李昪说道："好了，朕身子乏了，你且退下吧。"

望着李景达悄然走出殿外的身影，李昪一声喟叹：雨师是个好孩子，可是，太子只能有一个啊！

五、烈祖之死

南唐升元七年（943）初，李昪的身体状况就开始每况愈下了，这跟他平日里长期服用丹药有关。《资治通鉴》关于李昪晚年服用丹药的事例有一段非常细致的描写：有次李昪做梦梦见自己吃了仙丹，而第二天又恰巧遇到方士史守冲进献灵丹妙药，于是他认为这是天神的旨意，要让自己得道成仙了。

手下的臣子纷纷劝谏，李昪也不听。李昪还喜欢把这仙丹赐给左右，比如之前提到的李建勋。李建勋就说："这丹药我只吃了几天，就觉得体内燥得慌，实在不能多吃了。"而李昪却满不在乎地说道："这丹药朕吃很久了。"长期服用丹药也让李昪脾气开始变得暴躁，以往李昪都是个温文尔雅的人，可吃多了丹药后也会在朝议过程中发无名的火。

长期的炼丹修道也让李昪和道士走得更为亲近些，于是李昪便问一个叫王栖霞的道士："哪种道术可以让天下太平？"王栖霞是修道之人啊，但世间的道理是相同的，问如何用道士治国和问如何用道术长生不老一样的难以触及。于是王栖霞说："王者诚意正心，然后修身齐家治国平天下。如今陛下您还是经常被情绪所左右，何谈天下太平？！"这段话被李昪的妻子宋福金听到后，也觉得这位王道长切词中肯，而李昪想要赏赐王栖霞一些财物时，也被王栖霞拒绝了。

古人云，"朝闻道夕死可矣"，王栖霞和李昪的这段谈话也算是李昪的临终前感悟了。当年二月二十二日，李昪因服用丹药过量而导致背疮发作，形势十分危急，这时候太医吴廷裕召齐王李璟入宫侍疾。李昪弥留之际对李璟说道："我服用金石丹药是为了延年益寿，想不到反而伤身损体，你应该以此为戒啊！"当天晚上李昪便在昇元殿去世，享年五十六岁。

但是，我们需要注意的是，当时李璟的身份还是齐王，而不是太子，所以，不同史料关于之后发生的事情出现了记载上面的分歧。

《资治通鉴》记载如下：

是夕，殂。秘不发丧，下制："以齐王监国，大赦。"

孙晟恐冯延巳等用事，欲称遗诏令太后临朝称制。翰林学士李贻业曰："先帝尝云：'妇人预政，乱之本也。'安肯自为厉阶！此必近习奸人之诈也。且嗣君春秋已长，明德著闻，公何得遽为亡国之言！若果宣行，吾必对百官毁之。"晟惧而止。贻业，蔚之从曾孙也。

《南唐书》（陆游版）记载如下：

是夕，烈祖崩，秘不发丧。而下诏命帝监国，大赦，颁赏有差，丙子，始宣遗诏。

保大元年，春三月己卯朔。烈祖殂已旬日。帝犹未嗣位，方泣让诸弟，奉化节度使周宗，手取衮冕衣谓帝曰："大行付陛下神器之重，岂得固守小节。"是日即皇帝位。

《江南野史》记载如下：

迨先主笃疾，诏还受顾命，托以后事。嗣主立，加太传以前官相之。嗣主襟量仁懦，言几玩狎，恭己无法，大失统御。或深居宫禁，全忘宵旰。齐丘每犯颜谏止，陈以昧旦之道，驭朽之危。

从这三本不同的史书中我们可以大致捕捉到这么三个信息：其一，李昇是在没有留下接班人的情况下就去世了。其二，李璟在接班过程中遇到过不小的阻力，宫内各派势力围绕嗣主之争经过一段时间的争斗。其三，李璟监国一事存在蹊跷，试想下，如果李昇去世前就有意李璟接班，那么为何不留下遗诏立他为太子，而仅仅是监国。既然李昇走得突然，没有留下遗诏，那监国诏书从何而来？

不过这些所谓的"历史真相"，对于后来的既定事实来说，已经不重要了。事实是，943年二月二十二日，李昇在昇元殿去世，终年五十六岁，遗命齐王李璟监国。同年三月，李璟继位，是为南唐元宗。十一月，李昇被安葬于永陵，上谥号为光文肃武孝高皇帝，庙号烈祖。

这是绝大多数人所关心的，更是历朝历代统治者想让大家看到的：封建皇权，继承有序，正大光明，合法无疑！没有阴谋，没有篡夺，没有隐晦，但是，这真的可能吗？

回过头来，李昇晚年信奉道教，服用仙丹而死，历来被后人诟病。当然，站在我们今人的角度上看，所谓长生不老药确实是子虚乌有，可是，我们看问题不能脱离时代。在当时那个时代，服用金丹而死的帝王不在少数，唐朝二十一位皇帝，有三分之一的皇帝就是死于服用丹药，其中就包括后世称道的唐太宗李世民，剩下还有不少存在炼丹服丹记录的。

我们就是放到五代十国的大环境中，闽国几个皇帝也在修道追求长生不老，被后世胡乱吹捧的柴荣也有过召见陈抟老人寻问长生之道的事迹。所以，依照当时人们的认知，炼丹求道是追求长生不老的必由之路，这是无可指摘的。我们现在那些富豪追求所谓的养生之法，其实也不过是我们浅陋的认知观所主导的。说不定一百年后，科技发达到一定的高度，科学家发现只要改变基因的某组序列，便可保持生命不衰竭，那我们今天这些吃保健品，谈养生的人在他们眼中，又是否是个笑话呢？

所以千万别掉进割裂时代看问题的怪圈，在飞机没发明前，人们是不可能想象带我们上天的会是那个由铁铸造的容器的！

而既然提到道教，这里再岔开讲一下。2018 年的春节，随朋友去影院看了《唐人街探案 2》，里面对于道家的一些阴阳五行知识做了普及性的讲解，也诠释了道家的世界观，可以说导演真的用心了。道家的思想即使到了今天，也依然有着普世价值！道家不讲来世，只修今生，即人这辈子就这一次，死后便不知道去哪了，这更激励着我们要过好当下。

而有"来生说"则会形成两种极端，统治者可以借此更肆无忌惮地盘剥下层人民，人民为了来生投胎过得好，只能默默忍受，统治者则认为反正报应在来生，今生作恶也没什么。而道家所谓"现世报"则更能警醒那些肆无忌惮之人，约束那些作恶的根源。

我们今天学习马列主义，其实就是在寻找一种正确的价值观，而古代统治者也需要寻找这样一种价值观。曾经耀眼晚唐的帝国新秀高骈因为信道而战败身死，可江淮土地上的后继者依然有人去信奉道教。梁武帝弘扬佛法而饿死台城，可佛教还不是经久不衰？难道后人都是傻子，不懂得吸取教训吗？并非如此，他们比我们看得更深远，治世必要有指导思想，如果缺乏指导思想，社会就会无序，无序最终毁掉的是人类本身。

天长地久。天地之所以能长且久者，以其不自生，故能长生。是以圣人后其身而身先，外其身而身存。非以其无私邪？故能成其私。

——《道德经》

第陆章

走上歧路的南唐

一、李璟的穷兵黩武

（1）

抛去即位疑云，在半储君的冷板凳上待了七年之久的李璟终于坐上了皇位。自他改元保大的那一刻起，李昪的升元时代便一去不复返了，这位年纪仅有二十七岁的帝国领导人意志踌躇，他决心带给南唐帝国一个新的气象。然而，南唐的轨迹也因为李璟的一时意气走向了歧路，一条必死无疑的歧路。

李昪临终前曾经对李璟说过这样一番话："这德昌宫内累积了兵器绢帛七百余万，朕死之后要妥善处理好睦邻友好关系，让社稷安定，千万不能学隋炀帝一样仗着兵精粮足就四处惹事，自取灭亡。如果你能谨记我的教诲，那你便是孝子，百姓也会称赞你为一代明君的。"

可以说，李昪给李璟定的目标是学习钱元瓘，做个称职的守成之君。可李璟心中似乎早已不满南唐目前的这点版图了，周围的紧张局势加剧了他开疆拓土的愿望。只可惜，如果能力无法与愿望相配，那带给国家和人民的不过是灭顶之灾，而李璟恰恰就是这么一个惹事的祖宗。顺带提一下，七百余万是什么概念呢，北宋开国的时候曾经统计过一下府库，也不过是四百余万。也就是说，那被无端吹捧的周世宗柴荣给赵匡胤留下的底子只不过是李昪留给李璟的一半多。

李璟登基的前一年，也就是南唐升元六年（942），这年秋天南唐的南疆爆发了一件大事。这件事情后来被历史学界评为"五代十国时期最大规模的农民起义"，而挑事的是一个叫张遇贤的。

那一年七月，今天广东省博罗县一带经常出现"如来下凡"的事情，而当时那一带属于马楚和南汉的接壤地带，治安普遍较差，所以盗匪横行。而这些盗匪还挺迷信的，便凑一起搞了一出"请如来"的把戏，结果"如来"果然下凡了，然后就对他们说："你们县有个叫张遇贤的，他是我的弟弟，应该成为你们的主人。"

这么一来，张遇贤莫名其妙成了"如来在民间的代理人"，且自称是"第十六罗汉"（表示后世洪秀全那所谓的"耶稣的弟弟"也是跟着张遇贤有样学样啊），被这些盗贼推举成统一的主帅，称中天八国王，改元永乐。置百官，由黄伯雄为副，以僧景全为谋主，攻克番禺（今广州）以东大部州县，部众达十余万人，继而向惠州、潮州（今属广东）海隅地区扩展。

而此时南汉正值君主新旧交替，老皇帝刘飞龙死了，新皇帝刘玢面对这个局势有些手足无措，于是只得命令越王刘弘昌为都统，循王刘弘杲为副将，率禁军前往镇压。我们看啊，这张角、张鲁、张昌都是在乱世中喜欢依靠宗教给国家搞事的人，张遇贤也姓张，所以也和他们一样绑架宗教。但这些人还有另一个共性，那就是战略眼光极差，事情是很能搞，却很容易就被官军绞杀了。

所以起义军虽然有十余万，但因为张遇贤缺乏战略眼光，所以被官军围困在了钱帛馆。但即使这样，汉军的战斗力还是让人大跌眼镜，仅仅半天，汉军非但让起义军突围而出，还被杀得丢盔卸甲，几乎全军覆没。两位王爷多亏了部下的舍命相救才逃出生天，围剿计划以失败告终。

钱帛之役大振了起义军士气，当年十月，张遇贤攻陷循州（今广东龙川），杀汉刺史刘传，继而潮州、惠州相继陷落。而由于当时起义军都喜欢穿红衣，所以被称为赤军。按理说这个时候起义军基本占领了南汉的半壁江山（广州以东都被赤军控制），现在只要进军南汉都城兴王府，也就是番禺，那南汉高层要么窜逃到广西境内苟延残喘，要么就只能在马楚境内建立流亡政府了。

可缺乏战略眼光的张遇贤不知怎的脑子又秀逗了一下，率军北越大庾岭，杀到了南唐境内，还端掉了南唐在这里设置的百胜军节度使（相当于赣南军区）贾浩，而后控制了南康、虔州为中心的赣南一带。

而虔州的地方部队也紧急出动，想要夺回首府，却被赤军多次击败，而张遇贤还在虔州境内找了一个叫白云洞的地方作为自己的据点，准备在赣南割据建国了。

好好在南汉搞事不满意，非得来南唐境内打砸抢烧，如今还不走了，这让刚刚即位的李璟一肚子火气。李璟随即命洪州营屯都虞侯严恩为帅，通事舍人边镐为监军，各率数千兵前往围剿。严恩在史书上笔墨稀缺，倒是这个边镐得好好说道说道，因为接下来几场战争都有他的身影。

边镐是金陵本地人，小名康乐，因为人宽厚以至于御下无法，但恰恰是这样的人，越能得到底下人的好评，于是军中呼其为"边菩萨"（不由得想起了黎元洪）。虽然从后来的事迹来看，边镐确实算不得良将，可面对赤军这股子毫无章法的军队，边镐已然可以独当一面了。这一次，他和严恩率领南唐的部队伐木开道，迂回到白云洞后方，打了赤军一个措手不及。

于是赤军只得弃营转移，不过由于叛将李台的出卖，张遇贤等赤军首领被俘。南唐保大元年（943）十月，张遇贤等赤军首脑送斩于金陵（今南京）。

至此，波及南汉、南唐两国，转战粤东、赣南的赤军起义被镇压。张遇贤起义失败后，粤东地区尤其是东江流域的人口大减，许多人逃亡江西、湖南，到宋朝统一岭南时，粤东、粤北地区的人口还不到二万户。起义过程惨烈可见一斑。

那回过头来看，张遇贤能够掀起这么浩大的一场起义也是有深层次的社会根源的，一方面是南汉高祖刘䶮晚年的苛政害民导致辖区内流民无数，另一方面也是由于马楚和南汉长期在交界处的失效控制给了该地区形成力量的基础。最最重要一点，张遇贤起义之际恰逢南唐、南汉交相发生君位交替，高层应急能力的不及时酿成了这次起义的扩大化。

而这次平灭张遇贤的战争也让李璟开疆拓土的信心开始膨胀，最终将南唐引入一条不归路。

也就在李璟忙着扑灭张遇贤起义的时候，邻居闽越国政局又发生了新的动荡。保大元年，闽越富沙王王延政在建州称帝了，国号大殷，改元天德。而后王延政划乐县为镛州，延平镇为镡州，立皇后张氏。以节度判官潘承祐为吏部尚书，节度巡官建阳杨思恭为兵部尚书。因为殷国毕竟只有一州，所以用度什么的都捉襟见肘，所以王延政还是沿袭了之前闽越几代帝王的老套路，搜刮民财，加收重税，所以负责敛财的杨思恭也就被国人呼为"杨剥皮"。

（2）

王延政公开称帝，王延羲很不爽，所以两家再次开战。但更不爽的还是李璟：我父皇临终前一年才让你俩罢兵求和的，怎么滴，他老人家一走你们就按耐不住了？于是李璟决心效法自己父亲再下一道诏书逼令两家罢兵，体验一把宗主国的地位。

保大二年（944）正月，李璟以宗主国的身份向王延羲和王延政分别递交了外交文书，主要内容是强烈谴责王氏兄弟同室操戈、寻衅风斗、加剧了闽越地区不稳定形势。不知道是王延羲兄弟此刻心里全然没个数还是早就风闻李璟是个扶不起的二世祖，对于李璟的外交辞令，他们均是不予理睬、并且唇枪舌剑般地口头反击。

王延羲首先说："我讨灭他是符合道义，南唐请你回家去，不要再来管我闲事！"王延政的态度则更加恶劣，直接指责南唐立国不正，也是篡夺人家南吴杨家的社稷。

这两兄弟如此不知死活，对待李昇和李璟的态度简直天差地别，李璟心里是一阵狂怒：是我拿不动刀了，还是你们俩混账飘了！李璟便以此为借口，悍然发动了对闽越的战争，南唐开始介入了王氏兄弟的争端。

但是，就在南唐在国内进行总动员，集结部队准备出发之际，闽越局势又有了新变化，王延羲被手下朱文进和连重遇弑杀，朱文进随即登基称帝，并将王氏家族在福州的宗室赶尽杀绝。如此一来，身处建州的王延政一下子成了王审知这一脉的独苗了，王延政挥军讨伐朱文进。

结果经过一番厮杀，当南唐的军队集结完毕，踏上闽越大地时，闽越国五州基本被分割为如下势力：建州王延政、汀州许文稹（依附王延政）、漳州和泉州分别为王延政的两个侄子做挂名统帅（依附王延政）、福州则是朱文进掌控。

南唐这边是查文徽为主帅，翰林侍诏臧循为谋臣，洪州营屯都虞侯边镐为行营招讨诸军都虞侯，查文徽是南唐政坛"五鬼"之一，虽然是个文人，却是个极端好战分子。臧循原本是南唐和闽越商业合作的人员，因对闽越的山川河流、险要关隘十分熟悉，所以担任了向导一职。而边镐我们之前提过了，平定张遇贤之战他可是出了大力的，所以李璟下意识地认为此人是个人才了。

现在因为南唐的介入，使得原本倒向王延政的局势再次发生逆转，但是查文徽和臧循真是眼高手低的草包，居然在王延政主力投入到福州战场的情况下还被反杀　波，查文徽躲入建阳城，臧循被俘斩首。

而后，福州城内朱文进和连重遇被手下击杀，归降了王延政，闽越五州名义上再次统一。但是，此时的王延政放弃了入主福州的决定，声称要留在建州击杀掉南唐查文徽为止。这么一来就尴尬了，李璟本来对查文徽初战失利一肚子火，现在王延政信誓旦旦挑衅自己，那自己绝对要搞死他了。

保大三年（945）二月，初战稍稍受挫的查文徽向老大李璟发出紧急求救信号，要求大力增兵。李璟憋了一肚子火，自然要撒出来，于是天威都虞侯何敬洙被任命为建州行营招讨马步都指挥使、将军祖全恩被任命为应援使、将军姚凤被任命为都监，三员将领各率数千兵马疾驰增援查文徽。加上前期驻扎在建州的查文徽和边镐，南唐方面在建州城附近已经驻扎屯集了五路大军，李璟似乎已经下定决心，一定要把闽国一口吃掉。

面对李璟大军压境，王延政表现得相当之淡定，派遣陈望配合杨思恭御敌，这位"杨扒皮"除了会敛财一无是处，打仗比南唐查文徽还废物，所以结局可想而知——陈望战死，杨思恭狼狈逃回建州城，南唐军趁势包围了建州。

眼见王延政被南唐方面围死在城中，闽越局势又出现了新变化。福州城内，下层军官李仁达发动兵变，再次窃取了最高权力。当然，李仁达没有立刻自己做主，而是选了一位莆田系人名叫卓体明的和尚出来做傀儡。但不久之后，李仁达杀了卓和尚，自称威武军节度使留后，向南唐称臣，还用上了南唐的年号保大。李璟一看这个李仁达还蛮懂事，将其收为义子，并赐名为李弘义，和儿子李弘冀一个字辈。

万念俱灰的王延政陷入了疯狂，他一面派遣使者去吴越请救兵，不惜裂土以酬，一面丧心病狂地屠杀了城内一万福州入援的部队，仅仅因为有人告发说他们中有部分人有异心。保大三年（945）八月，建州城终于陷落，王延政成了南唐的俘虏。从909年王审知被册封为闽王起，至王延政建州投降南唐止，闽越立国共三十六年。

而从唐光启二年（886），王潮官拜泉州刺史，正式扎根于闽越起，至王延政像南唐军投降为止，则恰好一甲子，王氏扎根和彻底被清除发生在农历马年，正应了民间那句王氏"骑马来，骑马去"的谶语。作为闽越国的亡国之君，王延政在投降南唐之后，运气相当不错，先后被封为羽林大将军、鄱阳王、光山王，最后寿终正寝，算是十国末代皇帝中结局很完美的一个了。

王延政和闽越国退出了历史舞台，可是闽越的乱局并没有结束，如何处理好王延政留下的历史遗留问题，对于李璟来说是个考验。但是，漳州和泉州两个王家人控制的地盘却在第一时间向南唐投降，而汀州的闽越第一守城名将也很识时务地表示归顺于南唐，外加上福州现在是李璟的干儿子李弘义坐镇，看似此刻南唐也顺利做到了名义上的统一闽越。

当然，既然说了是名义上的，那么事实上这局势根本不稳。就在李璟刚刚在建州设立永安军节度使来管辖这块新附地的时候，福州的李弘义和泉州的留从效居然狗咬狗起来。

南唐保大四年（946）四月，福州李弘义下令其弟李弘通率一万多福州精兵，向泉州进军，意图吞并掉泉州。之前我就说了，泉州此时名义上是被王家人掌管，但实际上却是以留从效为首的中级军官聚成的一股力量所掌控。

面对危局，留从效直接就踹掉了台面上的傀儡，自己接管了泉州，并和李弘义大战了一场。打完之后，这两人居然还上书给李璟指责对方挑起战端。李璟意识到再这么下去不是个事啊，很有可能会引发其他两州有样学样，脱离南唐的控制。

于是，李璟开始了他的运作，将表现忠诚的汀州刺史许文稹调到江北淮南的蕲州，任蕲州刺史。而后，李璟又派自己的人马去接管了王家人代理的漳州，自此，只剩下泉州留从效和福州李弘义这两刺头还在任上。对于这两州强行调动可能会引发对方反叛,所以李璟的做法是各派了一支部队驻扎在城外,以备不时之需。

（3）

结果,去年还是李璟忠诚的干儿子的李弘义见干爹来这么一出,果断跳反,勾结吴越,把闽越这锅粥再次搅烂了。

南唐保大四年（946）八月,冯延鲁率领建、汀、剑、抚、信五州的数万大军,浩浩荡荡地向福州进军。时任南唐派驻漳、泉两州安抚使的魏岑为了抢攻也是擅自调动南唐在漳州、泉州一带的驻军。

至此,南唐五万大军兵分四路完成了对福州城的合围,可李弘义不是王延政,被围等死不是他的风格。在围城期间,他还多次出城袭击南唐军,俨然是把自己当成乔峰了啊,说来就来,说走就走。

此外,如今吴越国国君是第三代君主钱弘佐,与惹是生非的祖父钱镠,和与邻友好的父亲钱元瓘都不同,这货是个投机取巧的主。眼下南唐前后征战闽越大地一年有余了,兵力衰竭,正是南下摘桃子的最佳时刻,于是吴越果断出兵了。

而南唐这边由于魏岑带走了驻扎在漳州、泉州一带的卫戍部队,漳州军中一个叫林赞尧的裨将趁机杀掉上司据城而守,准备效仿李弘义。而南唐此时已经拿不出部队去征伐林赞尧了,所以只能委托泉州刺史留从效代理。留从效正中下怀,借南唐名义平叛,顺带接管了漳州。

而这边吴越的部队虽然已经到达了战场,但是比起军队战斗力来说,娇生惯养的吴越老爷兵还真不是南唐的对手,居然被南唐军给按到了福州城里和李弘义一起围困住了。唯一的外援还被打成这副模样,按理说福州城破指日可待了。可是,"文人误国"这句话再次应验了,虽然南唐军很能打,虽然此时占尽各种优势,可是他们的领导是查文徽、陈觉、魏岑,这都是出了名的南唐政坛"五鬼",不败就怪了!这些人各怀鬼胎,都想着最后捞全功,都不舍得出力,最后引来了吴越第二拨生力援军的到来——吴越水师。

南唐失去制海权本来就很被动,再加上长达两年的战争已经使其精疲力竭了,最关键的是统帅的错误指挥,此战,南唐军大败!损兵折将,伤亡五万多人,丢弃的军需器械物资数以万计！

战后，陈觉、查文徽、魏岑这"三鬼"被贬官流放，但没出息的李璟没多久又把他们召回了中央！（真是不长记性！）吴越则顺势接管了福州，后来李弘义又拜了吴越主为义父，可当他要再度搞事时，被吴越方面给做掉了。而留从效则趁机侵占了漳州，并驱逐掉泉、漳两州的南唐军队，虽然名义上还属于南唐管辖，但实际上已经和南平王高家等同了，南唐对其根本无实际性控制力。

为了灭掉闽国，南唐先后出动了十余万大军，数十名主帅、数百名将领，经过两年多的艰苦作战，虽然灭亡了闽国，却只是真正控制了闽国经济最为落后、土地最为贫瘠的建、汀两州。经济最为繁华的闽国都城福州城，居然被吴越国窃取，就连经济次等发达的泉州城，也被当地将领留从效实际控制。此次征伐闽越，于李璟来说真是恍如春梦一场啊。

而就在李璟鏖兵闽越之际，中原王朝也经历着翻天覆地的变化。石敬瑭死后侄子石重贵接班，但石重贵一做皇帝就和干爷爷耶律德光干起仗来，前后打了数年，最终以耶律德光入主中原、石重贵被俘告终。至此，北中国进入了一段特殊时期。

《南唐书》云："契丹遣二使来告曰：'晋少主逆命背约，自贻废黜，吾主欲与唐继先世之好，将册君为中原主。'嗣主曰：'孤守江、淮，社稷已固，与梁、宋阻隔。若尔主不忘先好，惠赐行人，受赐多矣，其他不敢拜命之辱。'"

这就是我们之前提到的，在耶律德光占领中原后，颇感治理这么多汉人很麻烦，于是想要册封李璟为"中原皇帝"，实际就是找背锅侠。李璟虽然无能，但大是大非问题还是拎得清的，受了契丹的册封那不和"儿皇帝"石敬瑭一个德行了？那是民族的罪人！天下的罪人！所以李璟便回馈说："我在江东立国已经很久了，与中原有阻隔，如果契丹主还没忘记我们昔日互通友好，那么就请善待中原百姓，其他的不敢受命。"

虽然李璟一辈子做了很多可恨可叹的糊涂事，但有一说一，他的民族气节远胜同时期的五代诸帝。

李璟虽然没背锅，但是耶律德光还是得走的，在留下后唐遗孤李从荣代为管理中原后，耶律德光北返，死在了杀胡林。此时中原无主，盗贼横行，只要哪个强大的军事集团能够敏锐地抓住这一百年难遇的天赐良机，迅速率兵占据汴梁，号令天下，则霸业可成也。

原本这项荣光该属于南唐，如果李璟听从李昪的话，没有执意去攻伐闽越，使得自己深陷战争泥沼。此时的李璟也是百感交集，北望叹息道："我不能趁此乱世提兵北上，复兴李唐的基业。却让王师折戟沉沙于海边，实在是家族的罪人啊。（孤不能因其危运，命将兴师，抗衡中国，恢复高大之士宇，而乃劳师于海隅。孤实先代之罪人也。）"

而这便宜最终被一个叫刘知远的沙陀人窃取了，南唐保大五年（947）五月，在耶律德光离开汴梁后不久，刘知远便率兵由河东南下，迅速占据群龙无首的中原，建国号为汉，史称后汉！

刘知远在位一年就死了，而后其子刘承祐登基，刘承祐四处残杀大臣，逼得底下李守贞只能给李璟递了降表，认了宗室，请求李璟救助自己，摆脱刘承祐部下郭威的侵扰。李璟早听说这个郭威"郭雀儿"是个兵痞，平日里尽做些伤天害理的事情，所以也想会会，于是派之前投降于烈祖的安州刺史李金全（时任润州刺史）为西面行营招讨使，率诸军并进。可军队刚到淮北就听说李守贞城破自焚身亡了，李金全等人只能悻悻而归，虽然这次没有和兵痞郭威交锋，但没过几年李璟就迎来了一生中最头痛的对手——郭威的外甥柴荣。

从李璟能够在刘承祐执政时期派出一支偏师援助北方，可见闽越之战虽然虚耗了国库，可毕竟南唐的一套整体的经济机制还在，所以恢复起来也不慢。而令李璟欣喜的是，不久之后，西边的邻居马楚也出事了。

原先说过，李昪登基时正是楚国在位时间最长的马希范在任，但在刘知远定鼎中原那一年，马希范也死了。马希范死后原本属意小弟弟马希广登基，但马楚朝堂的一干老臣主张"国事艰难，宜立长君"，强烈建议年纪稍大的马希萼登基。

但最终经过一系列变故，还是马希广做了国主，可是马希广却是个懦弱无能的人，马希萼知道朝中有支持自己的人，便愤而起兵。于是乎，继闽越之后，马楚也陷入了一轮同室操戈中，经过一连串鸡三狗四的你来我往，马希萼最终绞死了马希广，成为最后的楚王。

可问题是马希萼在和马希广争夺中几次失利，所以像周边不少势力求援，比如有贵州一带的少数民族兵力，又比如李璟的南唐国。那么，问题来了，如今马希萼做了楚王，该如何报答南唐呢？马希广选择了称臣。

按理说这是最好的结局，李昪时代最怅惜的就是没能收服马楚，逼迫其称臣，如今得到马楚的归附，李璟应该心满意足了啊。但在李璟眼中，睦邻友好永远比不上实际吞并来得实在。关键这个时候，马希萼那自个儿也出事了，由于马希萼的骄奢淫逸，不恤国政，引发了手底下人叛乱，还一度搬出了马希萼的弟弟马希崇为君。

如此一来，李璟就有理由介入了：你马希萼不行啊，那我就代你平叛了呗。于是再次派边镐领兵征讨马楚，虽然上次边镐在闽越战场表现的没亮点，但对比那丢人现眼的"三鬼"，已然在李璟眼中属于优秀学生了。边镐一出马，马希萼两兄弟立刻成了阶下囚，但问题来了，似乎这边又要步闽越战场的后尘。

二、南唐政治的崩坏

（1）

边镐这人驭下无道的弊端开始在这暴露出来了，士兵们不服管，开始在马楚国内烧杀抢掠，禁也禁不住，与此次作战的副将刘仁瞻所部严守军纪成鲜明对比。

辰州（今湖南阮陵）刺史刘言见有机可乘，出兵攻长沙。边镐这边连士兵都整肃不了，更别说和刘言对阵了，很快就被赶出了楚国境内。刘言自称武平军节度使，移镇朗州（今湖南常德）。

而此时盘踞两广的南汉皇帝已经换成了刘晟，和吴越家的三世主人一样，这也是个趁火打劫的主。趁着刘言和边镐厮杀，他大举挥兵北上，攻取了楚国的梧州（今广西梧州）、桂州（今广西桂林）等地，夺得广西北部大片土地，把整个两广彻底收入囊中，为自己增加了战略纵深。

如果说之前攻伐闽越好歹还占据了建州、汀州，招抚了泉州、漳州，那么这一次进军湖南，可谓是一无所获，全然是虚耗国库。马希萼两兄弟被送往南唐后，好吃好喝地供着，还被封楚王，而边镐就没那么幸运了，既然不属于李璟的"五鬼"集团，那么他的结局必然是凄惨的。边镐事后被流放饶州，并最终死在那。

这边就马楚灭亡顺带提一下一个关于"三羊五马"的预言：容州刺史庞巨昭善于利用星象占定人事吉凶祸福。后来投奔长沙，有人问他湖南与淮南的国祚长短。庞巨昭道："我来长沙时，听到有童谣在唱："'三羊五马，马自离群，羊子无舍。'从此之后，马氏还有五位君主，杨氏还有三位君主。"后来，马殷死后，楚国历经马希声、马希范、马希广、马希萼、马希崇五位君主，被南唐大将边镐所灭；而吴国自杨行密死后，历经杨渥、杨隆演、杨溥三位君主，被权臣徐知诰（李昇）更替。

李昇当年临终时留存给儿子那充盈的府库，经过这几场战争的折腾，基本已经被掏空。而接下来几年，南唐又遭遇到了少见的天灾，饥民流离、饿殍千里。

我们常说："战场上的失利往往能从政治上找到根源，而政治上的腐化也能从战争中体现出来。"南唐对外战争频频失利，这是有着深层次原因的。那么，我们就试着再去触及李璟时代的南唐政治，找寻其崩坏的原因。

马克思主义中提到一点——"经济决定政治"，所以要来审视南唐政治的崩坏，我们还得从之前提到的经济入手。南唐统共治理江东 40 年，数百年的大一统王朝所遇到的土地兼并问题在南唐爆发的并不是那么强烈，因此，我们基本可以确定，这社会问题绝不是来自农业方面。

那么，之前我们提到过南唐商品经济空前发达，那这政治的腐化会不会和商业有关？事实确实相关。南唐重商及商业的活跃造就了一个庞大的富商阶层，他们甚至与士大夫共同执掌国运，开历代风气之先。史载李后主岳父、大小周后父亲周宗"既阜于家财而贩易，每自淮上通商，以市中国羊马"，利用政治便利条件进而经商成为巨富。

而往后周宗几乎垄断了南唐的马羊贸易，名声传遍中原，以至于后来柴荣想渡过淮河时，都考虑到让士兵扮作羊马贩子，打着周宗的名号悄然入境。到了李后主时期，由于承担了自李璟开始的巨额赔款，国库内用严重不足，最后不得不从金陵富商那里购得绢品作为进贡的货品。而南唐灭亡前夕，到瓦棺寺躲避逃难的除了士大夫就是豪商这一阶层。试想一下，南唐才立国多久，商人就已经开始成为南唐政治格局的一股中坚力量了。大商人的囤积居奇，一度使南唐财富集中到了商贾手中，这往往比农业时代的土地兼并更为严重。

我们常说，自从进入了工业时代，社会的进程比之农业时代增速呈几何倍数。因为在一定区间内，社会的财富总量是恒定的，但是因为个体的差异性，占据总人口百分之二十的人往往掌管了社会百分之八十的财富，这是经济学所谓的"二八定理"。但这百分之二十的人又会通过各种办法去吸取那百分之八十的人所掌控的百分之二十的财富，当这一现象到达一个临界点时，社会秩序崩塌，于中国就会改朝换代，重新洗牌。

农业时代造成这个财富流动的主要模式是土地兼并，而进入工业时代后，资本流转飞速，往往农业时代两三百年突破的财富临界点，工业时代几十年就做到了。所以周期性的经济危机就在工业时代周而往复地出现了，严重时甚至引发了世界大战。

回过头来，南唐虽然没有经历过工业革命，算不上进入了工业时代。但南唐得天独厚的经济区位条件使得其商业有了超越那个时代的发展轨迹，而类似"小国寡民"的躯壳更是让其可以贴近于近代欧洲的基本国情。所以我们可以这么说：南唐因为特定的时间、特定的地域、特定的经济比重引发了超越其历史大环境的突变，而这一突变可以让南唐被称为"一只脚已经踏入了资本主义时代"。我们近年来常说南宋时期，中国社会或已开始出现资本主义萌芽，而源头恰恰就在南唐这边。两宋在经济文化方面继承的恰恰是南唐、吴越的基本盘。

商人与士大夫比肩于南唐的社会生活中，并对国家施加影响，南唐以前是见载不多的。但是，我花了这些篇幅去解析南唐商品经济的超前性现象，并不是说因为这一突变，所以给南唐带来了无上进步性的。进步性也有，毕竟农业时代过渡到工业时代、农耕经济过渡到商品经济是社会的必然，但一些本不该出现于这个时代的东西出现了，带来的更多是灾难，哪怕这是超前的东西。

一夜暴富的人们往往会不知所措，而引发乱消费、胡作非为的恶行。而一夜暴富的群体所产生的危害则更是毁灭性的，资本主义时代初期那无序的乱象恰恰就是一夜暴富的资本家们不知所措的体现。南唐的问题更是严重，为富不仁说轻了，祸国殃民也是有的，后来南唐的"铁钱风波"也恰恰是统治者在和富商阶层斗法时引发的弥天大祸。

如果说商品经济的发展于南唐来说还可算是收益与风险同在，那南唐政坛的党争，官僚集团的集体堕落直接把南唐推向了深渊。

我之前就说过，"党争"问题贯穿于整个南唐的历史之中。李昪在位时，凭借着超高的政治手腕，基本压制着党争，所以初代争端——宋齐丘和李德诚之争未能演变成祸国之举。随着宋齐丘赋闲、李德诚病逝，其子李建勋被罢免，南唐第一次党争落下帷幕。

（2）

南唐第二次党争围绕的是李昪的接班人之争，基本形成了以齐王李景达为核心的齐王党和以李璟为核心的监国党。其中，赋闲在家的宋齐丘表态支持李景达，李建勋的旧部也算是支持李景达，在此，齐王算是整合了第一次党争时期的实权派，虽然实力已经今非昔比了。

而李璟那边的支持者就是我之前提到的以"五鬼"为代表的江西帮。南唐五鬼，即冯延巳、冯延鲁、查文徽、陈觉和魏岑。这五个人都属于李璟的诗文好友，搞搞文学那是绰绰有余，可于治国，内政倒也尚可，可外战吗？看之前闽越之战就知道一二了。这"五鬼"其实原本是宋齐丘的学生，但到了李璟时代却和宋齐丘渐行渐远了，毕竟权力如果长期让师傅霸占着，那哪里还有学生的事啊？

当然，除了"五鬼"为首的江西帮，江北帮在这段时期内也在努力崛起，其中代表人物就是韩熙载和孙晟。孙晟和"五鬼"的矛盾恰恰在李昪亡故前后有了一次总爆发，当时冯延巳不过是李璟的元帅府常书记，而陈觉已经做到宣徽副使了。于是冯延巳便和陈觉勾结，开始排除异己，为以后上位铺路，而当时孙晟官拜中书侍郎，冯延巳便问："先生有何能耐，可以做中书郎？"

孙晟便笑着说道："我不过是山东一个鄙陋的儒生，和您相比，文章不如，搞笑不如，谄媚不如。不过呢，陛下让您在齐王（李璟）那任职，是希望您能教导他仁义道德，怎么就整天声色犬马，混成了狐朋狗友！？我孙晟确实没本事，但像你冯延巳这么有本事的人，已经足够给国家惹下弥天大祸了！"孙晟以退为进，一番话骂得冯延巳狗血淋头，再也不敢饶舌了，但也因此嫉恨上他了。

和孙晟一般看不起"五鬼"的还有常梦锡、萧俨等人，尤其是萧俨，弹劾陈觉，在先帝（李昇）病危期间装病，等李璟即位了莫名其妙地好了。对于冯延巳的弟弟、礼部员外郎冯延鲁，也被萧俨参了一本，称他逼良为娼，祸国殃民。萧俨所说也确有其事，冯延巳胆子更大，直接趁着南唐新旧君位交替之际，矫诏允许民间卖女卖儿。但是，毕竟是李璟的心腹，所以别人弹劾他们压根不管用，所以随着李璟的上位，李景达一党在"党争"中彻底败下阵来。

那么，作为失败者，宋齐丘依附李景达势必要付出代价，李璟上台之后将其贬为润州节度使。但是，史书却称："既行，朝廷有位者咸窃排毁，言与亲信陈觉等树朋党自此始矣。"说朝中大臣都指责宋齐丘搞朋党，而宋齐丘的朋党是谁？陈觉！

宋齐丘听得那是莫名其妙，自己是因为站李景达这边被李璟给嫉恨的，而陈觉是李璟的人，是的，也许陈觉以前算是自己的徒弟，但早就是过去时了。也许真是"墙倒众人推"，名目都懒得想了就来构陷，宋齐丘只能苦笑一声，去九华山归隐去了。李璟也顺势封宋齐丘为九华先生，据说在闽越战争期间，李璟还派李景达又去九华山将宋齐丘请回了朝廷，实在不清楚李璟葫芦里卖的是什么药。

不过宋齐丘毕竟是过了气了，如今"五鬼"有从龙之功，他们才是正当红。可是，作为江北派的孙晟和韩熙载也是不甘寂寞，他们团结了一批反对"五鬼"的有志之士，南唐朝廷第三场"党争"开始。

这些年随着李璟地位的巩固，韩熙载也是青云直上。他提携后进，被人尊为韩夫子。而还有位山东籍人士也在此期间开始显露苗头，这个人叫史虚白。史虚白是在差不多的时间段和韩熙载一同南来的，当然，他也是个拎不清状况的主。韩熙载拎不清状况是不去巴结李昇而去巴结杨家皇帝，史虚白拎不清状况是直接开喷当时秉政的宋齐丘，还声称"彼可取而代也"。

宋齐丘就想试一试他的本事，便在设宴期间邀请史虚白对诗，结果尽管管弦嘈杂，可并不妨碍史虚白文采发挥。继而和他坐而论道，谈论时政，史虚白故意装出一副书呆子读死书的样子，让宋齐丘错判其为只能写写文章的书生。既然没什么政治主见，那宋齐丘便引见给了李昪，结果史虚白一反常态，居然给李昪分析起形势来，还直言"北伐中原，恢复先业"。

这一番话是说到李昪心坎里去了，但当时李昪还没创立南唐，所以说白了还是丞相，这种雄心不是暴露的时候，便打发史虚白去做文秘一类的工作了。史虚白也是有脾气的人，干脆也不务正业了，去投身于"逍遥派"一类。

如今李璟即位，韩熙载受到重用，史虚白也被他引见给了李璟。史虚白觉得这个李璟也许和李昪一样喜欢拿自己开涮，于是直接说："臣草野之人，渔钓而已。邦国大计，不敢预知。"然后在宴会上大醉，睡在了台阶上，李璟哈哈大笑："真是难得的处士啊。"既然被李璟定性为"处士"，那么只能回归草野了。不过，私下里史虚白还是和韩熙载保持着密切联系，关键时刻他就是反对"五鬼"专政的民间进步力量。

顺带说一下，后来李璟割地迁都南昌后，又召见了史虚白，史虚白以一句"风雨揭却屋，全家醉不知"的诗句，讽刺李璟一伙醉生梦死，让李璟羞愧得无地自容。而后来史虚白的孙子史温撰写了《钓矶立谈》一书，成了后世研究南唐历史的珍贵资料。

而孙晟虽然和"五鬼"不对付，但李璟登基后也没怎么难为他，相反，这期间孙晟的官职也在逐步攀升。李璟即位后，册封其为右仆射、平章事，和冯延巳并为宰相。而孙晟的心气也很大，立志要让南唐GDP再创新高，全民集体奔小康。可孙晟要搞经济，"五鬼"就要开疆，这争斗最终的结果就是打闽越，伐马楚。

结果我们也都知道了，南唐在闽越、马楚接连失利，"五鬼"丢人丢到家了。孙晟在马楚战场鏖战后期还作为李璟的特使册封马希萼为楚王，并在马家全盘崩溃后，建议李璟招抚刘言，让刘言对付南边的南汉部队，使南唐可以体面撤军。可由于冯延巳的阻挠，孙晟的计策又被搁置，最后边镐在刘言、南汉双重打击下兵败如山倒，差点全军覆没。

按理说，"五鬼"把朝政搞成这样，这次"党争"应该江北帮胜出了吧？可没想到孙晟还是个牛脾气，看到"五鬼"把局势搞成这样，直接大骂冯延巳的脑子是"玉石杯象牙碗装狗屎，梧桐树凤凰池里游野鸡"，继而一气之下愤然辞官。

而本就焦头烂额的李璟哪还有空去管孙晟，想也没想就同意了，因为一时的意气，孙晟几乎置江北帮于不利的境地。不过好在队友韩熙载给力，又掀起了第四次"党争"，这次争的是国本，也就是未来皇位继承人。

按理说，李璟登基，立儿子本是无可厚非的事。可是由于李璟登基时阻力太大，为了照顾朝中李景达一系官员面子，便在李昇棺前假惺惺地立誓，说以后南唐的帝位兄弟相承，即李璟死后传给三弟李景遂、李景遂死后传给李景达。表面上是照顾了李景达，实际上就是下了套子，等到李璟、李景遂去世，还不知是猴年马月，李景达能不能熬到还两说。就算是能熬到，万一中间出现个插曲，李景遂直接传给儿子了，怎么办？历史上这种事情又不是没有，最出名的莫过于春秋时期公子光父亲和那几个叔叔之间的破事了。

而"五鬼"集团和韩熙载围绕继承人的斗法就是，"五鬼"强行挺皇太弟李景遂，而韩熙载这边则要求遵照古制，立李璟长子李弘冀登基。李景达是不能提的，这是政治错误，双方都明白谁提谁死。这表面上争的是国本，实际还是两派争夺朝堂控制权。

不过，可惜的是，南中国南唐一家唱独角戏的时代已经过去了，此时北方有个强大的邻居正在逼近。届时，南唐的所有"党争"在这位邻居的强大攻势下都显得不堪一击。

三、泣血的淮南

（1）

南唐保大十四年（956）春，后周皇帝柴荣亲率水陆大军，以李谷为淮南道前军行营都部署兼知庐、寿等行府事，以忠武节度使王彦超为副将，督侍卫马军都指挥使韩令坤等十二将进范南唐。

这边又得插播一下北方实况，汉隐帝没做几年皇帝就被手下郭威弑杀，而后郭威又假惺惺立刘知远侄子刘赟为帝。结果底下人不同意，郭威又把从太原赶来的新皇帝给杀了，这么一来逼得新皇帝父亲刘崇跳反，直接在山西建国称帝，史称北汉。

由于北汉地盘小，只能依附于契丹，刘崇这个老朽居然称契丹小皇帝为叔父，自称"侄皇帝"，当真是跟着石敬瑭有样学样。当然，杀人灭口的郭威还想再斩草除根，就连年对北汉发动战争，打得北方一片乌烟瘴气。不久，郭威死去，由于郭威儿子全都死于非命，只能让外甥柴荣接班。

柴荣本来就是个战争狂人，继位之后，对北汉发起了灭国性的侵略，可由于士兵围攻太原期间烧杀抢掠引发百姓愤怒，最后只得班师回朝。不过没过多久，柴荣又再次进攻后蜀，取四州而回，而这一次，他把目光投向了富庶的南唐。

之前是李璟打别人，如今柴荣直接来打自己了，李璟很郁闷，但无可奈何也只能兵来将挡了。李璟任命刘彦贞为北面行营都部署，带领三万南唐军，火速北上救援寿州。同时，奉化军节度使皇甫晖、常州团练使姚凤也率军三万，屯守定远，依托寿州，形成掎角之势。为了确保长江防线的安全，李璟又派皇六子、安定郡公李从嘉（即后来的李煜）为沿江巡抚使。

刘彦贞也算是一位将才，他抵达淮河后，第一件事情便是打造舰船，用来冲击周军搭建在淮河间的浮桥，一旦浮桥被冲垮，那周军便会被阻隔在淮河以南，关门打狗不失为一着妙棋。周军主将李谷一时间不知所措，顺带提一下，李谷就是我们之前说到的和韩熙载互吹牛说他日中原以他为相，灭南唐如探囊取物。

可如今柴荣确实拜他为相了，但一个刘彦贞就让他头疼了，头疼之下他居然一把火烧掉辎重，跑到淮河北岸去了。而此时正在后方赶来的柴荣听说了这件事，气得差点吐血，大骂李谷无能，是个废物。

而这个时候，南唐军刘彦贞也是贪功冒进，见李谷撤回淮北，他就率军强渡淮河，意图歼灭李谷所部。当刘彦贞到达寿州的时候，负责镇守寿州的清淮军节度使刘仁赡劝刘彦贞不要贪功冒进，以免中了周军埋伏。

这里要岔开讲一下刘仁赡，刘仁赡可以说是南唐后期少有的国产良将。南唐后期，将才缺乏，很多名将都是从新附地建州引进的，而刘仁赡却是来自南唐军政体系内部，他的父亲就是大名鼎鼎的刘金，当初杨行密时代的"三十六英雄"之一。

刘仁赡年幼便研习兵法，刚入伍就做到了小头目一级，当然，有人要说这是靠了父辈的庇护，有一部分原因，但绝不是主要的。刘仁赡性格敦厚严谨，气度非常，喜怒不形于色，对待手下士兵虽然严厉但也不至于把人训练成伤残，所以是个各方面都达标的优秀将领。

后来在宫中任职一段时间后便出镇江夏，当时正值马楚内乱，刘仁赡因为辖区毗邻，便在第一时间奉命进攻马楚岳州（今湖南岳阳）。战事出奇顺利，刘仁赡很快就拿下了岳州，并安抚周围郡县，使得岳州军民都很拜服。但是，不久之后，随着边镐的大军入驻湖南，刘仁赡便被调离了湖南战场。那么，后来的事情我们都知道了，因为驭下无度，边镐坐视湖南局势进一步恶化而无所作为，最后南唐军被赶出了湖南。

保大十三年，刘仁赡奉命出镇寿州，而当时南唐在淮河一带设立"把浅军"，就是侦察淮北敌国的动向，一旦有警可以及时告知。但相关驻地守军觉得这么一支根本不怎么派用场的侦察兵纯粹是浪费米粮，就暗地遣散了，继而吃空饷（由此可见南唐军队已经腐败成什么样了！）。刘仁赡觉得这得出大事，便上书给李璟汇报这件事，哪知道李璟的批复还没回来，周军就来了。

寿州属于前线，所以城内士兵一下子慌了神，倒是刘仁赡镇定自若，安排士兵防守各个要冲，人心才渐渐安定。

可以说，刘仁赡是个极具战略眼光的人，但刘彦贞恰恰相反，大言不惭地说道："狗贼们听说我来了，早不知跑到哪里去了。放纵敌军是可耻的，我不追击就是贻害无穷。"所以，刘彦贞追了，然后，他遇到了周军李重进兵团，再然后，"周军斩首万余级，追奔二十余里，杀大将刘彦贞，擒裨将盛师朗数十人，降三千人，获戈甲三十万"。

而南唐的另一支主力——皇甫晖和姚凤所部则撤退至清流关（今安徽滁州），倒是寿州城中的刘仁赡趁乱出城杀了数千周军。顺带提一下，为了震慑南唐，周军将此战三千俘虏全部屠杀，鲜血染红了淮河。

正阳之战的惨败，对南唐来说，几乎是灾难性的。南唐在闽、楚用兵失败，士气民心已经降到冰点，本来李璟还指望通过打败柴荣来恢复一下久疲不振的国势，结果败得比前两次更惨，严重挫伤了南唐人的信心。"时江淮宁久，民不知兵，大军既败，莫不惶怖"。《南唐书》中称"唐丧地千里，国几亡，其败自彦贞始"。

这个时候，柴荣亲军以及李重进兵团、李谷兵团基本都已经在淮北会合，而柴荣的目标就是拿下寿州城，拔除这个江淮岸边的钉子。可惜，寿州城中是一代名将刘仁赡，论打仗，十个柴荣都比不过一个刘仁赡，再加上刘仁赡之前的准确预判更坚定了守城将士的决心。

寿州攻防战进行得相当激烈，柴荣使出了浑身解数，"又束巨竹数十万竿，上施版屋，号为'竹龙'，载甲士以攻之，又决其水砦入于淝河。攻之百端"，可在刘仁赡眼前毫无作用。但是，刘仁赡也知道，寿州如果长期被围，失陷是迟早的事，于是他对手下说道："吾世受国恩，兄弟门列荣戟者数人，然不能治危捍敌，宁静边境，贻忧君父，吾且耻之。今虽病犹能奋力执戈，与诸君背城血战，死于旗鼓之下，乃吾之分。终不以大丈夫之节屈身以事二姓矣。"（顺带提一下，此时刘仁赡因为辛劳守城，染病了。）

刘仁赡身上所展现的，就是江东义士的气节，李璟虽非命世之主，但对刘仁赡有恩，刘仁赡就得以死相报，这种执念是北方一干朝秦暮楚的臣僚们做不到也无法理解的！

然而，会有神一样的对手，就会有猪一般的队友，在柴荣围攻寿州期间，清流关皇甫晖和姚凤所部数万大军竟然被周军的一支偏师给击溃了，皇甫晖和姚凤双双被擒，而完成这一壮举的就是赵匡胤——未来的宋太祖，也许这就是真命天子的使然。

赵匡胤拿下了清流关，也进而控制了滁州，身处金陵的李璟再也坐不住了，鬼知道周军下一步会怎么做？会不会像当初拓跋焘一样兵临长江？

（2）

其实，这个时候让李璟头疼的并不只是江北的周军，由于这些年李璟在南中国四处惹事，导致李昇苦心经营的睦邻友好关系被彻底撕碎。南汉与南唐断交，吴越再次倒向北方政权，就连取代马楚控制湖南的刘言也去谄媚周世宗了。如今南方还拿李璟当回事的，估计也就只有表面受李璟节制的福建军阀留从效和同样被柴荣侵略的后蜀皇帝孟昶了。

这次柴荣侵略淮南，顺带喊上了湖南武平军和吴越军这两家一道攻打南唐。这边岔开说一下，此时的湖南挂名武平军的名号依附中原，之前驱赶掉南唐的军阀刘言已死，刘言死后湖南分出三股势力——潘叔嗣、王逵和周行逢，这次柴荣喊上的是王逵。面对三家围攻，李璟顿感亡国在即，恐惧之下也顾不得骨气了，准备和柴荣议和。李璟开出的条件是：称柴荣为大兄，并每年上缴"岁贡"，还将寿州割让给后周。

主权国家给侵略者议和，李璟认小自己七岁的柴荣为兄，还要割地，这简直是奇耻大辱！可没办法，形势要比人强，李璟是个伪娘，议和也就只能议和了。但柴荣显然并不满意，他要的是整个淮南，绝不是单单一个寿州，所以侵略者的胃口是无法轻易满足的。李璟第一次议和宣告失败，而在此期间，后周接连攻占扬州、泰州。李璟为了防止周军裹挟还在扬州的前朝南吴皇室，便提前下令将其满门诛杀，无能的李璟再一次表现了无耻的一面。周军还在扬州捉住了"五鬼"之一的冯延鲁，而后一把火烧掉了昔日南吴的东都——扬州城。

紧接着，南唐淮西的光、舒、蕲三州又相继陷落，而吴越军又攻陷了宣州。此时的局势是，南唐江南和江西板块被吴越切割，南唐江东和湖北板块被后周切割，国家已经走到了生死存亡关头了。

面对恶劣形势，李璟只得启动第二次议和，这一次派出的人是之前提到过的孙晟。孙晟早已经脱离了权力中枢，如今再次被征召引用，天晓得又是"五鬼"在李璟耳边吹什么妖风。国难当头还不忘内斗，孙晟的心也冷了；柴荣的残暴和狡诈是出了名的，此去江北有死无生。但孙晟感念烈祖当年的知遇之恩，所以"头可断，江东气节不能丢"！临行前，孙晟叹息着告诉副使王崇质："君家百口，宜自为谋。吾思之熟矣，终不负永陵（李昪陵墓）一抔土，余无所知。"

这次李璟开出的条件是：周军撤出淮南地区，南唐将割让寿、濠、泗、楚、光、海六州之地，并每年向周朝进贡价值百万的财物。同时，南唐的地位将等同于吴越等国，称臣于后周。

当然，这样的条件依旧不能让柴荣满意，他要的是江北全部州县，全部！孙晟当时就怒喝，大骂柴荣是个战争贩子，蓄意侵略他国。而且孙晟直言南唐此时还能掏出三十万人马，真要打，绝不怕！柴荣讥讽地问道："南唐不过区区一隅之地，能有十万大军撑死了，哪来的三十万？"孙晟知道自己也是说大话了，但是在侵略者面前不能认怂，这是最基本常识。于是孙晟说道："虽然真正兵马不过十余万，但长江天堑足以当十万大军，国老宋齐丘更是智略堪比王猛谢安的智者，腹内更藏十万雄兵！"柴荣听完一阵鄙夷，作为一介赳赳武夫，他自然瞧不上孙晟这个只会卖弄嘴皮子的人。

这个时候，柴荣的亲兵还在寿州城下攻而不克，而李璟这边似乎出现了一些利好消息。当时负责守备武昌的是之前在闽越战场崭露头角的何敬洙，他抓住时机，主动出击击退了王逵的主力军。王逵战败后被潘叔嗣所杀，然后周行逢又杀潘叔嗣，三人混战一团的结果是周行逢继刘言之后，完整地控制了湖南。那这西面来自湖南的军事压力已经不复存在，而紧接着东线战场，柴再用的儿子柴克宏仅仅率了数百人的敢死队就大破吴越数万大军，斩首万余级，把吴越王钱俶吓得肝胆俱裂，只能灰溜溜地退出战场。

虽然武平和吴越两个狗腿子接连退出战场，可主力周军还在，尤其是寿州，刘仁赡不知道还能撑多久。这个时候，李璟只能任用那个他一直不放心的人了——齐王李景达。作为南唐的宗室，李景达已然算是军事方面的佼佼者了，可是因为李璟接班的争议性，这些年，这个皇弟一直被他打压排挤。可如今国家危亡在即，李璟也只得破例起用这位千载难遇的将星，天下兵马大元帅李景达。

但是，李璟这人就是无法做到"用人不疑，疑人不用"，越亲近的人他越提防。形势已经如此危急了，他还委派陈觉作为监军监视李景达，气得韩熙载也只能大骂："信莫信于亲王，重莫重于元帅，安用监军使为！"因为陈觉的存在，李景达可谓是什么都干不了。史载，"军政皆决于觉，景达署牒尾而已。"

堂堂的天下兵马大元帅，如今竟成了图章统帅，真是天大的笑话！

李景达和陈觉的任务是负责援助寿州，而另一路南唐军由右卫将军、袁州刺史陆孟俊率领，渡江北上，去收复扬、泰二州。李璟的想法很明确，如果寿州真的救不了了，那也得夺回扬、泰二州，巩固长江防线。

由于周军在扬州、泰州令人发指的烧杀抢掠，使得短时间内陆孟俊又夺回了二州。柴荣听完后大怒，派张永德再次会同韩令坤部攻打扬州，这边李景达和陈觉见周军朝扬州方向挺近，也开始犹豫起来：救援扬州还是救援寿州。最后喜欢乱做决定的陈觉下令全军东进，救援扬州。

而就在李景达所部东进的途中，传来了陆孟俊兵团全军覆没，陆孟俊被周军擒杀，扬州城再度失守的消息。战场的瞬息万变已经让陈觉这个废物无法再做出什么决策了，因为此刻大部队已经和周军在六合遭遇了。

"居数日，唐出兵趣六合，太祖皇帝奋击，大破之，杀获近五千人，余众尚万，走渡江，争舟溺死者甚众，于是唐之精卒尽矣。"《资治通鉴》寥寥数语便已勾勒出这场六合之战的最终结果。在圣天子赵匡胤的"主角光环"下，即使是身经百战的李景达也未必能讨得了便宜，更何况还有陈觉这个废物在拖后腿呢！

尽管南唐方面已有多支部队被周军聚歼，可是寿州城依旧岿然不动，刘仁赡虽然病了，但守城的意志比钢铁还坚硬！无可奈何的柴荣只得以"淮南阴雨绵绵"为由，仓促结束了第一次南侵。但值得注意的是，柴荣虽然走了，但已经占据的城池柴荣却没想着吐出来，他安排部下就势驻扎，等待着下次南下。

（3）

在泉州城外，南唐的官员正在此处征兵，因为泉州毕竟是留从效管辖，所以这番征兵耗费了不少口舌。留从效懒洋洋地倚靠在一旁，望着南唐官员所搜罗的潦倒乞汉，不由得笑出了声："难道你们就指望着依靠这些人去击败大周？"

南唐官员没有回话，因为前线的诸多失利已经消磨了他们的锐气，他们只希望能在闽越大地招揽到将才，哪怕是一些生力军也是好的。南唐兵源的锐减已经成为能否支撑这场战争打下去的关键因素了。

此时，突然有几个精壮汉子走到了征兵簿前，大笔写下自己的名字。留从效突然对他们说道："年轻人，活着不好吗？为何非要奔赴千里去淮南送死呢？"汉子们没有答话，当他们路过留从效身边时，却被留从效一把抓住，留从效又继续挽留道："此战唐军必败啊，何苦为行将就木的王朝陪葬呢？"其中有一人答话道："以前王家在闽国时，互相攻伐，岁无宁日。我等父兄都死于战乱，自唐军入主以来，闽越已经近十年未起刀兵了。以前我们父兄上战场没得选择，可如今，我们有权利选择我们自己的生死！乱世中活着固然好，但至少应该为了自己的意愿而活！"

壮汉们走了，也许在闽越大地上还有许多寂寂无名的人也投入了这场南唐和北周的战争。不为别的，只因南唐给了闽越大地一个相比于王家诸子内讧相杀而安定的局面。老百姓就是这样，谁对他们好，谁对他们不好，他们都记忆深刻。

比如这里就得再提一下已经故去的徐温了。今天的福建因为闽中大山带而被略显不规则地切割成东西两块，而闽西一带都流传着徐温两个儿子徐知证、徐知谔率兵入闽，剿灭盗贼的传说。两人更是被当地尊为仙人，徐温也因此在当地有着神灵一般的地位，被尊封为忠武真人，而二子母亲白氏为仁寿仙妃。南唐在闽西一带所推行的仁政让当地百姓感恩戴德，进而祭拜徐温。而闽西建州、汀州恰恰就是南唐所占据的。南唐在闽越战场上的失败并不意味着他们在这片土地上就是一无是处的侵略者，他们结束了闽越十余年的互相厮杀，精心治理着建、汀两州，于闽西百姓心中，足矣。

当然，闽西拜徐温，而闽东地区在五代十国时期也有了统一的崇拜，至于具体崇拜谁，我会在书的最后给出答案。

此次在闽越征兵，陈晦、林仁肇等南唐后期的名将都被挖掘出来紧急调往前线，没有人能预料到，日后撑起南唐整个军界的恰恰就是这批闽西出来的将才。可是，面对周军泰山压顶之势，此时的南唐诸将似乎也是无计可施。

一支紧急拼凑、进据濠州，前往救援寿州的五万大军由李景达和陈觉再次统领出发，而这些闽西将领也随从北上。然而，无能且无耻的陈觉再次给南唐军的战绩上增添一道耻辱的痕迹，紫金山下，五万大军埋骨，南唐至此再也无力发动对周军的反击。

而寿州城中的刘仁赡似乎也预感到了自己的末日，因为他知道，此时南唐方面已再无援兵可派，突围更是难上加难，事情发展至此，唯死而已。在行将就木的那一刻，刘仁赡还亲手将自己意图出城的儿子正法：自己是南唐的将领，就是死，也不可以投降周人！

刘仁赡的最终结局是病死在寿州城中，可北国的走狗文人为了给主子同时又是侵略者的柴荣歌功颂德，不惜歪曲历史史实，《旧五代史》称"伪寿州节度使刘仁赡上表乞降"！

顺带说一下孙晟，孙晟的下场和刘仁赡一样悲情。柴荣拒绝议和后，还把孙晟给扣押了，并逼迫孙晟去劝降刘仁赡。孙晟假意答应，等到了城头之下，孙晟大喊："刘将军，你要守好城池！江南的援军很快就要到了，我今天被强寇胁迫，死在须臾之间。将军你要为国尽忠，效力死战啊！千万不要投降，让我在九泉之下也为你羞愧！"柴荣让左右抽他耳光，孙晟也是神情自若地喊着，最后残暴的柴荣下令将孙晟推出去斩了。临死之前，孙晟还正衣冠望南而拜，大喊："臣不忘主恩，谨以死谢。"

柴荣拿下了寿州，意味着这次南侵已经成功了一大半了，南唐主力被聚歼，再也无法派出士兵相援，剩下的还不是"秋风扫落叶"吗？

金陵城中，宋齐丘的府邸，李景达孤身一人前去造访，进了院内，见宋齐丘闭着眼睛倚靠在藤椅上，不知是睡了还是没睡。李景达站了一会儿后，只听宋齐丘问了一声："雨师来了？"而后便缓缓睁开了眼睛。两人对视了一眼，眼中都饱含着沧桑和落寞。宋齐丘叹息道："淮南之败，罪在你，也罪在我啊。我纵周军怡然西去，你两次丧师，于国罪莫大啊。"

李景达也叹息道："想不到国难临头，皇兄还是对我这般猜忌，陈觉，哎，想我堂堂大好男儿，竟要与此小人一道受国人唾骂啊。"宋齐丘转而问道："孙晟和刘仁赡后事处理得如何？"李景达说道："该追谥的都已追封完毕了，刘仁赡追谥太师、卫王，孙晟追加为鲁国公。对了，柴荣又返回汴京了。"宋齐丘接着说道："狼子野心，不鲸吞掉淮南他是不会罢手的，且看他日必将复来。"

说罢，宋齐丘竟然拄着拐杖缓缓站起来，李景达急忙去搀扶，宋齐丘又说道："不日我就会向皇帝上书，请求回九华山养老了。"李景达不解道："先生何以至此啊？国家艰难，正是要仰仗先生的时候啊，父皇在世时……"宋齐丘打断道："时至今日，朝堂上还有我说话的份吗？保大五年，我记得你与冯延巳等人宴饮，冯延巳假意要拉拢于你，却被你严词拒绝，还请旨皇帝要诛杀冯延巳。自此，陛下就对你猜忌日起啊。这么多年过去了，难道你还没看穿这朝政已然是被这些弄权后生所把持了吗？"李景达不再说话了，宋齐丘突然攥住他的衣襟，悔恨万分地说道："要是当初景迁不英年早逝多好！要是先帝当初把皇位传给你，多好啊！"

宋齐丘回了九华山，而柴荣不久后又从汴京到达了淮南战场，这已经是他第三次南侵了，这一次，他要将南唐江北十四州全部吞并。这场淮南侵略战，是赵匡胤的成名之战，在整个战斗演变中，他从中下级军官一跃成为北周军界的台柱子。而继清流关之战、六合之战、紫金山之战后，这一次他更是一马当先，为柴荣夺取了濠州和泗州。而后，周军又接连荡平了南唐在淮河南岸布置的水军，为了尽快结束战争，柴荣又在攻克楚州后展开了令人发指的大屠杀。昔日以盐利闻于中原的江淮大州竟然被周军丧心病狂地屠杀至空城，陆游在《南唐书》中这般写道："周兵死伤亦甚众，世宗怒。尽屠城中诸民，焚其室庐。"

四、"江南国"自此来

自柴荣第一次南侵开始，如今已是第三个年头了，长期的战争在不断消磨着柴荣的耐心，也让李璟感到心力交瘁。遥想当年义祖开疆，雄视南方诸国，与北方沙陀后唐分庭抗礼，何等之荣光，何等之锋芒？烈祖内修政理，外和诸国，也是南方各个势力引为上邦的风光时期。

可自己继位以来都做了什么？吞闽灭楚，轻启边衅，引发南方诸国的集体愤慨，柴荣南侵，淮南一溃千里。扪心自问，李璟也不禁哀叹：朕怎么把祖宗交下来的大唐江山弄成这个样子了啊！

南唐保大十六年（958）三月初六，李璟改元交泰。这年年初，淮南大地依旧笼罩在一片屠杀与阴霾之中，而金陵城中，一场"党争"才刚刚落幕。李璟的继承人变了，皇太弟李景遂因淮南兵败，扛不住朝野多方的舆论压力，进而引咎辞职，李璟长子李弘冀摇身一变，成了皇太子。顺带提一下，李璟不仅罢免了李景遂的皇太弟一职，还顺带革去了李景达"天下兵马大元帅"一职。

李景遂倒了，这意味着"五鬼"集团也将迎来末日了，而江北的战事还在继续。此时淮南十四州还仅有庐、舒、蕲（此州被侵占后又被夺回）、黄四州在李璟手中。如果再打下去，以两军实力、士气的差距，柴荣拿下这四州也仅是时间问题。

李璟也开出了自己最后的条件，派陈觉作为特使北上扬州，与柴荣会晤，而地点就是当初杨溥出巡的迎銮镇。时移事易，不知道生长于此地的老者，作何感想？

柴荣以浩大的军阵演练恫吓得陈觉魂不附体，只得跪地向柴荣作出保证：此次议和绝对诚心诚意，不会再出岔子了，而自己将会待在扬州，直至盟约签订完。李璟给柴荣开出的最后条件是：南唐称臣后周、去帝号、割让江北十四州、岁输贡物四十万。

这最后的条件让柴荣很满意，他以宗主国的身份称李璟为"江南国主"，历史于此刻产生了一个疑问。关于"江南国主"这个称号，有史书说是李璟上表自称的，有史则说是柴荣辱封的，真相如何已经不得而知。但既然已经是去帝号了，那"南唐国主"和"江南国主"又有何区别，那一刻，南唐作为一个独立国家，主权已经遭到了严重践踏。

"江北之盟"的订立标志着南唐从区域性霸主一下子跌落为附庸国性质的地方政权，割让江北十四州让背依长江的金陵城时刻暴露在后周的眼前，经年累月的岁贡更是让原本财政紧缩的南唐更显捉襟见肘。而且，随着江北十四州沦丧，南唐至此失去了淮南这个产盐基地。盐是国民赖以生计的根本，所以事后李璟又上表称愿意"尽献江北郡县之未陷者……岁输土贡数十万，而乞海陵盐南属"，但被柴荣果断拒绝了。南唐自此不得不每年花大价钱从后周手中买盐，盐业成为后周政权牢牢节制南唐的一个经济筹码。

当然，关于此次和谈还有个附加条件——周人要宋齐丘的性命。柴荣清楚地知道，只要宋齐丘还活着，那么依他的能力，说不定还能盘活南唐这局残棋。不说北上与后周争雄，但吞并掉同样已经战斗力高度滑坡的吴越还是可以的，而整合了吴越之后，南唐的经济软肋将会得到弥补，这对后周来说极其不利。"安排唐祚革强吴，尽是先生作计谟。"这绝非是虚妄之言。

所以钟谟出使北周后，带来柴荣的口谕："朕与江南大义虽定，然宋齐丘不死，殆难保和好。""必杀丘，始可和。"这是后周给李璟开出的条件，李璟以"恶莫甚于无军，罪莫深于卖国"的罪名将宋齐丘软禁在九华山，不给吃喝，可怜七十三岁的宋齐丘饥饿难耐，只好吞野草充饥，最后活活饿死于山间。

宋齐丘死了，但李璟对于朝廷内部人员的清算却没有终结，这一次他终于对多年来他信赖有加的"五鬼"集团动手了。他将陈觉贬为国子博士，流放至饶州安置，随后将陈觉赐死。查文徽早在淮南战争开始前一年就去世了，所以算是混了个寿终正寝。冯延已在淮南战争初期因扛不住来自敌对党的压力而被李璟罢相，所以后期南唐军的连番失利与他关系并不大，罢相两年后于960年去世。冯延鲁战争期间被周人俘获，后被放还，李璟将其贬为常州观察使，下放地方，最后死在任上。魏岑也在事后被李璟所疏远了，不久也郁郁而终了。

也许此刻李璟终于明白了，闽越、湘潭得而复失，淮南大地一溃千里，这并不单单说是军事上的失败，深层次来说，这已表明南唐政治积弊已深。可是，现在明白这些还有什么用呢？

晚年的李璟是落寞的，三弟李景遂和太子李弘冀相继亡故，这场"东宫之争"终究没有赢家。可是回想当年，自己难道就是那个赢家吗？如果景迁不死会如何？如果当初皇位给了景达或者景惕，江东还会被糟蹋成今天这副模样吗？这些李璟不敢去想，也不愿去想，他只想躲避。

为了摆脱柴荣给自己带来的心理阴影，李璟将洪州定为南都，留吴王李从嘉留守金陵，自己则带着一干大臣摆驾江西去了。不过唯一令李璟感到欣慰的是，他准备迁都前一年，侵略成性的柴荣就一病不起，继而一命呜呼，再也英明神武不起来了。柴荣的儿子柴宗训继位后刚刚跨年，就遇到了一代圣主赵匡胤"陈桥兵变、黄袍加身"，北周更换了王廷，两宋王朝三百年社稷由此肇基。

北宋建隆二年（961）春，李璟正式迁都洪州，将其更名为南昌府。而后，李璟立留守金陵的皇六子吴王李从嘉为太子，并更名李煜，负责金陵监国事宜。虽然之前我提过，洪州算是南吴时代"四大都市"之一，但毕竟那是老黄历了。金陵城经过这些年的发展，和洪州比较简直一个天上，一个地下。在大城市纸醉金迷生活惯了的李璟来了洪州自然是感到各种不适应，没多久李璟就病了。当年六月，李璟病逝于洪州，享年四十六岁，史称南唐中主，而南唐方面给其上的庙号为元宗。

五、无奈的李后主

"林花谢了春红，太匆匆。无奈朝来寒雨晚来风。胭脂泪，相留醉，几时重，自是人生长恨水长东。"李后主的一阕《相见欢》，即使过去了千年，也依然脍炙人口。诚然，作为帝王他是失格的，但作为词人，他却是绝代的。历史往往就是这样，史家不幸诗家幸，动荡的乱世却总能奏响华丽的乐章。

南唐升元元年（937），李昪废吴建唐，也是在这一年，李煜出生。为了纪念这个生而逢时的孩子，李煜的祖父给其提了小字叫重光。只不过，按照当时那情况，李煜无论如何都无法和帝位有所联系。李璟即位后就约定了皇帝之位，兄弟相承，即使三叔、四叔、五叔都不在了，那还有长兄李弘冀在。

然而，历史恰恰就是这般有趣，淮南大败、南唐割地，整个南唐的政坛也陷入了一场大的动荡。"五鬼"接连被废，国老宋齐丘被赐死，三叔李景遂、大哥李弘冀相继离世，本无心皇位的李从嘉却莫名其妙地成为监国，替父皇看好这金陵城，那一年，他改名李煜。

当时的局势已经相当危急了，军事上失去了江北十四州固然是一方面，但李煜朝动摇国基的事还有三件。正因为这三件事，让原本就无帝王之才的李煜亲手葬送了南唐。

这第一件事，还是困扰着南唐的顽疾——"党争"。虽然李璟在世时已经把"五鬼"集团一举摧毁了，但有人的地方就有争端，绝不会因为少了一个集团而罢休，没了这个集团那个集团继续上。李煜时代的"党争"基本可以用"群魔乱舞"四个字来形容，毕竟李昪、李璟时代的党争至少是两拨互看不顺眼的人在斗，而李煜那个时代的党争已经混乱到分不清敌我了。

韩熙载已算得上是李煜时代最炙手可热的名臣了，于是大臣们围着韩熙载开始了一窝蜂地斗。外加上李煜对于北方人尤为猜忌，不少都被赐死，所以到最后韩熙载为了避祸也就只能醉生梦死，圈养娼妓，以至于俸禄用光，一无所有。

围绕着韩熙载的争斗，又牵扯出了南唐本土人士和新附地（主要是闽越两州）人士的争斗，武官和文官的争斗，武官内部也互相争斗——朱令赟、卢绛、林仁肇互相看不起，还有宗教人士与非宗教人士争斗（李煜深信佛法，"小长老"江正有时甚至会干涉国家事务），宗教人士内部的争斗（佛道之争）。反正斗来斗去最终谁和自己一伙都难以区分。

这第二件事就是商品经济发展过快引发的社会矛盾。之前就说了，南唐飞速发展的商品经济催生了一大片富贾豪商，甚至有些官员还仗着权势之便进行经商，大肆敛财，其中就有李煜的岳父——周宗。那么，封建时代暴富起来的商人他们会做哪些有害于国家的事情呢？大致分为两件——囤积居奇和土地兼并，囤积居奇不难理解，今天的"温州炒房团"就是此类事件的代表，而土地兼并原本是大地主和自耕农之间的。但是毕竟是农业社会，资本家资本投入再生产的觉悟他们领会不到，而农业时代什么最值钱？土地啊！所以富商们也是热衷于对"土地兼并"起推波助澜的作用。为了解决这一问题，李煜在位期间还起用李平进行改革，但可惜受到既得利益者的抵制，改革无疾而终。

为了抑制富商们，李煜还想到了一招"剪羊毛"（确切说这主意是韩熙载想的），因为那个时候货币基本都掌握在有钱人手中，而为了稀释掉这些富商手中货币的"价值"，李煜推行用铁钱取代铜钱，这样实际上就相当于让富商手中的财富缩水了不少。但这场"货币改制"最终还是失败了，有说是因为受到了富商们的抵制，也有的说是北宋方面利用双方贸易，向南唐输出了大量铁钱，最终破坏了南唐的货币体系，莫衷一是。当时，南唐的铁钱改革内容相对复杂，在这里我也仅以最通俗的方法告知大家。

第三件事就是李煜错杀贤臣，毒死林仁肇，逼死潘佑、李平，猜忌韩熙载，这一桩桩都是有史可查的。虽然那个时候的李煜已经脑子各种不清晰，而朝中"党争"乱象也让他很难分辨出谁忠谁奸，但杀了就是杀了，不管因何而杀，杀错人总是他不可推卸的责任。在位一个月不到的昌邑王刘贺被废前说过这么一句话："天子有诤臣七人而不失天下。"诚然，我之前提到的那两点已经足以将南唐送上死路，可只要李煜没有擅杀大臣，留着所谓的"诤臣七人"，我想，他的国未必就会亡得那么快。

而就在李煜闭塞视听、错招迭出的时候，北方的宋太祖已经开启了"吞食天地"模式：

乾德元年（963）二月，宋军消灭荆南高继冲。

同年三月，宋军收湖南，送武平节度使周保权去汴梁喝茶。

乾德三年（965）正月，宋军攻入成都，蜀主孟昶出降。与李煜比邻而居的只剩下了南汉的刘𬬮、吴越的钱俶和泉州的陈洪进了。

开宝四年（971），赵匡胤派行营诸军都部署潘美（就是潘仁美）督军下广东，消灭了割据广东近六十年的南汉政权，小皇帝刘𬬮肉袒出降。也是在这一年，李煜自降国格，改国号为江南国，自称"江南国主"。如果说当初李璟那个"江南国主"只是周世宗柴荣的辱封，那么这一次，李煜算是坐实了"江南国主"这一屈辱性称号了。自此，世间再无南唐，有的只是北宋王朝的"江南地区"。

南唐的历史似乎到此就结束了，但似乎还有那么一丝余味值得我们去咀嚼：

971年，庐州城中的一处小镇，一位年近五旬的老叟缓步走在路中央，此时的他鬓角泛白，眼神迷离，似乎年轻时的朝气在他身上已经全部散去，有的只是暮年的沧桑与颓然。他就是李昪唯一在世的儿子——齐王李景达，李煜自称"江南国主"的消息出来，这位历经浮沉的叔王按捺不住心中的苦闷，只能踱步于街市，希望能排解心中的压抑。

突然间，他听到有人在喊："真是不识货！这东都胜景图，天下只此一幅，当年东都胜景都在这图上清晰可见，你要是错过了，这辈子都休想买到！"李景达转身循声凑了过去，当他走近时，只听见叫卖的人说道："哎，老人家，你看看，我这东都胜景图上的江景、浮桥，那都是几十年前的景物了。如今早已不复存在，这样的瑰宝，真要是给不识货的人拿去了还是糟蹋了宝贝，要不您出个价？"

李景达看着这幅图，眼睛突然变得浑浊，他颤巍巍地伸出手去摩挲着，干涩的眼眶中开始淌下泪来，哽咽着说着："是的，是的，三十年前的东都，这宫门、这明月桥……"此时的李景达思绪仿佛又飘回了当年，父皇李昪还没登基称帝的时候，兄弟几个在除夕之日团聚在扬州城中，那时有大哥，有二哥，有三哥，有五弟，还有义祖父徐温。对比今昔，恍如隔世一梦啊。卖画的人有些诧异，说道："老人家、老人家，您到底怎么了？"

泣不成声的李景达喃喃自语道："当年南国正风华，灯火万千家。满城春色，落红飘絮，绿茵白沙。山河破碎人相弃，何意奏胡笳。兴亡难诉，骤然风起，吹尽残花。"语罢，李景达眼前一黑，栽倒在地。

开宝四年（971），南唐王朝一代贤王李景达病逝于庐州，自此，南唐的历史正式宣告终结。开宝八年（975），宋太祖收江南国，而后吴越，泉州相继请降，破碎的中华大地又再次凝聚到了一起。

李煜等人乘舟北进路过如皋时（今南通如皋），感知自己永远不可能再回江南故土，于是提笔作了一首亡国诗——《渡中江望石城泣下》

江南江北旧家乡，三十年来梦一场。

吴苑宫门今冷落，广陵台殿已荒凉。

云笼远岫愁千片，雨打孤舟泪万行。

兄弟四人三百口，不堪间坐细思量。

错生于帝王之家，却成了亡国之君，这究竟是李煜个人的无奈，还是南唐一个国家的无奈？也许，每个人心中都有一份属于自己的答案。

机缘巧合，三年前自如皋过江，感慨颇多，遂以后主此诗首句作和，以敬先人，以抒来思：

过江望

江南江北旧家乡，浪打孤石觅过往。

义皇兴兵起东海，烈祖挥鞭据淮扬。

无谋坐失三千地，寡断空丧万里疆。

刘郎尚有分邦志，休作妇态奔北邙。

第柒章

何计身后评

一、为徐知诰正名

（1）

　　"楚歌声里霸图空，血染胡天烂漫红。煮豆燃萁谁管得，莫将成败论英雄。"这是一百多年前一代文豪柳亚子点评太平天国的诗。在中国漫长的封建社会中，"成王败寇"已经成了一套官方的道德标准，你是胜利者，你就站在了道德制高点，有权力批判失败者的一切。

　　可是，柳亚子独辟蹊径，尖锐地指出，英雄便是英雄，与成败无关，而与出发点有关。就像《射雕英雄传》中郭靖评价成吉思汗一般："仗打得多并不一定是英雄，为国为民才是侠之大者。"

　　属于徐知诰的时代，早在一千多年以前就已经结束了。从后来南唐的下场来看，这位南唐烈祖确实算不上什么胜利者，也就与英雄"绝缘"了。但事实真的如此吗？江东百姓心中有一套自己衡量事物的标准，在江南走过的政权他们都会记得。孙儒暴虐不堪，注定被人民所厌弃，张士诚一介枭雄，可苏州城的百姓到现在都在烧香祭拜他。

　　徐知诰也是一样，在南唐灭亡了数十年后，一位宜兴籍的作者马令因感念南唐王朝对江南一带百姓做出的卓越贡献，殚精竭虑地编纂了《南唐书》。又过了一百多年，一位名叫陆游的大诗人更是在马令的基础上推出了自己更为完整全面的《南唐书》。而那时已经是南宋的天下，南宋的都城在临安，得益于吴越的贡献，为钱氏歌功颂德的人很多，但陆游依然选择了站在南唐这边，文人的风骨让他明白，对就是对，成败绝非衡量英雄的标准！

徐知诰并非完人，他有时睿智高深，有时也会决策失误，有时宽仁远怀，有时也会行事果决。纵观历史，人们对于徐知诰的负面评价基本有三：

其一，不仁。徐知诰的不仁基本可能来自两方面，一是对于前朝皇室，一是对于政治上的对手。徐知诰是怎么对付前朝皇室的呢？史书上有记载："迁让皇之族于泰州，号永宁宫，防卫甚严。"杨溥退位后，受到李德诚和宋齐丘的影响，徐知诰曾经把杨溥及其家人先幽禁在润州（今镇江），而后又迁往了海陵（今泰州）。而在那之后半年，杨溥去世，关于杨溥的去世，有两种说法，一说是自己抑郁而终，一说是被徐知诰所害。

而在此，我觉得更有第三种可能性，即杨溥误食丹药而亡。须知杨溥晚年也是虔诚的道教徒，而同样是道教徒的烈祖徐知诰也是因为误服了丹药中毒身亡，甚至说唐朝不少皇帝也是这个死法，所以杨溥死于丹药中毒是有合理性的。回过头来，即使杨溥真是上述说法中的第二种（中伤徐知诰的人也确实愿意相信是这种），那也无可厚非。毕竟，我之前就已经分析过了，六朝之后，受禅的皇帝杀害前朝逊帝，这是本分，而放弃诛杀，那是考虑到情分，但既然已经身在政治场中，又有多少人能去讲情分呢？很多人做不到，所以也就别去苛求徐知诰了。

当然，南吴皇室的那些宗族最后的下场很凄惨，因为被长期监禁失去自由，所以只能近亲结婚，族内繁衍，最后生出很多残障儿童。而周世宗柴荣侵略淮南的时候，李璟怕这批前朝余孽惹出什么祸事，更是下令将其赶尽杀绝，一个不留。但归根究竟，屠杀令是李璟下的，与徐知诰何干？难道十几年后发生的事情还要栽赃到一个已故之人头上？甚至说，南吴皇室行动受限，只能近亲结婚，这也怪不得徐知诰。毕竟，在这批人迁居泰州五年内，徐知诰也去世了，这五年时间根本就不至于影响到一两代人的繁衍生息。而李璟上台后，本可以对这批人开恩的，或许可以说徐知诰也是想把这个示恩的机会留给李璟，可是李璟并没有这么做。他无视先帝在处理一些问题时的失策，反而变本加厉，用最坏的方法去解决一切遗留问题。

在对待前朝皇室的问题上，我不想为徐知诰开脱些什么，但既然要批判，我们不妨做个比较，看看北方五代、南方诸国又是怎么做的。后唐和后梁是世仇，灭后梁，朱友贞死后还被割了脑袋前去李克用宗庙里献祭。后晋灭后唐，李从珂一家老小自焚于洛阳，顺带搞丢了传国玉玺。虽然李嗣源还有个小儿子李从荣活了下来，但也是靠花见羞的才智勉强逃过一劫。后晋由于亡于契丹，宗室基本都被捉去北边了，取代后晋的后汉开国之君刘知远因没法杀人立威，甚至迁怒到李从荣身上，后汉的皇帝杀起了后唐的未亡人，无耻！后周郭威更是寡廉鲜耻，先是自己纵兵杀了刘承祐，然后假惺惺地从后汉宗室里挑一个来做皇帝，结果人家年号都没来得及改，郭威又把新君给杀了，气得人家小皇帝亲爹愤而创北汉，跟后周死磕了数年。

至于南方诸国，除南唐外，都没有经历过易代的事情，但关起门来杀自己人一个比一个狠，闽越兄弟阋墙、马楚"五马争槽"、南汉那几个皇帝更是神经病一般地疯狂杀手足，最高纪录一日之中杀三王。

看完这些，你还会觉得徐知诰对于前朝逊帝的处置方式是最狠的吗？没有比较就没有伤害，身处那样一个乱世，徐知诰所作所为即使无法称其为圣人，但也远胜那帮屠夫千倍万倍。

对于政治场上的对手，统观徐知诰的奋斗历程，如果要就他迫害政治对手进行批判，那无外乎这四个人：杨濛、周本、徐知询、严可求，如果扩大一些把宋齐丘也算上。杨濛是南吴宗室，为了国家不落于外姓之手，他奋起反击，起兵造反。注意，杨濛虽然是宗室，但他造反已经转化为实际行动了，之前他有怨气，即使明白留着是个祸害，徐知诰也只是把他关押起来，可起兵造反性质不同了，被杀并不冤。

周本和徐知询，这两人也曾威胁到徐知诰，但并没有做出实质性要取徐知诰性命的事情，虽然有那么一杯不知敬给这两人其中哪一位的毒酒在先，但最终因为申渐高的舍命而不了了之，两人最后也并非是被徐知诰所杀害。严可求就更不必说了，他几次想撼动徐温立徐知诰为继承人的念想，却都无果而终，徐知诰掌权后也并没有秋后算账，严可求安详离世。

宋齐丘作为徐知诰的"布衣之交"，虽然后来徐知诰考虑到宋齐丘对皇权的威胁，而宋齐丘又搞了那么多破事，可徐知诰却依旧没有做"鸟尽弓藏、兔死狗烹"之事。换作刘邦、朱元璋，宋齐丘都不知道死几百遍了。

对待自己政治对手的宽容是徐知诰的道德准线，甚至说，自己义父徐温当年的遗留问题，他也以积极的心态去修正，去改错。比如之前就曾提到，李遇一门在被屠杀时有一个漏网之鱼，后来那个死里逃生的小孩长大后隐姓埋名考中科举。徐知诰在得知其真实身份后非但没有追究，还待之甚厚。因为徐知诰明白，当年李遇和自己义父走的道路不同，两人互相攻伐也是迫不得已，连累族人也实属无奈，如今既然人家后人都不衔恨，那自己何必记仇呢？冤家宜解不宜结啊！徐知诰对待政治队友良善如此，实不知"不仁"一说从何而来。

（2）

徐知诰被后人诟病的第二个问题：不义。而这不义又得分两方面讲，一方面是指责其窃取江山的不义，二是指责徐温、徐知诰父子二人交好契丹的不义。

先来说第一点，好像大凡禅让出来的政权都会被指指点点，说某某是篡位者，某某不义。那么，问题来了，中国的王朝更迭好像除了禅让就是互相攻伐取代了。而那些非禅让出来的王朝，又是否真的因正义性而受到后人吹捧呢？

商汤灭夏这事因为夏朝的不确定性，所以我们不去论述，那接下来武王伐纣，这是正义还是非正义的呢？那"武王伐纣"在我们的认知中可以说是正义的啊，可当时却有两位被后人所推崇的贤者就跳出来破口大骂"武王伐纣"是极其不正义的，这两人叫伯夷叔齐，最后不食周粟采薇而亡。

往后就是秦灭周，由于东周五百年中周王室太没存在感了，所以"秦灭周"，非议少得可怜，甚至让人无法想象，这是一个绵延了八百年的王朝被终结诶。后人骂暴秦的很多，但却鲜有拿"灭周"说事的，姑且算一个正义的。

再往后，汉灭秦，汉朝辉煌无比，但"汉灭秦"同样没什么存在感，甚至说人们觉得秦是西楚灭掉的，而刘邦和项羽之间，刘邦又因为司马迁的笔墨，而被描绘为一个"不义者"。

再往后，新莽政权被剔除主流朝代，而魏晋宋齐梁陈都是禅让制，没什么好说的。至于北方则是一片胡人的天下，比南方混乱不知多少倍！

而后，隋唐也是禅让得天下，当然，赵匡胤虽然陈桥兵变，可还是得到了周恭帝的禅让。如果真要考究，那秦汉以后，真正算得上是攻伐立国的，也就是元明清了，可后人怎么评价元明清的？"明清多养小人矣"，现代学者又是怎么评价元明清的？"君主专制集权到达顶峰""同时代的中国落后于西方"，可见风评并不好啊。

而这三朝的开国皇帝，忽必烈并没有因为灭掉南宋而闻名遐迩，还需要通过一位意大利的二流子"马可·波罗"来刷存在感，朱元璋如果不是站住了"民族独立"这条绿线，就其灭元朝，也并没被人多少吹捧，当然，朱元璋有没有灭元朝，这个问题在历史上还是有争议的，毕竟元朝之后还有北元，元顺帝在中华的统治结束了，可在蒙古高原的统治并没有啊。至于顺治入关，荡平南明，更是因为"文字狱""大屠杀"而饱受骂名。

所以，统观这些用武力取代前朝的政权，也并非就显得那么"伟光正"啊，而李昇虽然是取代了南吴，建立南唐政权，倒确实不算什么大恶啊。毕竟，如果没有当年徐温立誓要做"吴国的忠臣"这个执念，南吴这个政权能否真正写入历史，还是个未知之数呢。如此想来，南吴江山本就是徐温、徐知诰父子两代辛勤操劳的结果，而徐温本人，除了了有个"莫须有"的涉嫌诛杀杨渥罪状在先，可就再也没得罪过杨隆演、杨溥这两代吴王了，徐知诰也只是疑似杀了杨溥。曹操诛杀伏皇后，司马家废曹芳、弑杀曹髦这种明目张胆的丑事徐温和徐知诰可没做过啊。

吕思勉曾经这么评价过梁陈易代——"自古人君得国者，无如陈武之正"。其实，细细想来，南唐取代南吴，南陈取代南梁也并无太大差异，两者都是为了抵御当时北方胡人政权对全中国的并吞，就正义性而言，徐知诰比之陈霸先不遑多让。"国中夷然无易姓之戚"，史书中的这一句或许就是对吴唐平稳过渡的完美诠释吧。

那说完了更替南吴的"不义"，我们就接着再来说下交好契丹的"不义"。南唐和契丹交好，这是无法否认的。但交好契丹也并非就南唐这一家，南方的闽越、南越、吴越也都和契丹有外交联系。而南唐及之前的南吴与契丹交好也就集中体现于几件事上：

第一次见诸史书的是南吴天祐十四年（917），当时南吴方面给契丹的耶律阿保机送去不少猛火油。我们注意下这个时间点，这是第二次无锡会战爆发前一年，也就是说当时吴越二代王小钱同志还没有把猛火油这种东西投入到军事中去，理清楚这点很重要。

那南吴送猛火油给契丹做什么呢？据说是送阿骨打的"攻城利器"，那么问题来了，在猛火油初次运用于战场之前，南吴又是如何熟知其军事作用的呢？当然，史书给出了"解释"，说南吴方面只是发现了猛火油遇水燃烧更旺的特点，告知阿保机用来燃烧敌方城楼。

如此一来，南吴这边就被人坐实了勾结契丹的罪名了，称其——出卖民族大义、资助契丹外族。后来多亏了耶律阿保机老婆述律平发现这个打法太磨蹭了，且对城内破坏性太大，及时劝阻才罢。问题出来了，南吴方面这么干，是否又真是出卖民族大义呢？且看当时环境，耶律阿保机试验猛火油是选了幽州作为试验地的。当时幽州在谁的控制之下呢？沙陀人李存勖，因为在三年前，割据辽东的桀燕政权就被李存勖灭了，所以此刻幽州是沙陀人的地盘。合着南吴资助契丹人打沙陀人，出卖了谁家的民族大义？沙陀人和汉人是一家子吗？

而《江南野史》一书中就显得比较客观了，虽然也提到南唐通契丹，但基本就是指正常的互通贸易了——"请使通好契丹，遂以宫女缯彩珠玑遣泛海而行。明年蕃使亦至。于是交聘往来者不绝"。包括说，到了中主李璟执政时期，当时北中国已是天下大乱，契丹主耶律德光入主中原后，再次派遣使臣会晤李璟。这个时候耶律德光也感慨自己这个中原皇帝当不久，所以想派李璟来做这个接盘侠。虽然说李璟这家伙品德败坏，可他也深知，接受契丹人的委任去接管中原，那就是无可争议的汉奸了，所以李璟对于这次相邀那是断然拒绝的。李璟是如此回复契丹使臣的："孤守江南社稷，系嗣与梁宋阻修。若契丹不忘先好，惠锡行人，孤受赐多矣。其他不敢拜命之辱。"李璟能站在时势之下，重新审视敌我双方，坚持民族大义，这番高举也算是为他不光彩的人生增添了一些亮色了。

所以，综上所述，南唐和契丹的交好也仅仅停留在互惠互利的经济层面，一旦涉及民族危亡、国家大义，徐知诰的节操可绝非沙陀三朝的那些君主可比，说他不义，只怕是胡说八道了。

（3）

后人关于徐知诰的第三个诟病是什么呢？不武。很多人指责徐知诰时代的南唐算得上是南方一霸主了，可是却并没有灭吴越、吞闽越、扫南汉、亡马楚，统一南方，和北方政权成南北朝割据之势，或者说更有甚者，直接挥师北上，统一中国。

关于这点，很多人认知都会陷入一个误区：什么是武？开疆拓土是武吗？攻城略地是武吗？征战四方是武吗？都不是！古人在创造"武"这个字的时候，便赋予了他一个深彻的含义：止戈为武。武是用来平息干戈，平息战事的，不是去一味地酿成兵灾的。

而天下大势，分久必合，合久必分，这是天道在循环，不是说你人力一味去扭转就能扭转来的。"天道有常，不为尧存，不以桀亡。"同样，天下的统一也不会因为一个人的雄才伟略而得以实现，六朝时期北方雄主首推苻坚，曾经的他也是离一统天下最近的。可是，为什么最后苻坚非但没有统一天下，还身死国灭呢？是因为个人能力不足？当然不是，苻坚作为失败者，可他的能力还是得到了后世许多人的肯定的，北魏孝文帝之前的历代君王都比不了苻坚。

所以这就涉及一个时势了，时势没到统一的时候，那么即使英明神武如苻坚，又或是战术超群如刘裕，他们都未能成为统一中华的伟人。而后来结束六朝数百年分裂乱世的隋文帝杨坚，却被人称为只是"中人之姿"，甚至有人评论说"自古得天下者，无如杨坚之易也"。那能力水平都不如苻坚、刘裕的杨坚，又何以能成为最终统一天下的幸运儿呢？

其实杨坚解决了两个问题，这两个问题是困扰六朝三百年动乱的根本问题，所谓"穷则变，变则通，通则久"，六朝之前的穷势注定了六朝会是一个变化的时代，而苻坚所处的还是正在变化之中的时期，而杨坚遇到的是已经变更、焕然一新的新时代，所以他才能一统江山。这两个问题即是胡汉民族矛盾和士族庶族之间的阶级矛盾，胡汉的民族矛盾随着西晋十六国和南北朝时期的一番厮杀，最后演变成了拓跋鲜卑和汉人的对立。而拓跋鲜卑最终在孝文帝的改革后，变一部分鲜卑人为汉人，剩余那部分塞北的鲜卑也因为后来东西魏几十年对立，互相攻杀而最终消亡，胡汉的民族问题到隋文帝所处的时代已经基本消除。

那士族和庶族之间的阶级矛盾呢？北方的六镇起义和河阴之难的接连爆发其实已经是在北方大地上对士族的一次清洗了，而南方随着"侯景之乱"发生，也形成了"江东衣冠道尽、旧时王谢燕，飞入百姓家"的萧条之景。虽然说，隋唐后来又形成了"门阀政治"的一次回春，但终究是不能和六朝相比了。所以，杨坚上台之后，两大矛盾已经基本被革除，那么统一天下就靠的是个人才干了，虽然杨坚不是出类拔萃的人，但对手是陈叔宝这样的酒囊饭袋，想不赢都难啊。

那么，徐知诰所处的时代，最基本的社会矛盾又是什么呢？我认为也有两个，此时虽然士族阶级因为黄巢的大屠杀而不复存在，变成了"天街踏尽公卿骨，朱门甲士无一半"的末世之象。但又延伸出了所处时代的新的矛盾——胡化和汉化的矛盾，以及割据与一统的行政机制的矛盾。

先来说第一点，胡化与汉化的矛盾，这个其实在六朝时期就已经悄然发生了。南北朝进入到后期，北方是北周、北齐并立，其中北周是鲜卑人，却是汉化，北齐是汉人，却是鲜卑人之道，形成如此强烈反差和鲜明对比的恰恰就是胡汉之间的长期交融。我们总说胡人汉化，其实汉人胡化也是经常发生的，只是因为一些原因，我们不去提罢了。唐朝是个开放的时代，胡人来中原的有很多，所以胡人和汉人之间的交融就更为宽泛了，一部分汉人背弃了自己原先的儒学教义，背弃了自己的世系，转而去投靠胡人。"安史之乱""吐蕃入寇"，许多汉人就扮演着帮凶和伪军的丑陋面目。"一自萧关起战尘，河湟隔断异乡春。汉儿尽作胡儿语，却向城头骂汉人。"这首诗辛辣地描绘了胡化之后举起屠刀向自家的伪军嘴脸！

五代政权在这样的大环境下也就应运而生了，在沙陀三朝的统治下，不乏那些背弃祖宗，背弃文化，屈身去给沙陀族人打工，且毫无廉耻之心的人。别说沙陀族人了，就是契丹人，当耶律德光南下入寇中原之际，也有不少甘愿做"带路党"的。

而与之对立的是，十国政权以南唐为首恰恰是中华文化一脉相承的对象，习诗书，修礼仪，谆谆王化，濡染一方。可是，徐知诰虽然和中原五代走得不是一条路，却也并没有压倒性优势，胡化和汉化哪家好，最终还是要实力说了算的，而当时的实力是，南吴、南唐虽然不至于被后唐、后晋所吞并，但也无法打垮对面的沙陀朝廷。所以，这个问题只能留给后来后周的开国皇帝郭威去解决，郭威结束了沙陀王朝的统治，把历史的走向终于又拨回了正常轨迹。可是，那个时候徐知诰已经作古多年了，可以说这个时势转变的契机他没有遇到。

那就再来谈谈第二个问题，割据与一统的行政机制矛盾问题。唐朝中期以后，藩镇割据困扰朝廷，这个是毫无疑问的。而"十国林立"恰恰也就是藩镇割据酿成的"恶果"，包括说十国政权内部也有各自的小矛盾。那么，要想解决这个问题，就必须从关键处入手，如何解决"藩镇割据"的诱因。

藩镇割据的诱因有两点：一是地方权力过大，二是地方又不服中央。我之前曾经提过吴越是十国当中率先完成军事集团向国家机制转变的，建立了中央对地方的有效控制。那么，我们是否可以因此就认为，吴越解决了"藩镇割据"的诱因呢？我认为不可以，因为吴越乃至后期也完成这项变革的闽越、南越（南汉）、南唐，它们其实只是解决了这两个诱因当中的一个，即第二点地方不服中央。因为这些国家的统治者都认为"藩镇割据"是因为地方官心思长歪了，所以才会有这样的结果，所以委任亲属的委任亲属，委任文官的委任文官，以此来确保他们心思不长歪。但权力失控引发的恶果从来不是掌权者的主观意愿去做主导，而是说权力失去了制衡。

换言之，其实我说的两点诱因，第一点才是关键，假如地方权力很小很小，那么即使地方想造反，也是分分钟被扑灭的结果。所以，十国领导人很长时间还是没有解决这第一个诱因，国内依旧是有节度使，节度使依旧是"军、政、财"一把抓的。对面的五代就更不要说了，五代更迭很多就是一方节度使夺权上台的。而这个问题最终解决只怕是要在宋太祖"杯酒释兵权"以后了，宋朝对节度使这一官职做了改良，权力一分为三，三者相互制衡，削弱了权力但也造成了"冗官"现象。（由于宋朝部分不是本书的范畴，所以这些我就点到为止了，感兴趣的朋友可以自行了解。）

那我们就会发现，这第二个矛盾也不是在徐知诰生前就能解决掉的。虽然徐知诰生前也想把这个问题搞定，但说真的，一个数百年存在的历史问题，不是一代人一朝一夕就能搞定的。

徐知诰没能赶上两个问题被解决的时代，所以他失了"势"。失了"势"，那统一天下就不是他武不武的问题了。而如果非要去深究这个"武"字，那徐知诰保境安民，富国强军，算是真正践行着"止戈为武"这个含义。

任何人都是一个优点和缺点集中的矛盾体，又或者说，我们站的位置不同，看到一个人的角度也会不同。就徐知诰来说，也许一些人口中的缺点，会成为另一些人口中的优点，我们只有从总体审视，然后才能给出一个人的客观评价，白璧尚有微瑕，况乎于人。有缺点也是人之常情，谁不是这样？这个世界上从来就不存在完美无瑕的圣人，能成为大部分人口中的好人，足矣。

人非圣贤，孰能无过啊？

二、乱世圣主

作为乱世中的君王，我觉得徐知诰所做的一切基本可以当得起"圣主"的称谓。做个太平天子不难，大环境的良好注定了很多皇帝都可以按照一套"好人"的道德准则去处理问题。所以我们说的汉武帝、唐太宗、宋仁宗等，都是太平时期诞生的伟人。但是乱世不一样了，乱世中朝不保夕的恶劣环境，导致你要做一个"好人"很难，尤其是皇帝这种高危职业。

所以，春秋战国、金陵六朝、五代十国这样的乱世为什么就诞生了一大批暴君，这是有历史的深层次原因的。而徐知诰却是乱世中少有的一位"圣主"，而要成为"圣主"，基本是要做到以下几点的：

一、爱民如子。"民为贵，社稷次之，君为轻。是故得乎丘民而为天子。"这句话是战国时的大思想家孟子说的。孟子提倡仁人之政，反对君主以万人之利，奉养一人之尊。天下乃万民之天下，没有底层千万草根的辛勤劳动，就不可能有社会的整体进步。

话要说得好挺容易，可事情要做得漂亮却很难。有些皇帝表面上说体谅百姓，但骄奢淫逸、卖官鬻爵实在看不到有丝毫利民的方面。但有与民争利的帝王，就有真正从心里热爱底层人民的帝王，比如徐知诰。

徐知诰支持宋齐丘推行的税制改革——藏富于民，我们就不再提了，这边再来说说几件小事。

南唐升元四年（940），徐知诰派一个宦官去庐山进行祭祀典礼，宦官回来后，徐知诰设宴款待他，说道："爱卿这次出门听说很节俭啊。"宦官便说："我自从奉皇命以来，整天就只吃蔬菜啊。"

徐知诰一听宦官还在演戏，便说道："你在某家买鱼做鲜鱼汤，在某家又买肉做肉羹，这些都是蔬菜吗？还在骗我！"宦官一听自己的底细被徐知诰摸得清清楚楚，吓得连忙磕头请饶。徐知诰这件事一方面是敲打了宦官集团，告诫他们别指望唐朝那些宦官擅权的事情重演。另一方面，也是趁机震慑了底下那些鱼肉百姓的官吏：别以为朕在深宫之中，你们的所作所为就全无察觉了，只要朕愿意，想查你们就能查得一丝不落。所以往后少打着朕的旗号为非作歹，把黑锅都推朕身上！

又有一个管粮仓的官员为了表现自己，让上头嘉奖，便在年底盘库的时候进献了万余石的粮食，徐知诰于是大怒："粮食这样的物资出纳都是有个数的，你如果不是盘剥百姓、克扣军饷，怎么可能多余这么多！"得了，又一个自作聪明最后马屁拍到马腿上的官员。

又比如歙郡人汪台符，年少时广读诗书，史载有"王佐权霸之才"。唐末的时候天下苦于兵灾，于是他就在乡里种田。徐知诰坐镇金陵的时候，汪台符就曾针对民间各个阶层的问题撰写了《九患书》上呈，结果被宋齐丘所阻。

当时宋齐丘所推行的税制改革也是想藏富于民，但是汪台符的《九患书》涉及的面更为广泛，所以引发宋齐丘衔恨不足为奇。但汪台符嘴巴也臭，私下议论说宋齐丘这改革成不了，还讥讽宋齐丘最先的字号（宋齐丘一开始字超亚），说你宋齐丘只怕是想超亚圣为先圣所以叫超亚啊。

宋齐丘后来就改名子嵩了，但宋齐丘何许人也，嘴巴不干净的汪台符很快被宋齐丘背后套了布袋沉塘了。但是，到了升元年间，徐知诰根据当时汪台符的建议，进行了财产税的核定。我们之前说了，宋齐丘的税制改革基本针对农业税，可是南唐商业、手工业也是相当发达，所以你光把控好农业这块已经无法进行百姓平权维护了。所以，制定财产税很有必要，于是南唐政府根据个人的田地、财物等总价值，将其分为三等，三等人员按照一定比例缴纳不同的税率，自此确立了财产税。包括百姓像政府贷盐米等东西，政府是不进行抽成的，而商人进行贷买，那就得收了，如此一来也是保护底层人民的权益。经过几十年的贯彻落实，到南唐末期，百姓基本步入了小康水平，而这些都是汪台符当初所预言的。"身死政存"，汪台符为百姓做的一切使他得以载入史册。

二、不贪虚名。中国的统治者自古以来都很难摆脱掉一个恶习——好虚名，杨广好虚名，三征高句丽，最后国破身亡。就是唐太宗李世民，为了沽名钓誉也是做了不少令后人诟病的事情，更不要说后世的元明清那些皇帝了。

徐知诰也好虚名，比如当初南平高季兴称臣，他就想欣然接受的。可是随着岁月的沉淀，徐知诰开始变得成熟，开始变得务实，不再似当初那般好虚名。比如他受禅之后，百官请旨要给他加尊号，但徐知诰拒绝了，认为尊号不合乎传统，且太过虚名化，没意义的。

又比如，徐知诰受禅登基后，往日南吴杨家一夜扫地，也引发了下层官吏新一轮的趋炎附势。比如有人就提议，国中涉及"杨"的字都改为他用。

留守判官杨嗣也请更姓羊，好在朝中也算有明白人，比如徐玠就说："陛下，您登基是顺天应人的事情，又不是谋朝篡位，那些谄媚小人整天投机取巧，挑拨是非，不能听从啊！（陛下自应天顺人，事非逆取，而谄邪之人专事改更，咸非急务，不可从也。）"徐知诰也很清醒，这种好虚名的傻事要不得，于是作罢。

三、与民休息。近年来史学界不知如何，兴起了一股为杨广翻案的歪风邪气，说什么杨广做的都是"功在当代，利在千秋"的大事，是百姓不理解而已。试问，那些个"功在当代"的大事，哪个不是建立在折腾广大劳动人民基础上的？在这些"壮举"中，究竟死了多少人，流了多少血！能说出这种话的人，那些死去的人命在他们眼中只怕是一文不值吧！而徐知诰恰恰就是尊崇广大人民的利益，做到少折腾，甚至是不折腾。

小农经济主导下的老百姓就三个愿望：老婆、田地、小棉袄，那徐知诰就尽全力去满足他们。南唐升元三年（939）四月，徐知诰下诏鼓励农民开拓荒地，规定每个劳力如果开荒达到了八十亩，政府奖励每人两万钱（二十贯），并且五年免收租税。这对江东地区的经济发展起到了助推作用，管仲曾经说过："仓廪实而知礼节"，江东的文化也因为经济的快速恢复而得到了发展。

而对于百姓不愿意干的，徐知诰也不会去逆势而为，就比如打仗。徐知诰被后人最诟病的就是打仗，而乱世之中，最折腾百姓的就是打仗！当时的情况，史载"是时江淮无事，累岁丰稔，兵食盈积。而梁宋屡乱。群臣咸言土运中兴，宜复先代疆宇之请"。

也就是说国库有钱，打仗不慌，五行在土，适宜开疆。但徐知诰却一句话回绝了"民各生父母，安用争城广地，使之膏血涂于草野乎"——百姓都是爹妈生养的，我为了争夺城池，就非得把他们的人头拿去垒功业吗？

而一向喜欢夸夸其谈的掌书记冯延巳就在背后批判徐知诰，说："这个乡巴佬做得成什么大事！（田舍翁安能成大事！）"可是，我们这位冯大人恰巧就是去闽越国做他的"大事"，结果落得个"兵败丧师、虚耗资财"的下场，丢人丢到家了！

四、施行教化。乱世当中，文化方面恰巧是被破坏得最严重的，一方面因为兵灾，一方面也因为现实问题。毕竟老百姓饭都吃不饱了，谁还傻傻地饿着肚子学文化呢？但是，在徐知诰所主导下的南唐国，绝对可以说是五代十国中教化做得最好的一个！

为了规范百姓行为，徐知诰临终前一年兴利除害，变更旧法，命法官及尚书删定为《升元条》三十卷并推行。

而文化方面，南唐升元四年（940），徐知诰在庐山白鹿洞建立了著名的白鹿洞书院的前身"庐山国学"，招揽天下贤才来书院讲学。白鹿洞书院和岳麓书院、应天书院、嵩阳书院齐名的中国古代四大书院，到了宋代达到极盛，徐知诰对中国文化事业做出了巨大的贡献。

同时，当时隋唐开始的科举制，到了南唐也有了质的飞跃，南唐虽然只有半壁天下，但科举却甩下了北方好几个档次。以至于到了宋朝统一天下后，发现全国进行科举考试，基本上南唐、吴越、马楚三国的士子占了中举者九成，而偌大的北方才占一成不到，为了平衡国内矛盾，宋太祖不得不开始了南北分榜，这才弥补了北方在五代时期文化方面落下的巨大缺失。

而在南唐科举制影响下的人才中就有庐陵的欧阳观，也就是咱们《新五代史》的作者，大文豪欧阳修的父亲。庐陵夏宝松、全州唐仁杰、南昌陈颍等也都是名动一时的大诗人。

以上这四点，看似有些平淡无奇，但是却是乱世中那些称王称霸的帝王所缺失的，任何帝王要是能做到以上四点，那他也可以当得起"圣主"了。可惜，除徐知诰外，我再也没有看到，也许吴越钱元瓘很接近，但总是差了那么一点。

徐温选择了徐知诰，这是历史的幸运，但徐知诰错付了李璟，最终遗恨千古，令后人扼腕叹息啊。

三、历代对徐知诰的评价

担当生前事，何计身后评。任何一个人在世间走过，总会得到各种各样的人的评价，像徐知诰这样的九五之尊，给予他评价的那就更多了。这些人有些是他的师长，有些是他的对手，有些则是后人对其的盖棺论定。

一、徐知诰的师长

杨行密："知诰俊杰，诸将子皆不及也。"这是江淮大佬杨行密的评价，杨行密一生眼高于顶，对待后生晚辈，他仅仅评价过两个人，一个是我们的主人公，还有一个便是距离徐知诰很近，但却总差那么一点的吴越王钱元瓘。可以说，杨行密连自己亲生的几个儿子都否定了，独独夸了下徐知诰，而且注意措辞——"诸将子皆不及也"。也就是说，杨行密直接定了基调，江淮集团官二代群体中，徐知诰最有出息，毋庸置疑！而最后的事实，确如其所言。

徐温：初，温子行军司马、忠义节度使、同平章事知询以其兄知诰非徐氏子，数请代之执吴政，温曰："汝曹皆不如也。"

知诰事温甚谨，安于劳辱，或通夕不解带，温以是特爱之，每谓诸子曰："汝辈事我能如知诰乎？"

这是徐知诰的养父徐温的评价，徐知诰和徐温风雨相伴三十年，最后徐温顶着一切压力，硬是要把自己这个义子列为继承人，哪怕他一辈子依着严可求，可唯独这件事上严可求好说歹说他都置之不理。

如果说杨行密眼中的徐知诰是个出类拔萃的晚辈，那徐温眼中的徐知诰就是个尽善尽美的孝子。徐温所生诸子都不是个东西，唯独养大的这个，是个种啊！

二、宋世文人的评价

宋朝算是和南唐有着错综复杂的羁绊在其中，一方面宋朝灭掉了南唐，属于有道伐"无道"，但另一方面，南唐又受到宋人知识分子的极大惋惜，不得不说是个矛盾综合体。

薛居正《旧五代史》：昔唐祚横流，异方割据，行密以高材捷足启之于前，李棨以履霜坚冰得之于后，以伪易伪，逾六十年。

薛居正大半辈子在五代摸爬滚打，晚年才迈进了宋朝。他是典型的重"五代"轻"十国"的文人，他的一句"以伪易伪"足见立场，可即使这样，他评价徐知诰仍是用了"履霜坚冰"，可见他也肯定了徐知诰这一路走来的着实不易。

欧阳修《新五代史》：于此之时，天下大乱，中国之祸，篡弑相寻，而徐氏父子，区区诈力，裴回三主，不敢轻取之，何也？岂其恩威亦有在人者欤！

欧阳修父亲欧阳观算是吃着南唐米粮长大的，而他出生时已经不存在沙陀人政权的影响了，所以吹捧宋朝是可以的，但为吹捧沙陀政权打压其他地方政权为伪政权就犯不着了。但欧阳修似乎对徐温父子只肯定了一点，就是他们不似五代沙陀之君那般，以弑杀先君来夺权，基本还是守本分的，而守本分的原因是杨行密太强悍了，人虽死，可恩威犹存。（这该怎么说好呢……欧阳修对杨行密的赞誉实在是有些不从实际出发了。）

陆游《南唐书·烈祖本纪第一》：帝生长兵间，知民厌乱。在位七年，兵不妄动，境内赖以休息。性节俭，常蹑蒲履，用铁盆盎。暑月，寝殿施青葛帷，左右宫婢裁数人，服饰朴陋。建国始，即金陵怡所为宫，惟加鸱尾，设阑槛而已，终不改作。仁厚恭俭，务在养民，有古贤主之风焉。

陆游对徐知诰的评价颇为中肯，即我之前所提到的几点，爱民、与民休息，不妄动兵灾、生性节俭。最后一句总结——"有古贤主之风焉"，也就是说这样道德模范的帝王你只能从上古的贤君里找，后世那些只会诈术的帝王与他差的不是一星半点儿。

三、后世文人的评价

自两宋以后，很长时间文人墨客的关注度不再集中于十国，甚至说五代。直到有一本系统介绍十国历史的专著——《十国春秋》的问世。

吴任臣在《十国春秋》中对徐知诰的评价：烈祖茕茕一身，不阶尺土，讬名徐氏，遂霸江南。挟莒人灭鄫之谋，创化家为国之事，凡其巧于曲成者，皆天也。然息兵以养民，得贤以辟土，盖实有君德焉。东海鲤鱼，兆虽有自，要岂得谓竟非人力也邪？

吴任臣的《十国春秋》相对来说就丰富了十国的各个内容，也就融入了不少野史的段子，所以他称赞烈祖一个茕茕孑立的孤儿，却能成为一国之君，如此励志的故事那肯定是有上天帮助啊。但是话锋一转，他通过烈祖登基后的所作所为，最终得出结论，烈祖确实有为君之德，他做皇帝不光是上天帮助，也是实力所致啊。

而陈鳣的《续唐书》：述曰：烈祖系出唐宗，讬身徐氏，终能化家为国，奄有江南。建号升元，适承清泰。在常日虽未言及此，自后论之，岂非天命有所归乎？考《通鉴》云："仓吏岁终献羡余万余石，唐主曰：'出纳有数，苟非掊民刻军，安得羡余邪？'分遣使者，案行民田，以肥瘠定税，民间称其平允。自是，江、淮调兵兴役及他赋税，皆以税钱为率。至今用之。又不以外戚辅政，宦者不得预事，皆他国不及也。"由斯以观，烈祖为政，几乎有贞观、开元之风夫！乃欸唐之遗泽长矣。

这边陈鳣是站在烈祖确实是李唐苗裔的立场上说的，然后援引了我之前提到的《资治通鉴》中一段关于粮库官员溜须拍马被训斥的事件，再结合烈祖在位期间的利民措施，最后评价有"贞观遗风"，确实继承了大唐啊。

陈鳣这个人估计有很强的"遗民"意识，他于五代十国有着一套较为奇葩的正统观，他认为李唐之后是后唐，后唐之后是南唐，而后承接到赵宋。而事实上后唐和南唐，一胡一汉，天壤之别，又怎能相提并论呢？

本来还想罗列更多的评价，但请原谅我遍查史料都无法再增添一些有差异性的评价了。有人会说，是不是徐知诰并没有我所说的那么好，所以历史上才评价不高啊。事实上并非如此，庄子在《逍遥游》中就曾提到："至人无己，神人无功，圣人无名。"真正的圣人将会成为一种文化符号，成为一种规范，而不是成为一个具体的人。就像我后文要提到的妈祖一样，知道妈祖的人很多，但能叫出"林默"名字的人很少，因为她也上升成一种符号了。

徐知诰是乱世的圣主，那么，后世的评价多少，就真的那么重要？生活中我们习以为常、切身需要的东西，我们还会绞尽脑汁去做出一二评价？不会的。

如今，一千多年过去了，徐温和徐知诰早已化作抔土，可是，其留给后人的影响却潜移默化地渗透到南吴故土的百姓日常生活之中。今天的江东，吴语区八千万人口的文化认同，都是那个时候所沉淀的。

在 10 世纪南中国刀兵血火的混乱中，徐知诰似一个勇敢的父亲，忍受着一切指责，在四邻强敌的夹缝中，顽强地守住中华历史最珍贵最脆弱的东西——汉文明。他所给予南中国的太平，最为艰苦也最为繁荣。

后记

　　还记得我在前文曾经埋下的那个伏笔吗？说闽越大地，按照东西划分恰恰分列为两个信仰区，建州、汀州这两州被南唐占据的信奉徐温，在当地，徐温死后成神，及其两子受当地百姓世代供奉。而在闽东南部，当地人民却有着另外一个信仰，是的，说到这，大家似乎已经猜到是什么了。

　　在神奇的福建大地上，由于闽国的出现，竞相争辉过不少枭雄人杰，从开闽三王，到留从效、陈洪进，可千余年之后已无人问津。然而，与之同时代却有个叫林默的平民女子，她在短短的一生中无私为渔民引航，为贫民治病，到了千年后的今天，名气却远盖过了那些王侯将相。当然，很多人不知林默是谁，因为，她在后人的记忆印象中往往是以另一种名字出现——妈祖，如今，妈祖已经成为一种信仰，一种符号，一种文化，甚至打破了国家的壁垒，从福建扩散到整个东南亚！

　　所以啊，彼时所看称雄统治者虽风光一时拥趸不少，但从千年的历史长河来看不过是一个过客。真正屹立千年被人记住的永远不会是帝王将相，而是真正为芸芸众生带来普世价值的。比如老子，比如妈祖……"万里长城今犹在，不见当年秦始皇"。

　　南唐，作为中华历史上偏霸一方的王朝，它的诞生与陨灭是那样的短促，然而恰恰是那一甲子不到的时间内，它却给后来的两宋王朝打下坚实的经济和文化基础。两宋经济富庶，文化大兴，很大程度上便是继承了南唐与吴越的基本盘，而奠定这一切的恰恰就是徐温和徐知诰父子两代。徐知诰出身贫寒且心系百姓，他设身处地地提出一项项利国利民的举措，兢兢业业地治理着江南这片泽国，无可否认的是，他绝对当得起"乱世圣主"这一称谓。

然而，无奈的是他空有一腔才干却不得其时，若其晚死十余年，那必然可以趁着契丹蹂躏中原之际，挥师北伐，一统天下。"出师未捷身先死，长使英雄泪满襟"，历史给我们开了一个天大的玩笑，曾经最有希望重新光复中华的南唐王朝因为徐知诰的离世而走上下坡路，终结五代十国乱世的任务最后交由圣君宋太祖赵匡胤去实现了。假如，徐知诰走得再晚一些，也许，今天我们看到的就是另外一个局面了……

但值得庆幸的是，宋朝虽然用武力征服了南唐，却被南唐用文化征服了，它没有堕落成为和五代一样短命暴虐的军政府机制政权，而是正了南唐的正途，这于天下苍生，都是福泽绵延的。

那有人要问了，既然两宋绝大多数继承了南唐和吴越，那南唐和吴越政权的缺陷和顽疾宋朝是否也沾染了呢？事实是遗憾的，南唐剧烈的党争和吴越的投降主义这两大劣根性也被北宋全盘继承了，甚至说荼毒至今！

因为"朋党之争"，北宋中期"熙丰小人"和"元祐奸党"两派相争直接触发了"宋人议论未定，金人兵已过河"的尴尬局面，吴越末代之君投降得来的福报也让宋徽宗轻信投降是最妥善的结局，最终酿成了后世中华近千年的伤痛——"靖康之耻"！不只宋朝无法摆脱，继宋朝之后的中华政权明朝也被这两大魔咒所笼罩，明朝末年清军南下，各地旧明势力不是相互"党争"就是干脆投降做了"带路党"！

可回过头来我们再细想，尽管吴越和南唐也有着各自的顽疾存在，可北宋还是选择了更多地去吸纳其政治文化的遗产，那是因为宋朝历代统治者都深刻明白，五代那半个世纪的刀兵不息，于中华并没有留下一星半点儿有价值的东西！循着五代的路了，难逃转瞬覆灭的结局！